JN310707

これからの
集団的
労使関係を
問う

現場と研究者の対話

もくじ

| 序論 | これからの集団的労使関係を問う 仁田道夫 ……………………… 6 |

1 労働者代表のあり方（労働者代表制、過半数代表制）

問題提起 組織率の危機と過半数代表者 新谷信幸 ………………………… 12
1 重大な局面を迎えた組織率の減少 ………………………………………… 12
2 「過半数代表者」をめぐる課題 …………………………………………… 16
3 「過半数代表者」の課題解決に向けた連合の考え方 …………………… 20
4 むすびに代えて ……………………………………………………………… 24

論文 労働者代表法制のあり方 濱口桂一郎 ……………………………… 28
1 はじめに ……………………………………………………………………… 28
2 雇用形態を超えた労働者代表制の構築 ………………………………… 30
3 企業リストラクチュアリングへの労働者関与の確立 ………………… 35
4 実効的労働組合がない場合の労働者代表制の構築 …………………… 38
5 労働者代表から労働組合への移行 ……………………………………… 40
6 非正規労働問題と集団的労使関係 ……………………………………… 42

2 企業別労働組合の組織的基盤

問題提起 産別組織JAMの対応 宮本礼一 ………………………………… 46
1 はじめに ……………………………………………………………………… 46
2 組織統一以降の危機 ……………………………………………………… 47
3 顕在化した組織基盤の揺らぎ …………………………………………… 48
4 組織改革 ……………………………………………………………………… 50
5 課題 …………………………………………………………………………… 52

論文 中小労組を中心に 後藤嘉代 ……………………………………… 54
1 はじめに ……………………………………………………………………… 54
2 企業別組合の現在 ………………………………………………………… 55
3 電機連合「小さな大労組」研究 ………………………………………… 59
4 JAM調査からみた中小労組の組織的基盤 …………………………… 60
5 組合人材の育成　中小労組の組織的基盤を支える産別の役割 …… 68
6 おわりに ……………………………………………………………………… 70

2

3 賃金決定の個別化と集団的労使関係

問題提起 **賃金体系の見直しと集団的労使関係** 逢見直人 72
1 賃金体系の見直し論議の活発化 72
2 賃金の現状と課題 74
3 これからの賃金の課題 労働組合にとって 75

論文 **賃金体系と集団的労使関係：賃上げ方式を中心に** 仁田道夫 80
1 はじめに 80
2 ドイツとアメリカの賃上げ方式 81
3 日本の賃上げ方式の現状 85
4 金属産業の2015春闘結果から 86
5 各方式の比率と連合回答集計 89
6 賃金体系と賃上げ方式（その1）：「いわゆる基本給制度」のもとで 90
7 賃金体系と賃上げ方式（その2）：職能給制度のもとで 91
8 賃金体系と賃上げ方式（その3）：成果主義賃金体系のもとで 93
9 むすびに代えて 94

4 解雇等の紛争解決と集団的労使関係

問題提起 **職場のトラブルは、個別紛争か集団紛争か** 村上陽子 96
1 はじめに 96
2 どのような労働相談が寄せられているのか 97
3 問題をどのように解決しているのか 97
4 相談内容をどのように捉えているのか 98
5 むすび 101

論文 **紛争解決と集団的労使関係** 神林 龍 102
1 労使紛争の個別化 102
2 紛争の個別化と法規範の背景 104
3 個別紛争の種は、集団的労使関係で解決可能な場合もあるのではないか 113
4 まとめ 116

5 就業形態の多様化と集団的労使関係

問題提起 就業形態の多様化と労働組合の課題　松井 健 ……… 118
　1　有期雇用について ……… 119
　2　間接雇用について ……… 121
　3　同一価値労働同一賃金について ……… 122

論文 労働組合はだれのためにあるのか？　水町勇一郎 ……… 126
　1　労働組合はだれのためにあるのか？ 組合員と非組合員をめぐる団体交渉のあり方 …… 126
　2　労働組合は非正規労働問題に対しどのような態度をとってきたか？ ……… 130
　3　非正規労働問題に対する法的アプローチはいかにあるべきか？ ……… 132
　4　教訓と課題 ……… 137

6 産業基盤の確保と集団的労使関係

問題提起 産業基盤の確保と集団的労使関係　郡司典好 ……… 140
　1　自動車総連の紹介 ……… 140
　2　日本の自動車産業の現状 ……… 141
　3　自動車総連の活動 ……… 141
　4　おわりに ……… 144

論文 海外生産の拡大と集団的労使関係
自動車産業を事例として　首藤若菜 ……… 146
　1　はじめに ……… 146
　2　日本の労組が取り組んできたこと、取り組んでこなかったこと ……… 150
　3　グローバル化と労働組合機能の低下 ……… 152
　4　集団的労使関係の国際化 ……… 155
　5　おわりに ……… 161

7 企業組織のグループ化・ネットワーク化と集団的労使関係

問題提起 企業組織のグループ化・ネットワーク化における
集団的労使関係の可能性　春木幸裕 ……………………………… 166
　1　はじめに ……………………………………………………………… 166
　2　具体的事例 …………………………………………………………… 166
　3　おわりに ……………………………………………………………… 171

論文 集団的労使関係の法的基盤としての
団体交渉にかかる「使用者」概念　竹内（奥野）寿 ……………… 172
　1　はじめに ……………………………………………………………… 172
　2　親会社等の労組法7条の「使用者」性 …………………………… 175
　3　おわりに ……………………………………………………………… 189

8 M&A等による企業再編と集団的労使関係

問題提起 就業形態の変容と集団的労使関係　小畑　明 ………………… 192
　1　運輸労連の概要 ……………………………………………………… 192
　2　偽装雇用の実態（首都圏A社の事例）…………………………… 193
　3　M&Aの実態と対策 ………………………………………………… 195
　4　現行の労働組合法に対する課題として ………………………… 197

問題提起 M&A等による企業再編と集団的労使関係　工藤智司 ……… 200
　1　企業の統廃合加速 …………………………………………………… 200
　2　企業統廃合による様々な変化 ……………………………………… 201
　3　製造業からみた非正規労働者の拡大の懸念 ……………………… 201
　4　集団的労使関係を論ずる上で ……………………………………… 202
　5　日本的労使関係の再構築と生産性運動の徹底 …………………… 203

論文 企業組織再編への労働組合の対応と課題　呉　学殊 …………… 206
　1　はじめに ……………………………………………………………… 206
　2　企業組織再編の効果発揮に向けた組合対応　基幹労連加盟組合の事例 … 207
　3　企業組織再編に伴う不当労働行為の超克と課題　運輸労連加盟組合の事例 … 224
　4　企業組織再編期の組織化　UAゼンセン加盟どんユニオンの事例 …… 239
　5　まとめ ………………………………………………………………… 244

あとがき　逢見直人 ……………………………………………………… 252

序論　これからの集団的労使関係を問う

仁田道夫　国士舘大学経営学部教授

　2010年12月2日、連合は、第59回中央委員会において、『働くことを軸とする安心社会～わが国が目指すべき社会像の提言～』を採択した。その冒頭に、「連合はすべての働くものの拠りどころとして、その力を結集し、『働くことを軸とする安心社会』を築くために全力をあげる」ことを宣言している。ここで注目したいのは、「働くことを軸とする安心社会」の内容そのものではなく、「働くものの拠りどころ」というフレーズである。ここには、目指すべき社会を支える基軸として労働運動があり、連合がその中核としての役割を果たすという明確な意思が示されている。

　本書の問題関心は、まさしくそうした社会改革を軸となって推進すべき労働運動自身の抱える課題の探求にある。問題意識を抱くべきあらわれは、数多くある。言い古されてきたとも言えるが、組織率の低下と組織労働者の減少傾向は、労働運動の力を削減・停滞させる基本的問題である（第1章参照）。いわゆる非正規雇用労働者の増加は、職場の労使関係を根っこから揺るがせている（第5章参照）。資本のグローバルな移動の増殖により、世界中の労働者と労働者の間の競争が激化している（第6章参照）。市場原理主義的政策思想の蔓延により、労働者は、産業再編・企業再編の波に抗してたたかう旗印を立てることにすら、困難を見出している（第7章、第8章参照）。足元をみれば、組合専従役員の数が減り、役員を担う後継者の確保に難渋している（第2章参照）。そして、世界の市場経済の歴史に類例のない経済政策の下で、政府が労働組合の賃上げ闘争を叱咤激励する状況に陥っている（第3章参照）。個別労働紛争解決システムが整備され、多数の案件がシステムに押し寄せているが、それに対応する集団的労使関係の整備は進んでいない（第4章参照）。

これらは、労働運動を担う当事者だけでなく、その役割を重視し、注目してきた研究者にとっても、強い問題意識、ないしは危機感を抱かしめるに十分である。

　だが、本書は、いたずらに危機感を煽ったり、安直な解決策を提示したりすることを目指すものではない。労働運動が、これらの課題に対して、対応に努力してきたこと、たとえば、「壁を壊す」非正規雇用の組織化を進めてきたこと*1、「地域を繋ぐ」地域組織の拡充により「地域に顔が見える労働運動」を推進してきたこと*2 などを理解し、正当に評価している。しかし、大波のような世界と産業と地域の変動のなかで、それらの対応だけでは十分でなく、課題が山積していることも確かであろう。

　本書の方法的立場は、「解は現場にある」とするものである。労働運動の現場で、日々そうした変動の波とたたかっている運動家の経験・感覚・問題意識を重視し、それと対応する研究者が、自らの独自の研究蓄積に基づいて、それらを解きほぐし、論点を整理して、運動家が方向性を見出すための道筋をおぼろげながらでも示そうと努力する。両者のコラボレーションがどこまで成果を挙げているかは、読者に判断していただくほかないが、執筆者たちは、それなりの手ごたえを感じている。

　本書が想定する読者は、全国の労働組合の役員や運動を進めているすべて

---

*1　中村圭介(2009)『壁を壊す』連合新書16、第一書林
*2　中村圭介(2010)『地域を繋ぐ』連合新書18、第一書林

の人々である。もちろん、研究者は、自らの文章が一流の研究成果としての水準を保つものとなるよう、できる限りの努力をしている。その結果、研究者の論文は、運動家の問題提起に対して、全面的な、また、わかりやすい解答を示すに至っていない面がある。文章表現も難解にわたる点があるかもしれない。本書の執筆者たちの気持ちとしては、本書ですべての課題に対応したとは考えていないし、また、現在、それらの課題に、高い研究水準をもって対応しきれるとも考えていない。むしろ、本書の方法的立場からすると、労働運動の現場で日々現実と格闘している読者たちとの直接対話を通して、本書執筆過程で始まったコラボレーションを、さらに広げていく機会が生まれれば幸いであると考えている。

　本書の内容については、各章の叙述をみてもらうこととし、序論で、いちいち解説を加えることはしない。読者は、歯ごたえのある料理にかぶりついて欲しい。

　ただ、ここで一つだけ議論しておいたほうが良いと思われる論点は、本書第1章で論及されている「従業員代表制」もしくは「労働者代表制」の問題である。

　本書執筆のもととなった「集団的労使関係研究会」発足のきっかけとなったのは、労働政策研究・研修機構に設置された「様々な雇用形態にある者を含む労働者全体の意見集約のための集団的労使関係法制に関する研究会」の研究プロジェクト（2013年7月に『様々な雇用形態にある者を含む労働者全体の意見集約のための集団的労使関係法制に関する研究会報告書』刊行）である。荒木尚志教授を座長とする同研究会での検討は、久しく等閑に付されてきたわが国の集団的労使関係法制を見直す貴重な機会であり、気鋭の研究者

による真剣な検討が行われた。そのなかで、中心的な課題として検討対象となったのが、従業員代表制度であった。その問題意識は、プロジェクトの名称にも示されているように、就業形態の多様化とも呼ばれる職場の労働者構成の複雑化に対応して、従業員の声を集約して経営に対して発言する企業・事業所レベルの発言機構が機能不全に陥っているとするところにあった。諸外国の従業員代表法制を調査・考察し、また、わが国の労使関係の現状と問題点を分析して、大部の報告書がまとめられた。

　貴重な労作であり、本書の読者にも熟読玩味していただきたいが、われわれの研究プロジェクトでは、意識して、集団的労使関係をめぐるより広い課題を見据える視点にたって議論を進めた。これは、特定の政策課題を考えるには、確かに焦点を絞り込んだ議論が必要だが、それは、時として、当該課題をより広い集団的労使関係の文脈の中に置くことを忘れ、木を見て森を見ない態度に陥るおそれがあることを意識したからである。

　諸外国の例をみても、従業員代表・労働者代表制度は、産業レベル・地域レベルの労働組合の組織的活動があって初めてその機能が十全に発揮されうる。従業員代表・労働者代表に選ばれている者の多くは、組合活動家たちである。従業員代表・労働者代表制度の政策構想は、今日の職場状況のなかで、十分検討に値する課題であるが、それが労働運動の組織力・活動力を高める方向で考えられなければ、結局のところ、絵空事に終わるであろう。そうした集団的労使関係の「好循環」は、いかにすれば可能となるのか、運動家も研究者も真剣な議論を行う必要があろう。

　本書の豊かな内容は、一言で要約したりすることはできないが、本書の叙

述に基づいて、何か一言いうとすれば、それは、「労働運動の基盤は、企業別組合にある」という認識である。当たり前のようだが、労働運動の活力を高め、その力を社会的にプラスとなる方向で働かせるためには、それが企業別組合の組織力・活動力を強めることにつながらなければならない。そして、企業別組合の組織力・活動力を高めていくためには、産業別組織からナショナルセンターに向かう労働運動の中心線が主導的な役割を果たさなければならない。そのための現代的な戦略論・運動論・組織論は何か、これこそが労働運動の基軸を据えなおす基本課題である。そのためには、集団的労使関係法制の再検討も有益であろう。たとえば、昭和24年労組法改正によって定められた硬直的な経費援助禁止規定の見直しなども検討してよいだろう[*3]。だが、それに向けた議論は、労働運動の現場から始めるべきである。

[*3] 仁田道夫（2015）「労使関係論からみた昭和24年労組法改正過程―アメリカ・モデルと戦後直後型労使関係の相克？―」『日本労働法学会誌』125号

1 労働者代表のあり方（労働者代表制、過半数代表制）

問題提起 組織率の危機と過半数代表者

新谷信幸　連合 総合労働局長

1 重大な局面を迎えた組織率の減少

　2014年12月17日、厚生労働省から2014年「労働組合基礎調査」の結果が発表された。

　毎年年末になると、この公表値の動向が気にかかる労働組合関係者は少なくないと思うが、2014年の労働組合員数（以下、組合員数）は984万9千人で、前年の987万5千人より2万6千人（0.3ポイント）の減少となった。推定組織率（以下、組織率）は17.5％で、前年の17.7％より0.2ポイント低下であった。

　組織率に関する政府の統計は、労働基準法が制定された年と同じ1947年（組合員数 569万人 組織率45.3％）から見ることができるが、過去の組織率のピークは戦後4年目1949年の55.8％で、その当時の組合員数は665.5万人、組織率の分母となる雇用者数は1193万人であった。その後、組合員数は増加を続けたものの、組合員数の増加は組織率の分母となる「雇用者」[*1]数の増加に追い付けず、組織率は長期的な低下傾向をたどることとなる。

　具体的に見てみよう。増加し続けた組合員数が1000万人の大台を超えたのは高度成長期の1965年（同1007万人。分母となる雇用者数は2914万人）で

あったが、その時の組織率は1949年の55.8%から20ポイント低下の34.8%となっていた。引き続き組合員数は急激に増加し、その4年後の1969年には1100万人（雇用者数3196万人 組織率35.2%）を超え、その5年後の1974年には1200万人（雇用者数3676万人 組織率33.9%）を超えるに至ったが、組織率は30%台で推移したままで40%を回復することはなかった。組合員数はその後1997年までの25年間にわたり1200万人台で推移したものの、雇用者数はその間に約1800万人増加し5435万人となったことにより、組織率は22.6%へと低下した。この期間は、組合員数が増加・維持する中で組織率が減少する期間であった。

　こうした流れが大きく変わり、組合員数そのものが急速に減少に転じたのは、1998年以降である。この年に組合員数は1200万人を割り込み（1199万人）、組織率も近年では最後の20%台となった。その後、ITバブルがはじけて企業倒産や希望退職募集などの大規模な雇用調整が行われ、組合員数はその8年後の2006年には1000万人（組織率18.2%）をも割り込み、1997年からの10年間で組合員数の減少は実に約220万人（1997年の組合員数から18.3%の減少）にも及んだ。

　2009年には34年ぶりにわずかだけ組織率が上昇（18.1%⇒18.5%）したものの、1990年代末以降の大きな流れは「組合員数の減少を伴う組織率の低下」という、従来とは異なる重大な局面に入ったといえよう。

　ここで、前述のような大きな流れを踏まえたうえで、組織率の低下の主な要因を整理しておきたい。

　組織率の長期的な低下の背景にある要因については、様々な分析がされているが、組合員数が増加し一定数を維持していた1990年代末までの時期と、それ以降の組合員数そのものが減少していった時期とを区分して考えることが、労働組合関係者にとってこの現実に対する危機感を共有し、組織率向上策を考えていくために有意義であろうと思う。

---

*1　総務省「労働力調査」における「雇用者」には労組法上の保護対象とならない、会社、団体、公社などの経営者・役員が約340万人、6.1%存在することにも留意が必要（2013年調査）。

13

組合員数が増加・維持できていた1990年代末までの時期は、前述のとおり、①分母たる雇用者数の増加に組合員数の増加が追い付いてこなかったこと、特に第2次産業に比べて組織率が低位にあった第3次産業での雇用者の増加が大きかったこと、②雇用形態でみても従来、労働組合員資格を与えられてこなかった非正規雇用労働者が増加し、それに対する組合員化の取り組みが遅れてきたこと、などが主な要因として挙げられよう。しかし、わが国の労働組合の大半が企業内組合の組織形態をとる中、この時期は製造業においては要員不足という追い風の下で、臨時工の本工化に向けた労働組合の取り組み、今風にいえば非正規労働者の正社員化の取り組みが奏功し、企業内組合における組合員数については維持・増加できていた[*2]。産業構造・就業構造の変化に伴いマクロベースでの組織率はじわりじわりと低下していたものの、自社・自組織の組合員数そのものが増加・維持できていたことから、企業内組合を基盤とする労働組合関係者の間で、組織率低下に対する危機感を共有することは容易なことではなかったろう。

　一方、2000年代以降の時期については、組合員数そのものの減少は、①倒産やリストラに伴う離職やベビーブーマーの大量退職などによる正規雇用労働者の減少、②企業再編法制の整備に伴う分社化・企業再編の進展といった組織変化による組合員の減少、などが組織率低下の大きな要因として挙げられよう。そして、その際、留意しなければならないのは2014年の組合員数977.7万人には、1990年から「労働組合基礎調査」で統計を取り始め、関係組織の努力により2014年には97.0万人を数えるまでになったパートタイム労働者の組合員数[*3]（組合員総数の9.9％）を内数として含んでいることである。労働組合関係者にとって、非正規労働者の組織拡大の重要性は論ずるまでもないが、低下した組織率の数字の背景には、こうした労働組合員の質的な変化も含んでおり、従来、組合員層の大半を占めていた正社員の組合員数の減少については、組織率の数字から受ける印象以上に厳しい実態にあるものとの認識が必要である。

[*2] 仁田道夫（2009）「企業別組合に何ができるか」『日本労働研究雑誌』No. 591
[*3] パートタイム労働組合員97.0万人のうち、連合の組合員は82.0万人で84.5％と高率を占めるが、うちUAゼンセンの組合員が63.6万人を占めており、製造業はじめ他産別でのパートタイム労働者等の組織率拡大が課題である。

組合員の質的な変化に関しては、成熟した労使関係を構築している大企業を中心に、企業内における正社員の中での組合員比率の変化についても留意する必要がある。すなわち、1990年代からの成果主義的な賃金制度改革が大企業を中心に行われ、こうした制度改革の一環として月俸や年俸的な運用の賃金制度が拡大され、それに伴い企業内でいわゆる「管理監督者」とされる労働者が増加し、その結果、労働協約の運用の現場では、労組法上の「利益代表者」とは必ずしも一致しないはずのこれら労働者についても、労働協約における非組合員とされてしまうという事態が広がった。こうした形による「企業内組織率」の低下という変化も起こっているのである[*4]。

　この「管理監督者」に関する運用実態については、労働政策審議会（以下、労政審）における労働時間法制見直し論議に際して、労働側からのデータ提供要請に対して厚労省からは最後まで的確なデータが示されることがなかったことに象徴されるように、詳しいところはよくわからない[*5]。電機産業などで日本を代表する大企業においても管理職比率の高い事例がみられるが、企業において「管理監督者」とされている労働者も、労基法第41条2号の管理監督者要件を満たす職位にある者ばかりとは限らないし、また、労組法上の「利益代表者」に該当しない者であることも少なくないと思われる（小稿では触れないが、こうした企業内組織率の問題は、組織率の低下のみならず、労使協議会の質など、企業内組合の活動内容の質にも影響を与えている可能性もあることにも留意が必要であろう）。

　これまで述べてきたような様々な要因を背景として、組織率の長期的な低下が続いている結果、労働組合による集団的労使関係の下で労働条件向上や雇用維持の保護の網がかからない労働者比率が高まる一方、（70とも90とも

[*4] 『電機連合navi』No. 33（2010年9月・10月号）によると電機連合大手27組合の企業内組織率は平均76.9%だが、最低の率となった日本を代表する大手企業の一つでは企業内組織率が54.4%で、「管理職」として労働協約上の非組合員となる者の比率が45%を超えるという。

[*5] 賃金構造に関する大規模な基幹統計調査である厚労省「賃金統計基本調査」（層化二段抽出法による。2013年調査は約7万8千事業所及び約169万人の労働者データを抽出し復元）でも、一般労働者（男性）における「部長」比率、「課長」比率は1981年のそれぞれ3.0%、7.0%から2013年にはそれぞれ4.5%、10.0%へと上昇していることが観察される。

いわれるが）法に規定される過半数代表制の活用領域の肥大化が進んできており、それに伴って、団体交渉・労働協約による集団的労働条件決定システムの機能低下や多様な労働者の意見集約・利害調整の機能のあり方、同時に、労働組合の職場代表としての正統性をめぐって様々な議論が行われるようになってきている*6。

　小稿では、肥大化が進む過半数代表制（「過半数労働組合」と「過半数代表者」という2つの類型があるが）、特に「過半数代表者」のあり方について、その課題解決に向けた方策を中心に記述することとしたい*7。

2　「過半数代表者」をめぐる課題

　過半数労働組合や過半数代表者*8といった過半数代表との労使協定に、法律上一定の効果を与える仕組みは、1947年4月に制定され同年9月から施行された労働基準法第36条がその嚆矢とされる。

　当時の厚生省労政局労働保護課によって立案された労働基準法は、ILO憲章やILO第1号条約を強く意識して、「1日8時間、週48時間」という国際水準を法制化すると同時に、戦後復興に必要な労働時間数を合法的に確保するため、割増賃金率25％の支払いと集団的な同意に基づく書面による協定によっ

---

*6　近年の代表的な提言としては後述のJILPTの「様々な雇用形態にある者を含む労働者全体の意見集約のための集団的労使関係法制に関する研究会報告書」（2013年7月）。このほか労働契約法制の検討に先立ち設置された厚労省「今後の労働契約法制の在り方に関する研究会報告書」（2006年9月）では労働者代表制度として、常設機関としての労使委員会の活用（労使委員会を法制化し、その決議に就業規則の変更の合理性の推定の効果等）を提言している。
2011年8月に取りまとめが行われた厚労省「今後の労働者派遣制度の在り方に関する研究会報告書」では、派遣先での常用代替防止策として派遣先の労使がチェックする方法（「派遣先での常用代替のおそれの有無等について派遣先の労使が判断する枠組みを設定するという方法である。ドイツの事業所委員会による派遣受入れへの関与の仕組みに類似した方法」）を提言している。いくつかの留意が必要としているが、ここでは派遣労働の受け入れのチェックに限って二元的な集団的労使関係の導入について提言を行っている。

*7　「過半数組合」についても労働者代表としての正統性の課題や、組合員以外の労働者の意見聴取の仕組みといった課題指摘があることに留意しなければならない。

*8　小稿での「過半数代表者」とは、事業場に過半数労働組合が存在しない場合に労働者の過半数を代表する者を指す。

て違法性を回避するという政策が採られたのである[*9]。

　この過半数代表との書面による協定という仕組みは、1947年の労基法制定時にはわずかに第36条と第90条（就業規則の作成手続）の2か条しかなく、1987年改正の労働時間規制柔軟化に伴い大幅に追加された労働時間関係の協定はもちろん、第18条（貯蓄金の管理）や、第24条（賃金の一部控除）、第34条（休憩一斉付与の適用除外）といった労働者保護規制の基本的な条項の適用除外協定についても含まれてはいなかった。

　しかしその後、過半数代表制は当初の労働基準法での規定のあり方を大きく超え、現在では、雇用政策上の助成金や年金給付、さらには労働法分野だけでなく倒産法制などの領域まで拡大しており、また、手続きとしても書面による協定の他、意見聴取、同意、協議など多様化するに至っている。しかも、過半数代表者は、過半数労働組合を補完する制度として設計されていたにもかかわらず、法律上は過半数労働組合とは同等の権限を付与される存在とされているのである。

　このように一定の権限を付与されつつ存在感を増してきた過半数代表者をめぐる課題については、その数が一人であることによる機関性や独立性の問題、任期のないことによる常設性の欠如なども挙げられるが、最も根本的な問題点は、与えられる権限が過半数労働組合と同等にも関わらず、その選出において民主的な手続きを経ないケースが多いこと、また民主的な選出を実効あらしめる法規制がないことである。過半数代表者について直ちに着手すべき喫緊の課題とは、その選出手続きを適正化・厳格化していくことであると言えよう。

　そこで、具体的な施策を検討するに先立ち、まずは過半数代表者の選出実態を確認しておこう。

　過半数代表者の選出手続きに関しては、従来、行政通達のみで法令上の規制がなかったが、1998年の労基法改正に際し労働基準法施行規則（労規則第6条の2）に初めて規定が置かれ、「投票、挙手等の方法」による民主的な選出手続きや不利益取扱いの禁止が求められるようになっている。しかし、いささか旧聞に属するが他に適当な調査がないためこの議論の際に必ず引用され

[*9]　久谷與四郎（2011）『労働関係はじめてものがたり』全国労働基準関係団体連合会

るデータであるJILPT調査[*10]によると、過半数代表者の選出方法の実態は、「社長・労務担当者など会社側から指名した」[*11]（28.2％）、「社員会・親睦会などの代表者が自動的に過半数代表者になった」（11.2％）といった使用者の意向に沿う不適切な選出が約4割を占めており、「選挙（従業員が投票により選出した）」（8.3％）、「信任（あらかじめ特定の候補者を定めその者について従業員が賛否を表明した）」（23.5％）といった民主的な手続きは相対的少数という残念な実態にある。同調査によると中小零細企業ほど使用者の意向による選出が行われているとのことであり、企業規模別の組織率の低さ（労働組合基礎調査によれば99人以下の企業で1.0％[*12]）と相まって、中小企業においては労働者の集団的な意見調整機能がほとんど働かない状態にあるといえよう。

　このように過半数代表者の選出手続きが不適切な実態にあることから、1999年の企画業務型裁量労働制創設の際に導入された「労使委員会」の労働者代表委員の選出[*13]についても、同様の課題を指摘せざるをえない状態となっている。労使委員会の半数を占める労働者代表委員は過半数代表者が指名することで選出されるためである。しかも、民主的でなく不適切に選出された過半数代表者により指名を受けた委員が半数を占めるこの労使委員会には、重要な労働時間規制の緩和などを決定しうる権限が労基法上与えられているのである（2015年4月に国会に提出された労働基準法改正法案に盛り込まれた、高度プロフェッショナル制度の創設や企画業務型裁量労働の導入要件についても、こうした労使委員会の決議に基づくこととされている）。このような労使委員

[*10] JILPT「中小・中堅企業における経営者と従業員との労働条件決定をめぐる対話に関するアンケート調査」（2006年7月調査。1000人未満の企業を対象に2440社回答）
[*11] 「会社からの指名」や「親睦会の代表」による選出は労基則第6条の2が規定される以前の労働基準局長通達（昭和53.6.23　基発第355号）において、適格性を欠くとして行政指導の対象となっていた方法である。
[*12] JILPT「従業員関係の枠組みと採用・退職に関する実態調査」（2005年）によれば99人以下の企業の組織率は7.4％（「10人～49人」と「50人～99人」より合成）。
[*13] 労使委員会については2006年の労働契約法創設の検討の際に、事前の有識者研究会報告を踏まえ、労政審において「就業規則の変更の場面において、労使委員会の決議又は調査審議に一定の法的効果を与えること」、「法的効果を付与する場合には、労働者代表の委員の民主的な選出手続（例えば、直接無記名投票による選出、就業形態に応じた委員枠の確保等が考えられる）を確保することが必要」などが検討されている（労政審 第54回労働条件分科会 http://www.mhlw.go.jp/shingi/2006/04/s0411-2a.html）。

会の労働者代表委員の課題解決に向けては、後述のような過半数代表者の民主的な選出手続きの法的規制の強化を行うとともに、事業場の労働者の民意を確認する意味で、少なくとも、2003年改正で廃止された労使委員会の労働者側代表委員に対する事業場労働者の信任手続きを復活させるべきである。

さて、前述したように過半数代表者の選出方法については、約4割のケースで民主的でない不適切な実態にあることが指摘されているが、実は民主的な選出手続きが法令上要請されていること自体を知らない使用者が少なくないこともその要因の一つではなかろうか。厚労省が行った総合的な労働時間実態調査[*14]では、時間外・休日労使協定を締結している事業所が55.2％あるのに対し、労使協定を締結していない事業所は44.8％という回答状況にあるが、後者の労使協定を締結していない総数を100とした場合、労使協定を締結していない理由として、「時間外・休日労働に関する労使協定の存在を知らなかった」とする回答が35.2％と、「時間外・休日労働がない」（43.0％）に次ぐ2位を占めている（回答総数に占める割合でみると労使協定の存在を知らない事業所は15.7％となる）。これは、時間外・休日労働を命じるに際して、労働基準法の中でも最も身近で重要な規制ともいうべき36協定の必要性や存在をそもそも知らないという使用者が7社に1社の割合で存在しているという、ゆゆしき実態を示していると言える。

このような状況を踏まえると、生身の労働者を指揮命令して使用する事業主・使用者に対する最低限の労働法教育が不可欠であることはもとより、就業者の9割近くが雇用関係で働く"雇用社会"である我が国においては、社会的な基盤教育として、最低限の労働法教育を学校教育段階ですべての生徒・学生に行う機会を充実させていくことが重要であろう[*15]。

[*14] 厚労省「平成25年労働時間総合実態調査」（2013年10月。全国で無作為に抽出した約1.1万事業所に労働基準監督官が訪問調査）
[*15] 連合が2014年に調査したところ、代表的な中学校の7社の社会科（公民）教科書についてみると、労働時間に関する記述は1社だけ「1日の労働時間は8時間以内、1週間の労働時間は40時間以内で最低1日は休日としなければならない」などの記述はあったものの、労使協定に関しては7社のいずれにも記述されていない。学習指導要領にも、高校の「現代社会」の8社12種類の教科書、「政治・経済」5社7種類を調べてみても、いずれも労使協定の記述は見当たらない。これでは学校教育段階において働く上での基本ルールである36協定さえ学ぶことなく社会に出ていくこととなる。

3 「過半数代表者」の課題解決に向けた連合の考え方

　ここで、「過半数代表者」が抱える諸課題の解決に向けてこれまでに取りまとめてきた連合の考え方について、その変遷も含めて言及したい。

　長期的な組織率の低下や雇用形態の多様化の進展という現実に直面する中で、連合は、労働組合以外に労働者の声を代表する労働者代表法制のあり方について検討を行い、2001年10月の第7回定期大会において、常設機関を設置し自主的、民主的な運営を確保する枠組みを法的に整備するための『労働者代表法案要綱骨子』（以下、連合法案）を確認した。

　この連合法案は、過半数代表者が抱える問題点の解決を目指し、労働組合との役割分担の明確化を前提に常設の機関を設けようとするものであり、直接無記名投票により選出された3人以上の複数委員（任期2年）による常設の「労働者代表委員会」を設置し、これに労働諸法規等における労働者代表との協定締結・意見聴取等の任務・権限を与え、使用者は労働条件その他の労働者の待遇に関し労働者代表委員会の意見聴取を求めなければならないとする内容である。また、企業内の労使関係は労働組合が基本であることから、労働者代表制度は労働組合を「補完」する制度であると位置づけ、過半数労働組合がない事業所にのみ設置を義務付け、当該事業場で適用される労働協約の優位や当該事業場で過半数労働組合が結成された場合における労働者代表委員会の解散などの規定も盛り込んでいる。

　その後、2006年の労働契約法創設における労使委員会活用をめぐる労政審での論議を経て、連合は政権交代が実現した後の2009年10月の第11回定期大会において、「労働者代表制の法制化や会社法の見直しを進め、日本社会全体で集団的労使関係を再構築する」旨の運動方針を確認した。

　このような運動方針の下、民主党を中心とする政権の実現という政治情勢の変化などを踏まえ、連合は連合法案の内容を改めて精査し、労働者代表法制の具体的な法制化をめぐって組織内部での論議を重ねた。そうした議論の中で出された「積極的に法制化を進めるべき」との考えや、「最終的な労働組合結成へのアプローチも見据えてさらに内容を精査して対応すべき」といった考えなどを踏まえ、2011年9月には「事業場に雇用される労働者の意見集約などの運営が自主的、民主的なものとなるよう法的枠組みを整備する。法的枠組みの整備を実現させるためのステップとして、まずは、過半数代表者

の選出方法について労基法施行規則に定められている内容を厳格化した上で、施行規則から法規制へと格上げする」との方針を確認し、当面の取り組みとして、現行の過半数代表者の選出および運用の適正化を目指すこととした。これらの論議においては、法改正が実現した時の現実の施行の場面を想定し、全国で420万を超える事業所において、①使用者の意向に従うだけの"御用組合"的な過半数代表者が選出されないような対策（行政だけでなくもちろん連合としての取り組みが中心）や、②「過半数代表者」に留まることなく労働組合の意義を啓発し組合結成に向けた過半数代表者（候補者）の育成のあり方、さらには、③組織拡大における従来の"点"戦術から全面的な"面"戦略の転換の必要性などについても論議されている。

　連合内部でのこうした積極的な検討の一方、政府部内でも有識者による検討が進められ、2013年7月にはJILPTの集団的労使関係研究会によって2年にわたる検討を踏また報告書（以下、JILPT報告書）が取りまとめられた。

　JILPT報告書では、労働者代表の役割と権限を分析した上で[16]、求められる集団的な発言チャネルの機能として、①労働条件設定に関して労働者集団の意向を反映させる機能（労働条件設定機能）、②法定基準の解除機能、③労働条件遵守のためのモニタリング機能や苦情・紛争処理機能の3つに整理し、第1のステップとして、「過半数代表制の現行の枠組みを維持しつつ、過半数代表者の機能の強化を図った上」で、第2のステップとして「新たな従業員代表制の整備の必要性を検討する」旨の提起を行っている（なお、労働条件設定機能のうち、高年齢者の継続雇用制度における対象労働者の基準について、事業主が過半数代表との労使協定によって限定できるとする従来の仕組みについては、労働契約締結の条件を過半数代表との労使協定に委ねるという点で連合としては特に大きな課題であると認識していたが、2012年の高年齢者雇用安定法改正で廃止することができたことの意義は大きいものと考えている）。

---

[16] JILPT報告書では過半数代表が関与する制度一覧が掲載されているが、これらの中には選出手続きについて個別法（関連法令含む）の中に規定されているものとそうでないものがある。例えば労働者派遣法では第40条の2第4項に派遣先事業所の過半数代表の意見聴取の義務を規定すると同時に、その選出手続きについては同法施行規則第33条の4で労規則と同様の選出手続きを規定するだけでなく労働者派遣に関して求められる意見聴取手続きについて加重して規定している。

このJILPT報告書がまとめられたことを受け、また、同時に労政審において労働時間法制の議論が本格化していくタイミングに合わせ、連合は2014年7月に、「過半数代表制の適切な運用に向けた制度整備等に関する連合の考え方」（以下、過半数代表者連合案）を取りまとめるに至った。

　以下にその概要を紹介したい。

「過半数代表制の適切な運用に向けた制度整備等に関する連合の考え方」

（1）基本的な考え方

　集団的労使関係の中核的・中心的役割の担い手は、憲法に基づく保護を与えられ、労働条件設定機能が与えられている労働組合であるべきである。したがって、組織拡大を通じて労働組合を強化していく方向こそ、集団的労使関係の再構築にあたっての基本的な考え方とされるべきである。

　労働組合としては、労働組合の役割・意義を強く訴求し、自らの組織拡大へとつなげていくよう注力すべきである。一方、過半数代表制については、労使コミュニケーションの仕組みとして適切に運用されるよう、過半数代表者・過半数労働組合のそれぞれの課題の解決に向けた制度整備が早急に行われるべきである。

（2）過半数代表者の適切な役割発揮を図るための取り組み

　労基法における過半数代表者の選出手続きは労基則第6条の2で規定されているが、具体的かつ詳細な選出手続は規定されておらず、また、このような概括的な規定でさえも十分に遵守されていない実態にある。過半数代表者が民主的な正統性を持ちつつ法定基準の解除機能など、法令上求められている役割を適切に発揮できるよう、その選出手続を厳格化・適正化するとともに、当該手続については過半数代表制を規定している各根拠法に法律事項として定めるべきである。

　以下に具体的な対応策を提起する。

① 選出の時期（必要の都度の選出）

　事業場の全労働者の代表として正統性を持つためには、過半数代表の関与

が求められている事項が生じる都度、その内容に応じてふさわしい過半数代表者が民主的に選出されるべきである。

② **選出手続の運営主体（使用者の責任と行政監督）**

　法定基準解除のための労使協定締結のように、過半数代表者を選出する必要性は使用者側にあることから、選出手続に要する費用負担をはじめ、選出手続を履行する義務・責任は、使用者がすべて負うべきである。ただし、費用については、必要な費用負担に限られるべきであり、そうした範囲を超える費用（立候補者との飲食費等）の負担などによって使用者の不当な支配介入を招かぬようにしなければならない。なお、選出手続に係る使用者の義務の適正な履行については、監督行政によって担保する仕組みを併せて講じるべきである。

③ **過半数代表者に立候補する機会の付与**

　使用者は、事業場で直接雇用されているすべての労働者（管理監督者除く）に対し、過半数代表者に立候補する機会を付与するべきである。使用者は、立候補の受け付けのため、選出人数、立候補受付期間、選挙日等の情報を事業場の労働者に対して公示するものとする。

④ **使用者側の協定案等の事前開示**

　使用者は、立候補受付の公示とともに、当該協定案の内容や見解等についても同時に全労働者に対して開示するようにすべきである。

⑤ **立候補者に対する所信表明を行う機会の付与**

　適切な選出するための参考情報とするため、使用者は、過半数代表者に立候補した者に対し、事業場の労働者に向けて自らの所信を表明する機会を与えるべきである。

⑥ **無記名投票による選挙**

　事業場の労働者が自らの意思に基づいて民主的に過半数代表者を選出できるようにするため、事業場の規模の大小にかかわらず、過半数代表者の選挙は無記名投票の方法によって行われ、当該事業場の労働者の過半数の票を得た者が当選することとすべきである。また、選出人数（1人）と同数の立候補しかなかった場合でも、無投票当選とすることなく、拒否権を担保するため、無記名による信任投票を行うべきである。一連の投票管理実務は使用者によって、選挙の公正性を担保するための措置が講じられるべきである。

⑦ 選出手続に瑕疵があった場合の効果

　法定された選出手続に則って民主的に選出されたとの評価を与えることができない場合には、当該過半数代表者に正統性が認められない以上、当該者に対して行われた使用者の意見聴取や当該者と使用者との間で締結された協定の効力等は無効とされるべきであり、また、その旨が各根拠法に法律事項として定められるべきである。

　過半数代表者が法令上与えられた役割を適切に発揮できるようにするためには、複数化・常設化といった方策によるのではなく、まず厳格かつ適正な選出手続を整備することによって、事業場の労働者の意思に基づき正統性を持って自らの権限を行使できる環境を整備することを最優先にすべきである。

　また、過半数代表者への不利益取扱いについては労基則第6条の2第3項に規定されているが、現に不利益取扱いが行われた場合の救済制度は設けられていない。不利益取扱いが使用者によって行われた場合の救済制度として、労働委員会を活用した不当労働行為救済制度を準用することにより、過半数代表者を保護し集団的合意形成の実を確保するべきである。その際、選出手続等とともに法律事項として、各根拠法に定められるべきである。

4 むすびに代えて

　過半数代表者にかかわる課題解決に向けては、法規制の強化が不可欠であり、連合は2013年9月から始まった労働時間法制の見直し論議の中でも、労働時間規制におけるインフラともいうべき過半数代表制、とりわけ課題の多い過半数代表者のあり方について、無記名投票の実施や労使協定内容の事前周知をはじめとする選出手続の厳格化・適正化、過半数代表者への不利益取扱いに対する救済制度の整備などの改正を行うよう強く求めてきた。

　しかし、労働時間法制の見直しをめぐっての労政審の報告書は、労働側の反対意見を押し切る形で取りまとめが行われ（高度プロフェッショナル制度の創設や裁量労働制の拡大などが盛り込まれるだけでなく）、過半数代表者については、「半数代表者の選出をめぐる課題を踏まえ、『使用者の意向による選出』は手続違反に当たるなど通達の内容を労働基準法施行規則に規定する方向で

検討を続けることが適当である」、「使用者は、過半数代表者がその業務を円滑に遂行できるよう必要な配慮を行わなければならない旨を、規則に規定する方向で検討を継続することが適当である」といった文章が盛り込まれるに留まった。後段の文章は労政審で当初示された「報告書骨子案」には無かったもので労働側の主張を受けて最終案で追加されたものであるが、具体性や実効性はなく、民主的な労働者の意見集約の仕組みとしては全く不十分なものと言わざるを得ない。

労働時間法制を見直そうとする労基法改正法案については2015年4月に国会に提出され、国会での論議にステージを移しているが、労働時間制度の論議と併せ、過半数代表者の課題についても国会において十分な論議がなされ、連合や労働側の考え方を踏まえた形で法案の内容が補強されることを期待したい。

一方、組織労働者の側は、未組織職場の集団的労使関係の再構築に向け、組織拡大を通じてすべての働く労働者に労働組合のカバーを広げるための努力を最大限行っていかなければならない。それこそ連帯の基盤であり、未組織労働者に対する組織労働者の義務である。

集団的労使関係の根幹的担い手であるべき労働組合の組織率回復に向けた取り組み方針が、労働運動の単なる"理想論"との誹りを受けることがあってはならない。これについては、連合は2011年10月の第12回定期大会で、従来の組織拡大方針を一新し、連合組合員数を2020年までに1000万人へと拡大する取り組み方針「1000万連合の実現」を確認した。具体的には、組織拡大に向けてリソース配分を強化し、連合本部、産別、単組、地方連合会が全国で一体的に組織拡大に取り組んでいる。冒頭の分析のように組合員数全体や連合以外の団体の組織人員が減少する中で、連合加盟の組合員数はわずかながらも増加してきており[17]、組織拡大の取り組みは少しずつではあるが着実に結実しつつある。

同時に、過半数労働組合も、「過半数」であることに安住して自らの組合員

---

[17] 全体として組合員が減少する中、連合の組合員数は、この10年間で659.5万人（2004年）から671.1万人（2014年）へとわずかながらも増加している（厚労省「労働組合基礎調査」）。

だけの代表であるだけでいいわけではなく、非正規労働者等を含む当該事業場の全労働者の過半数代表として、組合員以外の労働者の意向を適切に聴取・把握し、過半数代表としての行動に反映させていく姿勢が強く求められる。

　このように、今後の集団的労使関係の再構築に向けて、組合運動の担い手である組合役員数の減少や任期の短期化、専従役員の減少・非専従役員の比率増加などの「労働組合」自身が直面しているその他の課題への対処も含め、今、すべての労働運動関係者の力量が問われているのである。

参考文献

- JILPT（2007）『労働条件決定システムの現状と方向性―集団的発言機構の整備・強化に向けて』
- 『連合総研レポートDIO』No.240（2009年7・8月合併号）「特集：非正規労働者の「声」と組合に求められる役割」

1 労働者代表のあり方（労働者代表制、過半数代表制）

論文

労働者代表法制のあり方

濱口桂一郎　労働政策研究・研修機構　主席統括研究員

1 はじめに

　企業、事業所の意思決定にそこで働く労働者を何らかの形で関与させることは、支配従属関係による雇用労働が一般化した産業革命以後、社会主義や労働運動の課題の一つであった。しかしながら、欧州先進国における労働運動の主流は、企業内部の意思決定権限は使用者に委ねつつ、企業の外側に労働組合という自発的結社を形成し、企業外部（産業レベルないし全国レベル）の団体交渉により賃金労働時間その他の労働条件を決定して企業に強制するというメカニズムの確立を優先した。

　とはいえ、労務管理や労働法規制が複雑化する中で、企業、事業所レベルのさまざまな問題解決のために労働者を関与させる仕組みが必要となり、国ごとにさまざまな仕組みが形成された。大きく分ければ、企業外部の労働組合とは別機関として企業内労働者代表システムを設ける国、労働組合の一機関として企業内システムを構築する国、両者を組み合わせた国になる[*1]。

　これが近年再びクローズアップされてきた大きな理由は、経済のグローバル化の中で企業がリストラクチュアリングを余儀なくされ、これを円滑に進

めていくためには企業レベルにおける労働者の参加が不可欠だという認識が広がってきたからである。EU指令に基づく情報提供・協議の義務付けはその共通枠組み作りの試みである[*2]。

　これに対し、日本では歴史的経緯から、企業の内部に企業別組合という自発的結社を形成し、これが団体交渉により労働条件を決定する機能を果たすとともに、企業、事業所レベルのさまざまな問題解決に当たってきた。すなわち、日本の企業別組合は戦前の工場委員会、戦時中の産業報国会を基盤として、戦後ホワイトカラーとブルーカラーの合同組合として結成され、その中心的役割は企業の労務管理機構における労働者との意思伝達機能にあった。終戦直後には戦闘的な企業別組合による生産管理闘争が行われ、その後経営側の攻勢によっていったん経営参加が弱められたが、1950年代以降生産性運動と相俟って労使協議体制が確立していった。そして、とりわけ1970年代以来、石油ショックによる企業リストラクチュアリングに直面する中で、企業の意思決定への参加において重要な役割を果たしてきた[*3]。

　これを逆に言えば、企業内部の問題解決機能の存在を企業別組合というミクロな自発的結社の存在に委ねてきたということになる。このため、企業別組合が存在しない企業ではこの機能を担保するメカニズムは基本的に存在しない。それだけでなく、企業別組合が自発的結社である以上、そのメンバーシップは企業内部で決定され、公共政策的観点から決まるわけではない。そのため、管理職やとりわけ非正規労働者の大部分が、自発的結社たる企業別組合のメンバーシップを持たないために、企業内部の問題解決とりわけ企業リストラクチュアリングへの関与から排除されることとなってきた。

　なお、労働法規制の複雑化に対応した法制的な企業内意思決定関与メカニズムとして、過半数代表（過半数組合or過半数代表者、その発展型として労使委員会）システムが立法拡大してきた[*4]。これ自体、過半数組合について

[*1] 世界各国の集団的労使関係法制の展開を、労働組合法制と労働者代表法制の両面から概観したものに、濱口（2013a）がある。
[*2] EUの労使協議関係諸指令については濱口（2005）、EU加盟諸国の従業員代表法制については濱口（2013b）を参照。
[*3] 濱口（2006）参照。
[*4] 濱口（2004）参照。

も過半数代表者についても制度的な不備の多い仕組みであるが、現時点ではなお一般的な企業リストラクチュアリングへの関与はほとんど対象に含まれていない[*5]。企業リストラクチュアリングへの関与は原則として依然自発的結社たる企業別組合の存在に委ねられている。

したがって、ここで論ずべきテーマは大きく3つある。まず第1に、自発的結社たる労働組合が存在する場合を前提に、そのメンバーシップから排除された人々を企業内部の意思決定に参加させるメカニズムをいかに構築するか、という問題がある。第2に、労働者にとって極めて重要な意味を持つ企業リストラクチュアリングへの関与をいかに確立していくかという問題がある。そして第3に、実効的な労働組合がない場合に、それに代わる企業内意思決定への参加システムをいかに構築するかという問題がある。以下、順次論じていきたい。

2 雇用形態を超えた労働者代表制の構築

企業別組合という自発的結社のメンバーシップを持たない労働者を企業内部の意思決定に関与させるメカニズムをいかに構築するか、というのは、いくつもの問題が絡まり合った複雑な課題である。

「管理職」と呼ばれる労働者が企業別組合のメンバーシップを持てないのは、労働組合法の規定（支配介入の禁止）によるものであると一般には考えられている。しかし、本来「使用者の利益を代表する者」というのはその者の果たす機能に着目した基準であって、これと企業内職能資格制度上「管理職」と呼ばれている者は異なる概念である[*6]。そもそも企業組織の複雑化の中で何らかの意味で使用者の利益を代表する立場に立つ労働者が増加するのは当然であり、むしろ上から下まで管理する側の性格と管理される側の性格をその比率を変化させつつ併せ持つ労働者が大部分を占めるようになってき

[*5] 例外として、会社更生、民事再生等において意見聴取、意見陳述等が規定され、また会社分割時の労働契約承継については省令レベルで「協議その他これに準ずる方法によって、その雇用する労働者の理解と協力を得るよう努める」ことが規定されている。

[*6] 同じ問題は労働基準法上の「管理監督の地位にある者」と「管理職」の混同にも見られる。

ているのが現状であろう。彼らを利益代表メカニズムから排除する根拠は今日ますます乏しくなってきていると考えられる。

　これに対し、非正規労働者（少なくとも直接雇用の非正規労働者）が企業別組合のメンバーシップを持てないのは、法制的には一義的に当該企業別組合の責任であり、法律上なんら制約があるわけではない。実質的な制約として働いているのは、身分が違うという意識の問題と、団体交渉で決定されるのは内部労働市場の正規労働者賃金であって外部労働市場の非正規労働者賃金ではないことから高額の組合費を払うことへの経済的見返りがないという点であろう。

　ここには明らかに、労働条件決定機能を主たる機能とする組織に事実上企業内意思決定関与機能を担わせていることの矛盾が現れている。これに対する解決方向は、原理的には①両機能を別の組織に担わせるか（デュアル・チャンネル方式）、②単一組織（＝企業内組合）が明示的に両機能を担うか（シングル・チャンネル方式）の二つとなる。現行過半数代表制は、一定の法定事項についてのみ、過半数組合が存在する限りでシングル・チャンネル方式を原則とする仕組みである。ただ、ここでむしろ重要なのは、そのいずれによるにせよ、企業内意思決定への関与機能を法律上団体交渉機能のみを有する組織に事実上委ねるのではなく、何らかの労働者代表組織の法律上の機能として明定することである。

　デュアル・チャンネル方式をとった場合、労働組合が自発的結社であるという法的建前は維持されることになるが、現実の企業別組合の機能の大部分を占めている関与機能が別の労働者代表組織に移行することになり、メンバーである正規労働者にとっても加入するインセンティブがかなり低下するおそれがある。これは現在の労働条件決定メカニズムを崩壊させるおそれがあり、簡単にとるわけにはいかない。さらに、私的結社である労働組合はその活動費を組合費で賄わなければならず、使用者からの経費援助は不当労働行為として禁止されているのに対して、非組合労働者代表組織はフルに使用者側の経費負担によって活動することができる。そういう状況下で敢えて高額の組合費を払って私的結社の一員であり続けようとする労働者が多数に上るとは想像しがたい。

　理想主義的には、労働組合は本来の私的結社として、主として産業別レベ

ルにおいて賃金労働条件に関する団体交渉を行うという多くのヨーロッパ諸国と同じ形になればよいと言うこともできよう。しかしながら、日本の労働社会の基本構造を根底から覆すような変化が、デュアル・チャンネル方式の導入で実現すると考えるのは非現実的であろう。

　一方、シングル・チャンネル方式においても決して現在の企業別組合をそのまま維持できるわけではない。この仕組みにおける過半数組合は非組合員や他組合員も含めて全ての従業員の利益を代表すべき責務を負うことになり、自組合員だけの利益代表であることは許されない。いわば公的な機関となるのであり、その限りでは純粋の自発的結社ではなくなる[*7]。これは過半数組合は少数組合とは異なる大きな権限と義務を有するということであり、現在の労働組合法の解釈（複数組合平等主義）とは真っ向からぶつかる。複数組合平等主義は憲法の要請だと言われるが、現行憲法の下でかつて公労法に交渉単位制が存在したことからもこれは疑わしい。

　複数組合平等主義を貫くならば、過半数組合はあくまで一個の労働組合に過ぎず、その合意が当該過半数組合の組合員以外にも及ぶ筋合いはない。これまでは、この矛盾を、36協定等は刑罰法規としての労働基準法における免罰的効果のみをもたらすもので、私法上の効力は別途就業規則の規定が必要であるといういささかアクロバティックな論理でごまかしてきた。労使合意による協定よりも使用者が一方的に定める就業規則の方が上位にあるなどというのは労働法の根本理念に反するはずであるが、憲法28条に基づく労働組合法の世界と憲法27条に基づく労働基準法等の世界を分断することによって、この当然湧いてくる疑いを封じ込めていたように思われる。しかし、その封印は既に破れている。

　それは、2004年の高齢者雇用安定法の改正で導入された65歳までの継続雇用制度導入における過半数組合又は過半数代表者との労使協定による対象者選定基準の設定である。これは労働者が定年後継続雇用されるか否かという

[*7] 従って、現行法における過半数組合は既に純粋の自発的結社ではなく、一事業場の全ての労働者の利益を代表すべき責務を持った公的性質を有する機関なのである。濱口（2007）、濱口（2008）参照。

問題を過半数組合に委ねたものである*8。そうすると、非組合員や他組合員にとっては、その意思決定に参画することができないにもかかわらず、自分と関係のないところで決められた労使協定によって自らの雇用継続が直接左右されるということになってしまう。しかも、労使協定は単なる免罰規定で、私法上の効力は就業規則だといういいわけはきかない。原則は労使協定だが施行後3年間は就業規則でよいと、明確に一方的決定の就業規則よりも共同決定の労使協定を上位に置く規定ぶりとなっているからである。

　幸か不幸かこの規定は2012年改正で削除され、就業規則で定める解雇事由や退職事由に該当する場合は継続雇用しなくてよいという就業規則万能規定に取って代わられた。これを要求したのは労働側であるという点に、非組合員に対しても責任を負うこととなる共同決定権限から逃げたがる労働側の姿勢がにじみ出ている。

　しかし、ここで逃げ腰になるような労働組合には、過半数組合がある場合には過半数組合が労働者代表としての機能を果たすのだと主張する資格はない。過半数組合があるにもかかわらずそれとは別に労働者代表組織を設けるデュアル・チャンネル方式を批判する資格はない。シングル・チャンネル方式を主張するということは、シングル・チャンネルとしての過半数組合の責任を正面から引き受けるという覚悟を伴う必要がある。

　まず要求されるのは、メンバーシップを企業内のすべての労働者に開くことであり、管理職や非正規労働者の加入を認めなければならない。この点は、企業別組合が労働者代表組織として認められるための最低要件となろう。現在既に、非正規労働者が過半数を占める事業所では、正規労働者がすべて加入する組合でも法律上の過半数組合ではなく、法律に定める機能を果たすことができないという状況になっている。シングル・チャンネル方式を選択するのであれば、メンバーシップ制限の余地はない。

　逆に、すべての労働者が企業別組合に加入しなければならないかについて

---

*8 「定年」を強制退職年齢と定義するならば、原則として「継続雇用」の終了する65歳が定年であり、60歳は労働契約内容を一旦白紙化する年齢である。従って、この労使協定は定年の5年前に年齢を理由として解雇する者を選定する基準ということになる。

は議論があり得る。結社の自由の本旨からすれば、「利益を代表して欲しくなどないから加入したくない」という意思は尊重されるべきかも知れない。しかし、無制限にそれを認めると、場合によっては労働者代表としての機能に悪影響を与える。現実には、ユニオンショップ協定を通じた組織強制を行うことが適当と思われる。

　ここでむしろ重要なのは、非正規労働者には高額の組合費を払うインセンティブがないことである。従って、少なくとも当面は、団体交渉による労働条件決定機能に期待して組合費を払う組合員と、意思決定関与機能のみに期待して組合費を払わない組合員の併存を認めることにならざるを得ない。そして、この場合でも組合内意思決定において両者を平等に取り扱うべき義務が生じよう。この部分の費用負担を組合費を払う組合員に求めるわけにはいかない。そもそも意思決定関与の機能が本来公的な性格を有することからすれば、それは企業側が負担すべきものである。つまり、この限りで企業別組合に対する企業の経費援助は認められ、むしろ義務づけられると考えなければならない。ただし、現実にはどこまでが労働条件決定機能であり、どこまでが意思決定関与機能であるのかを明確に区別することは困難な面もある。この点については、いずれにせよ労働組合法の現行規定の改正を視野に入れる必要がある。

　これに対して間接雇用労働者に企業別組合のメンバーシップを拡大するのはかなり難しい。契約上は、派遣労働者にせよ請負労働者にせよ、就労場所企業の労働者ではないのであり、その意思決定に関与すべき根拠が見いだしにくい。もっとも、安全衛生など就労場所の労働条件に関しては、法令上派遣先や注文主に一定の責任が課されていることから、部分的な利益代表メカニズム（安全衛生委員会等）への参加を法令で明記すべきであろう。また、労働時間規制は派遣先の責任であるのに36協定は派遣元で締結などの矛盾点があり、再検討の余地がある。

　一方、派遣先や注文主の企業リストラクチュアリングへの関与は、それが派遣労働者や請負労働者に対して最も重大な影響を与えることを考えれば、何らかのメカニズムがあってよいようにも思われる。法制的に言えば、派遣契約や請負契約は商取引であり、企業リストラクチュアリングによって商取引が縮小解消される場合に取引先が企業の意思決定に関与できるのか、とい

うのは難問である。

　しかしながら、法定の労働者代表システムとしては困難だとしても、自発的結社たる企業別組合に派遣労働者や請負労働者が自発的に加入することを禁止する規定は存在しない。この場合、そのコストを企業が負担すべき所以はないので、高額の組合費を払っての加入ということになる。ただ、本筋から言えば、派遣元なり請負会社なりにおいて企業内意思決定への関与メカニズムを確立することが行われるべきであろう。

3 企業リストラクチュアリングへの労働者関与の確立

　EUで近年労使協議制が注目されてきた最大の理由は、それが企業リストラクチュアリングというそれ自体は労働組合の団体交渉の対象である労働条件を超えた企業経営のあり方に関わる事項にまで労働者の関与を義務づけようとするものだからである。問題が労働条件に関わるところまで降りてくれば団体交渉が可能になるが、その段階では既に経営方針は決定されていて、変更のしようがない場合が多い。

　デュアル・チャンネル方式の国においては、これを労働組合とは別の労働者代表組織の権限として規定する。この場合、企業外部の組織には本来認められないはずの経営意思決定への関与を認めているということは、この労働者組織は公的に設けられた会社機関の一つと見ることができる。一方、シングル・チャンネル方式の国においては、これを労働組合の権限として法定する形になる。つまり、法律上労働組合の権限が経営事項まで拡大されていると見ることができるが、企業外部の組織である労働組合をある側面において会社機関の一つと見なしたものと考えることもできる。

　これに対し、日本の法制は企業経営への労働組合の関与権をほとんど規定していない。しかしながら、歴史的経緯から日本の労働組合はもっぱら企業別組合となり、その出発点において極めて包括的かつ強力な経営参加権を勝ち取り、その後それが労使協議制に再編されていくという経過から、企業経営への関与こそが労働組合活動の中心的位置を占めるという状況が形成されてきた。このため、日本では、今日世界的に労使協議制の中心課題である企業経営への関与が現実の企業別組合の活動の中心でありながら、それがほと

んど法的担保を持たず、個別企業レベルの労使合意に委ねられるという逆説的な事態となった。

逆説的というのは、労働組合法は労働条件決定における対立的労使関係を前提とし、そこにおける労働組合活動を強化するための不当労働行為制度は完備したが、それが企業経営への関与の担保とはならないからである。従って、労働組合がある場合ですら、企業経営への関与は協調的労使関係が維持されている限りの事実上のものに過ぎず、法律上の権限ではない。ましてや、労働組合がない場合や、あっても少数組合で協調的労使関係にない場合、企業経営への関与は事実上も法律上も存立の基盤がない。

今日、労使協議制の立法化を論ずる場合、その中心はいうまでもなく企業リストラクチュアリングにおける経営意思決定への関与であろう。日本においてそのとっかかりになりうる論点が、労働契約法制の検討過程で議論された就業規則の不利益変更法理及び整理解雇法理の立法化である。

2005年の『今後の労働契約法制の在り方に関する研究会報告書』は、就業規則の不利益変更について「一部の労働者のみに大きな不利益を与える場合を除き、過半数組合が合意した場合または労使委員会の5分の4以上の多数により変更を認める決議があった場合には、変更後の就業規則の合理性が推定される」とすることを提案した。また、整理解雇が解雇権濫用となる判断基準として、「労働組合がある場合には当該労働組合との協議、労使委員会がある場合には当該労使委員会における協議を尽くし、これらのいずれもない場合には労働者全員に対する説明を尽くすこと」を提案した。

もっとも、最終的に成立した2007年の労働契約法では、後者はまったく消え、前者も「労働組合との交渉の状況」を判断材料にするというだけの規定になっている。これは、主として連合が反対したからである。連合の反対は、労働組合以外の労働者代表に就業規則の不利益変更や整理解雇を正当化する権限を与えるような事態を忌避したためであると考えれば一定の合理性を有する。上で論じたような労働者代表制に関する突っ込んだ議論のないまま、現在の労使委員会や過半数代表に強大な権限を付与することには問題が多い。労働契約法を論ずる前に、まず労働者代表法制を論じなければならない。

しかしながら、労働政策審議会で表明された連合の見解は、そもそも過半数組合であってもその合意を就業規則の不利益変更の正当化要素として用い

ることを拒否するというに等しいものであった。個別労働者の委託を受けて訴訟活動に従事する労働弁護士であれば、過半数組合の合意を正当化要素とすることに反対するのは職業倫理上当然であろう。しかし、利害の輻輳する多くの労働者の利益を集団的に擁護することを目的とする労働組合が、自らが労働者全体の利益を考えて合意しても個別労働者の権利を縮減することは許されないなどと表明するとすれば、それはほとんど労働組合機能の自己否定というべきであろう。

　いずれにせよ、これら提案は一定の場合に労使協議を義務づける行為規範ではなく、使用者の一定の行為の効力を事後的に判断する際の裁判規範として労使協議の有無を重要視するものである。もちろん裁判規範を事実上労使に対する行為規範として機能させることも可能であろうが、本来この問題はまず労使の行為規範として情報提供及び協議が存在することを前提にした上で、行為規範の遵守度合いによって行為の効力の判断も左右されるはずであるから、合意なしに不利益変更や整理解雇が行われた場合の当該行為の効力如何という話になるべきものである。行為規範抜きに裁判規範のみが議論される姿は奇形的である。

　さらに言えば、現在の整理解雇法理が実体的要件（使用者による解雇回避努力や解雇対象者の人選基準）を裁判所が直接判断することを中心に置き、労働組合との協議という手続要件を付随的な要件と考えていることについても、抜本的な見直しが必要ではなかろうか。個別事案の積み重ねの上に形成されてきた判例法理をそのまま法文化することは、健全な労使関係を構築していくという観点からは問題が多いと思われる。

　従って、今後改めて労働契約法制の議論が行われる場合、実体的要件については過度に固定化せず、労使協議による合意の有無を中心的な判断要素とし、それに対応する使用者の義務規定として、就業規則の不利益変更または整理解雇を行おうとする場合には、上で論じた労働組合ないし労働者代表に対して必要な情報を提供し、協議しなければならないとの実体規定を設けることが必要であろう。その場合、シングル・チャンネル方式を原則とし、過半数組合がない場合にのみ労働者代表制を義務づけるという法制をとるのであれば、この情報提供・協議義務もまずは労働組合法上に過半数組合の権利（過半数組合に対する使用者の義務）として規定し、それがない場合の例外規

定として労働者代表の権利として定めるべきであろう。

　なお、現在会社分割の場合には労働契約の承継が定められ、営業譲渡の場合にはなんら労働契約承継に関する規定はないが、いずれも労働組合ないし労働者代表への情報提供、協議の規定は存在しない。しかしながら、これらは企業の組織変更として労働者の利益に大きな影響を及ぼすものであるから、(労働条件の不利益変更に該当するか否かを問わず) やはり情報提供及び協議を義務づけることが望ましいと考えられる。

　こういったリストラ時の労使協議においては、労働者の中の一部の者のみが不利益を被り、それ以外の者は不利益を被らないような提案がなされ、同意されるという事態が起こりうる。この場合、その少数労働者が他の労働者の犠牲となるような決定を正当化するためには、当該少数者の意見が的確に反映されることを担保するような手続規定が不可欠となる (事後的な裁判規範であれば、「一部の労働者のみに大きな不利益を与える場合を除」けば済むかも知れないが、行為規範としてはそうはいかない)。リストラ時に不利益を被ることが考えられる労働者層としては、非正規労働者、管理職、中高年労働者、女性労働者等が考えられるが、最終的な合意に拘束力を与えるのであれば、単に彼らが労働者代表に代表されているというだけではなく、一種の比例代表のような形で、労働者代表組織の中にそれぞれの利害が代表されることまで要求してもよいのではなかろうか。

4　実効的労働組合がない場合の労働者代表制の構築

　労働組合がある場合にはデュアル・チャンネル方式にするかシングル・チャンネル方式にするかが問題となりうるが、一定規模以上の企業または事業所に対しては労働組合がない場合には労働者代表が存在しない状態を原則として許さないとすると、労働組合を強制設立するか法律に基づく公的機関が設けられるかの選択となる。とはいえ、強制設立される労働組合はもはやいかなる意味でも自発的結社ではなく、そもそも労働組合とは言えないであろう。現実に一定の事項について過半数代表者という制度が設けられている以上、これを前提に考えることになる。

　現行過半数代表者については既に多くの指摘がなされており、少なくとも

現在省令で規定されている選出方法や不利益取扱いの禁止などは法律上に罰則をもって規定されることが望ましい。また、連合の労働者代表法案要綱骨子（案）（2001年第7回連合定期大会で確認、2006年連合第9回中央執行委員会で補強案を確認）にあるように、複数の委員からなる恒常的な委員会組織として、その権限や運営方法等についても明確に規定されることが望ましいであろう。ここではむしろ、労働組合がある場合にシングル・チャンネル方式をとることとの整合性をどのようにとるべきかを検討する必要がある。

　連合法案においては、過半数組合が成立した場合、労働者代表委員会は解散することと整理されている。つまり、労働者代表委員会は本来のシングル・チャンネルたる労働組合がない場合の補完的なチャンネルということになる。シングル・チャンネル方式と整合的な労働者代表法制は、こうした修正シングル・チャンネル方式になろう。しかし「解散」といっても、実際には労働者代表委員会が果たしてきた機能を労働組合がそのまま継承するのでなければならない。現実には、労働者代表委員会の機能を引き続き中心的な機能として維持しつつ、これに団体交渉による労働条件決定機能を付加するという形になると思われる。とすると、この労働者代表委員会は将来労働組合に成長すべき幼児型として制度設計すべきことになる。これは実質的には労働組合の強制設立に近くなる。

　ここで重要になるのが、企業外部の労働組合（産業別組織または地域組織）との関係である。いかなる企業、事業所においても本来労働組合によるシングル・チャンネル方式が望ましいという価値判断に立つのであれば、将来における企業別組合の設立を促進するために、企業外部の労働組合による援助が行われることが望ましい。少なくとも抑制すべきではないということになる。しかし一方で、企業外部の労働組合の「援助」は、企業内意思決定に企業外部の組織を関与させることになり、企業側の反発を招きやすい。とりわけ、特定の政治思想的立場をとる外部組合の「援助」に対しては拒否反応を示すことが予想される。

　難問は少数組合だけが存在する場合の扱いである。労働組合が存在するにもかかわらずそれが少数組合にとどまっている事態の背景としては、①使用者側の圧力が大きいため、本当は加入したい労働者が加入できない状態にある場合、②当該組合が政治思想的に特定の立場をとっているため、多くの

労働者が加入したいと思っていない場合、がありうる。概念的には、①のケースでは当該少数組合を核として労働者代表を構成すべきであるし、②のケースではむしろ全く中立的に代表を選出すべきである、と整理することは可能である。しかしながら、これらを客観的に区別するのは難しい。本当は②のケースであっても、当該組合は①であると主張するであろう。とすれば、過半数に満たない組合はすべて一律に扱うしかない。労働者代表は当該少数組合とは無関係に選出することとし、選出結果によって事後的に労働者の意思として、①であったか②であったかが判明するということになる。企業内に既に少数組合が存在していたが労働者の支持を得られず労働者代表となり得なかった場合、これは当該少数組合と労働者代表との「労労対立」の原因となりうる。

　労働者代表と労働組合とを制度的に峻別するデュアル・チャンネル方式であれば、これらはあくまでも別次元の組織と整理されるが、労働者代表を労働組合に成長すべき準備段階と位置づけるシングル・チャンネル方式では、これは一方組合を援助するものと捉えられ、労働組合法上の厄介な問題を惹起する可能性がある。この点についても、労働組合法の現行規定の改正を考えておく必要があろう。

5　労働者代表から労働組合への移行

　上述のように、労働者代表制の中心課題がこれまで企業別組合が取り組んできた企業経営への関与である以上、日本においてデュアル・チャンネル方式という選択肢は困難であり、労働組合がない場合の労働者代表組織も将来労働組合に成長すべき幼児型として制度設計すべきである。しかしながら、労働組合のない企業における労働者代表組織は現実には企業側（人事労務担当）のイニシアティブによって設立されることから、そのままで労働組合に発展するわけではない。

　しかも、労働組合の幼児型としての労働者代表組織であっても、その運営コストは使用者側の負担によるのであるから、デュアル・チャンネル方式において労働組合を維持するインセンティブが失われるのと同様の効果、すなわち労働者代表組織を敢えて組合費を負担しなければならない労働組合に発

展させるインセンティブが弱められる可能性が高い。もちろん、賃金労働条件の団体交渉は労働組合の重要な機能として維持されるという前提に立つ限り、労働者が労働者代表組織を超えて自発的に労働組合を結成するインセンティブを失うことはないとも言えるが、組合費が高額に過ぎると判断されれば、そのディスインセンティブの方が大きくなるであろう。

　そこで、労働組合への発展を動機づけるメカニズムとして、企業外の労働組合（産業別組織またはナショナルセンター）による援助連携を労働者代表組織に組み込んでおく必要がある。具体的には、経営側から協議を受けた場合の職場討議の遂行や意見集約方法、法制的な知識についての研修などが考えられる。これは、EU指令においては「外部の専門家の援助を受ける権利」という形で規定されているものであるが、シングル・チャンネル方式を原則とする以上、これは労使協議の主体となっている他の企業別組合から構成されている産業別組織またはナショナルセンターによる援助連携という形で明示的に規定されるべきである。

　これを裏から言えば、労働組合ではない一般の非政府組織や、労働組合ではあっても労使協議の主体とならない少数組合のみからなる連合組織はこの援助連携の対象とはならない。なお、どの産業別組織が労働者代表委員会への援助連携を行うか、またナショナルセンターの地域組織が直接援助連携するか等に関するルールをナショナルセンターレベルで定めておくことが望ましい。

　ただし、以上のような理路が世間に素直に受け入れられる保証はない。筋論からいえば、当該企業の労働者があえて労働組合を結成しない選択をしているのに、公共政策的観点から使用者のコスト負担による労働者代表組織の設置を義務づけようというのであるから、労働組合側の利害を理由に企業外労働組合による援助連携を要求するのは筋違いもいいところである。また、現実の企業を超えた労働組合運動の力の弱体ぶりからすれば、上述のような仕組みの導入を実現することは不可能に近いであろう。

　そこで、この項の代替案として、過半数組合なき企業の労働者代表組織を孤立状態に放置せず、労働者代表機能を遂行するために必要な情報の提供や研修を行う機関として、労働組合とは別の労働者代表組織の地域的団体として、たとえばオーストリア等で確立している労働会議所といった仕組みを考えることもできよう。もちろん、実質的には産業別組織やナショナルセンター

によって支えられることにならざるを得ないであろうが、少なくとも形の上では労働組合とは別組織として設けることが重要である。

6 非正規労働問題と集団的労使関係

　以上は、2007年12月に発行された『労使コミュニケーションの新地平』(連合総研)に寄稿した「第5章　労働者参加に向けた法政策の検討」を、若干の加筆修正を施してほぼそのまま再録したものである。同書には巻末に、筆者も含めた座談会の記録が収録されており、そこではもう少しくだけた口調で、こういった問題提起をした背景事情や問題意識が語られている。

　それから7年以上経過したが、少なくとも立法政策のレベルでは集団的労使関係法制の基本構造に触れるような動きは見られない。7年前の論考を現時点でもほとんど書き換える必要がないという事態の中に、集団的労使関係法制が依然としてアンタッチャブルな聖域のまま敬遠され続けている姿が浮かび上がっている。とはいえ、とりわけ1.の「雇用形態を超えた労働者代表制の構築」に関わって、非正規労働問題の解決に集団的労使関係システムを活用できないかという問題意識がこの間盛り上がってきた。

　近年生計維持型非正規労働者が増加する中で、正規労働者との均等・均衡処遇が法政策課題として浮かび上がってきているが、労働条件原資が有限であるならば、非正規労働者の処遇改善は正規労働者の労働条件の見直しをも要請することとなり、そのための仕組みが求められる。つまり、非正規労働者の処遇格差問題の解決のためには、正規・非正規双方を含めた集団的発言チャネルの整備が必要となる。そこで、2012年3月の『非正規雇用のビジョンに関する懇談会報告書』では、「労働契約の締結等に当たって、個々の企業で、労働者と使用者が、自主的な交渉の下で、対等の立場での合意に基づき、それぞれの実情を踏まえて適切に労働条件を決定できるよう、集団的労使関係システムが企業内の全ての労働者に効果的に機能する仕組みの整備が必要である。」と提起するとともに、「集団的労使関係システムにおける労働者の代表として、ここでは、労働組合のほか、民主的に選出された従業員代表等を想定している」と注釈がされている。

　これに先立つ2011年2月の『今後のパートタイム労働対策に関する研究会報

告書』でも、待遇に関する納得性の向上に関わって「このため、ドイツの事業所委員会やフランスの従業員代表制度を参考に、事業主、通常の労働者及びパートタイム労働者を構成員とし、パートタイム労働者の待遇等について協議することを目的とする労使委員会を設置することが適当ではないかとの考え方がある」と、かなり踏み込んだ提起をしている。もっとも、その直後に「ただし、日本では、一般的には労使委員会の枠組みは構築されていないことから、パートタイム労働者についてのみ同制度を構築することに関して検討が必要となろう」と述べ、この問題は集団的労使関係システム全体の再検討の中で検討されるべきという姿勢をとっている。

こうした流れを受けて、労働政策研究・研修機構（JILPT）は、2011年11月より「様々な雇用形態にある者を含む労働者全体の意見集約のための集団的労使関係法制に関する研究会」（有識者11名、座長：荒木尚志）を開催した。2013年7月に公表された報告書では、現在の集団的発言チャネルの課題解決に向けたシナリオとして、①現行の過半数代表制の枠組を維持しつつ、過半数労働組合や過半数代表者の機能の強化を図る方策、②新たな従業員代表制を整備し、法定基準の解除機能等を担わせる方策、を提示している。

具体的には、まず①としては、過半数代表者の交渉力を高めるための代表者の複数化、過半数代表者の正統性を確保するための公正な選出手続、多様性を反映した選出、多様性を反映した活動のための意見集約、モニタリング機能を発揮させるための代表者の常設化、そして機能強化にかかる費用負担などが提起されている。過半数組合が過半数代表として機能する場合については、非正規労働者等の非組合員への配慮の必要性が述べられている。

一方②に関しては、とりわけ労働条件設定機能も担わせる場合、従業員代表制と労働組合の競合という課題が生じる（過半数組合がなくても組合結成へのインセンティブに影響する）として詳しく論じている。そして、②のシナリオを採るとしても、まずは過半数組合が存在しない場合に法定基準の解除機能を果たす従業員代表制の検討から取り組むべきとしている。将来的には従業員代表制と使用者との交渉が難航したときの解決方法の検討も必要としている。

2000年代半ばには就業規則の不利益変更や整理解雇といった問題に関わって提起されていた問題が、2010年代前半には非正規労働問題との関係で提起

されてきたわけであるが、どの経路から論ずるにせよ、踏み込んでいけば集団的労使関係法制の基本構造をどうするかという大問題に触らずに済ませることはできない。

　この点を意識しているためかどうかは分からないが、連合が2014年7月の第10回中央執行委員会で確認した「『過半数代表制』の適切な運用に向けた制度整備等に関する連合の考え方」では、過半数代表者の選出手続の厳格化・適正化を求めつつも、JILPT研究会の提示したその複数化・常設化には否定的な姿勢を示し、「集団的労使関係の中心は労働組合であるべき」との思想を明確に打ち出している。

　集団的労使関係の中核的・中心的担い手は、団結権・争議権等を背景として職場における労働条件設定機能が与えられている労働組合であるべきである。したがって、「過半数代表制」との関係では、「過半数代表者」のような（労働組合以外の）労使コミュニケーションの担い手を強化して労働組合に代替させようとするのではなく、組織拡大を通じて労働組合を強化していく方向こそ、集団的労使関係の再構築に当たっての基本的考え方とされるべきである。

　かなり強烈に労働組合優先主義が示されている。それはそれとしておおいに理解可能な議論である。問題は、その強いシングル・チャンネル思想を支えるに足るだけの力量を、現実の企業別組合が示し得ているかという点にあろう。同文書に書かれた「『過半数代表者』の選出手続等を活用した組織拡大への取り組み」にせよ、「『過半数労働組合』が『過半数代表』として行動する場合の取り組み」にせよ、単なるリップサービスに過ぎないと足元を見透かされるようなことがあれば、それは問題を解決する意欲すらないまま事態を放置し続ける無為の政策と見なされることになろう[*9]。

---

*9　もっとも最近の動きとしては、産業競争力会議において新たな労働時間を導入すべく2014年4、5月に提示されたいわゆる「長谷川ペーパー」において、「当初は過半数組合のある企業に限定する」とか「原則、過半数組合を持つ企業に限定導入」と書かれていた。現行過半数代表者の実態を意識した記述であろうが、この方向性を踏み込めば、集団的労使関係法制をめぐる大議論になった可能性もある。もっとも、その後労政審の審議を経た「高度プロフェッショナル労働制」においては、企画業務型裁量労働制と同様、労使委員会の5分の4の決議が要件となっており、問題を回避している。

参考文献

- 濱口桂一郎（2004）「過半数代表制の課題」『季刊労働法』207号（2004年冬季号）
- 濱口桂一郎（2005）『EU労働法形成過程の分析（1）』東京大学大学院法学政治学研究科附属比較法政国際センター
- 濱口桂一郎（2006）「労使協議制の法政策」『季刊労働法』214号（2006年秋季号）
- 濱口桂一郎（2007）「労働者代表としての過半数組合」『日労研資料』2007年12月号
- 濱口桂一郎（2008）「過半数組合論の必要性」『労働法律旬報』No.1674（2008年6月下旬号）
- 濱口桂一郎（2013a）『団結と参加－集団的労使関係法政策の近現代史』労働政策研究・研修機構
- 濱口桂一郎（2013b）「EU及びEU諸国の従業員代表制」『Int'lecowk－国際経済労働研究』2013年4月号

2 企業別労働組合の組織的基盤

問題提起

産別組織JAMの対応

宮本礼一　ものづくり産業労働組合JAM　会長

1 はじめに

　JAMは1999年の組織統一以来、機械金属産業における中小企業の組織化を理念に掲げて運動を推進している。その意味するところは、資本関係によって影響を受けざるを得ない企業連を中心とした組織とは異なり、独立した企業別労働組合の結集体という産業別横断組織として運動を構築することにある。この運動の基盤となるのは企業別労働組合の対等で健全な集団的労使関係の発展であり、その実現のため、人員および財政など資源制約から組織運営面で課題を抱える中小労組を支える産別オルガナイザーを全国に配置することを重視してきた。

　しかしながら、日本経済の低迷、国際的な価格競争と生産拠点の海外移転、企業組織再編、非正規労働者の増加、労働者意識の多様化などから労働組合の求心力が低下している。また、組合役員やオルガナイザーの世代交代が急速に進み、長年にわたって蓄積してきた重層的な知識と経験、知恵が十分に継承されない事態が発生し、企業別労働組合の力量が低下するという状況に直面している。

以下で、このような実情に対してJAMが展開してきた単組活動の活性化に関する取り組みの一端を紹介し、「企業別労働組合の組織的基盤」への問題提起としたい。なお、JAM構成単組の活動実態については、後藤論文で詳しく分析されるため、ここでは方針に関連する記述にとどめる。

2 組織統一以降の危機

組織の縮小

　単組活動活性化について述べる前に、その背景となった組織人員の趨勢について見ておきたい。

　JAMは、組合員数467,297人、構成組織2,357単組でスタートしたが、結成1年後の2000年には早くも、445,072人、2,320単組となり、組合員ベースで22,225人、単組ベースで37単組減少する。組織拡大目標を設定するなど組織強化・拡大の方針を打ち出すが、長期経済停滞の中、企業からの逆提案への対応など守勢が続き、組合員数は一時的に持ち直したものの、減少に歯止めがかからず、2014年には組合員数350,612人、構成組織1,937単組と、1999年から組合員ベースで4分の1、単組ベースで2割、縮小した。

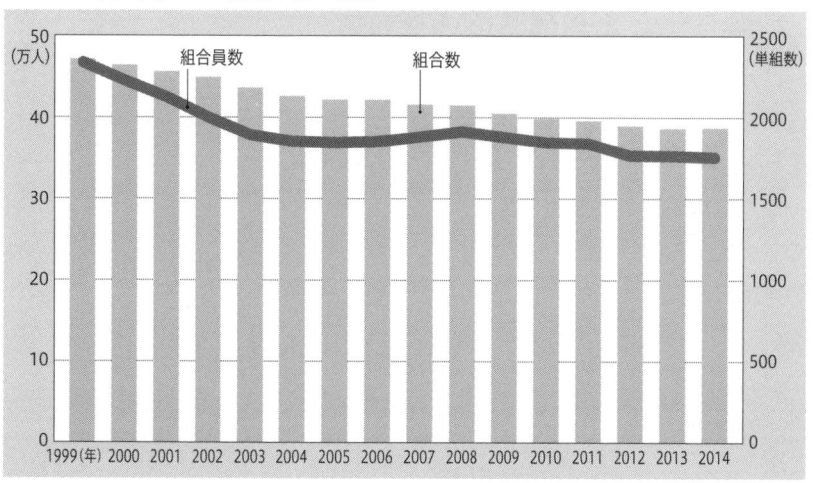

図2-1　組織人員および構成単位の推移

2つの経済危機

　組織縮小は社会・経済的変化による要因が複合的に関連して進展しているが、直接的には2つの経済危機による影響が大きい。一つは、2000年代初めのITバブル崩壊である。企業倒産や人員削減が急増し、雇用を取り巻く情勢は深刻な状況に陥った。2001年10-12月期の雇用調整・合理化等の提案件数は、同年9月に発生した米同時多発テロが重なり、400件を超え前期比3倍となった。同年10月に雇用対策本部を設置するが、企業倒産・閉鎖は、2000年代前半の5年間で130件超となり、結果的にJAM結成から現在までの企業倒産の6割がこの時期に集中した。組合員数は結成以降毎年2万人規模で減少し、2004年までに2割にあたる約97,000人の減少をみることになった。

　もう一つは、2008年のリーマンショックである。2009年には7割を超える単組で雇用調整が実施された。影響の広範さという点で、前回の危機をはるかに超えるものとなったが、雇用調整・合理化等の内容においてITバブル崩壊時と違いがある。ITバブル崩壊時の雇用調整は希望退職によるものが多数であった。他方、リーマンショックでは一時休業・教育訓練および非正規従業員の雇止めが圧倒的に多く、派遣労働者など非正規労働者へのしわ寄せが大きかったという点で検証の必要性を残しているが、組織人員の減少について言えば、相対的に小規模にとどまった。

3　顕在化した組織基盤の揺らぎ

　ITバブル崩壊の影響による大幅な組織人員の減少によって、2つの問題が顕在化した。財政問題と組織力の低下にみられる組織基盤の揺らぎである。これを反映して、2002年大会では、「現在の組織人数の減少は、組織活動の転換や新たな求心力の必要性を提起しており、組織の強化・拡大に向けて、JAMの基礎である単組活動を充実させることが求められている」[*1]とし、組合活動の再構築が提起された。また、単組の合理化提案への対応を省察し、「①組合員の立場で経営者に本音の声を提言できているか、②苦情処理・世話役活動

---

*1　2003年度活動方針

図2-2 雇用調整・合理化等発生件数の推移

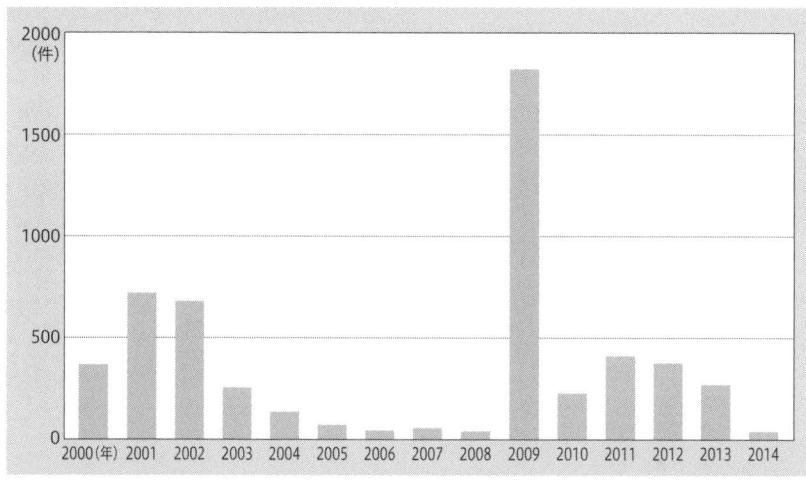

出所）JAM雇用動向調査

表2-1 合理化・雇用調整等の動向

	倒産・企業閉鎖	企業組織再編	事業所・工場閉鎖・移転		雇用調整				労働条件の切り下げ	合計
					配転・出向・転籍	希望退職募集	休業・教育訓練	非正規従業員の雇い止め		
2000年	20	15	30	206	61	73	61	11	97	368
2001年	50	33	33	401	62	147	143	49	202	719
2002年	32	15	34	330	45	155	110	20	268	679
2003年	24	16	23	80	22	49	8	1	112	255
2004年	10	15	12	54	8	39	4	3	46	137
2005年	6	5	12	35	13	18	4	0	13	71
2006年	5	12	3	17	4	10	2	1	7	44
2007年	8	11	7	24	7	12	2	2	9	59
2008年	8	25	18	490	-	-	-	-	67	608
2009年	17	19	46	1452	46	151	1233	309	287	1821
2010年	11	18	19	143	17	35	90	9	37	228
2011年	8	30	14	296	30	36	210	11	63	698
2012年	11	31	23	244	10	18	46	2	67	452
2013年	7	29	15	175	17	50	83	10	46	271
2014年	2	8	7	20	11	20	19	6	3	40

出所）JAM雇用動向調査

ができているか、③会社や社会の情報が正しく伝えられ、情報が共有化されているか」と、労働組合の求心力について基本的な問題提起を行っている。

続く2003年大会では、「活力ある労働組合づくり」のために、「①組合員との対話活動の積み上げ、②労働組合の活動を保障する労使協定や労使慣行の点検および整備、③労働条件改定時などにおける組合民主主義の徹底、④政策・制度改善活動と政治活動への参画と実践、⑤『単組役員の活動手引き』などを活用した単組役員の研鑽」[*2]を推進することが提起された。

緊急性の高かった財政問題には先行して措置が講じられた。2002年に「中期財政計画と機関運営の見直し」が取りまとめられ、大幅な組合費収入の減少が見込まれるとのシミュレーション結果の下、専従者および役員の定員数や機関会議の見直しなど具体的な経費削減策が示された。

4 組織改革

> 基本構想

(1) 中小労組の活性化

その後、組織力の低下を反転させるための具体策の枠組みとして、2005年、「新しいJAMのあり方に関する基本構想」(以下、基本構想)が取りまとめられた。ここでは、産別本部、地方組織(以下、地方JAM)および単組の問題点を指摘した上で、改革の基本方針および具体的プランを示し、改革のねらいを中小労組の活動の活性化とすることを次のように述べている。

> JAMを構成する2,130単組の内、61％が100人未満であり、300人未満まで含めると実に全体の85％が中小労組である。こうした中小労組の活動が、様々な要因が重なって不活発になってきている。春季生活闘争の取り組みの弱さ、労働条件調査の未回収、経営者に対する労組としてのチェック機能の低下、単組アンケートに見られるJAMへの結集度の低下、組合員に対する世話活動の後退、規約に基づかない機関運営、人材育成の欠落、組合員の無関心と組合離れ等々。こうした状況を生み出してい

---

*2　2004・2005年度運動方針

る困難な諸条件を克服して、中小労組が生き生きと活発な活動を展開するためには「中小労組への支援」が図られなければならない。

(2) 地協組織の確立とオルガナイザーによる支援

　中小労組の問題を解消するため、「中小労組への支援」として打ち出された戦略の柱は、「地協活動を通じた単組運動の活性化と中小労組へのオルグと支援」である。具体的には次のように表現されている。

　　中小労組の多くは専従者をおくこともできないし、JAMの各種会議に参加することも困難な状況にある。こうした単組では、JAM決定事項の伝達・単組での具体化、会社からの提案への対応など、単組の日常活動を進めるうえで地方JAM専従者などの助言・協力・援助（＝単組オルグ活動）が不可欠となっている。オルガナイザーが力を発揮し、単組への充実した支援を行うためには、単組に最も近いところに新しい地方JAMの活動推進組織としての地協を確立する必要がある。

具体的方策

(1) 地協活動

　基本構想に基づき、「新しい地方JAMのくくりと運営・活動」（以下、新しい地方JAM）、「本部の組織と運営」、「専従者の人材育成に関する仕組み」の3点が検討、具体化された。

　2006年大会で確認された「新しい地方JAM」では、地方JAMを31組織から17組織に再編し、その下に、108の地協[*3]を設置するとされた。地協は活動推進組織として、①JAM方針などの各種方針の推進、②単組ニーズ解決のための世話活動、③連合地域組織への対応、④地域労働運動への貢献、という役割を担うことが明示されている。

　さらに、地協の具体的な活動内容として、①春季生活闘争研修会・説明会の開催、②労働協約課題研修会の開催、③安全衛生交流会、④政策制度・組織内議員の報告集会や研修会、⑤スポーツなどの交流行事、⑥共済活動、⑦

---

*3　現在は105地協。一地協は20前後の単組によって構成されるとしている。

地協三役による単組巡回行動の実施、⑧地協三役による組織拡大活動の展開、⑨地協三役による日常の世話活動の推進を挙げ、これらの活動を行うことを「標準モデル」とした。また、条件の整っている地協では、「標準モデル」に加えて、青年協、女性協、労使会議、各種専門部の諸活動を行うとされた。それまでの経過から「標準モデル」の活動が困難な地協は、①②⑤⑥⑦の「ミニマムモデル」の活動を行うことを求めている。

(2) 教育活動

「専従者の人材育成に関する仕組み」では、議論経過の中で、対象を専従者に限定せず、産別が行う教育の目的を「リーダーの育成」および「次世代を意識した教育」とし、2007年、「教育体系中期方針」(以下、中期方針)として具体化している。

中期方針では、本部と地方JAMが実施する教育活動を整理し、地方JAMが行うとされたリーダーセミナーについてモデル・プログラムを提示し、確実な展開による活動の平準化を促している。本部では『オルガナイザーの心得』、『企業再編マニュアル』といった教育器材の充実を図っている。

5 課題

以上のように、JAMは単組活動の活性化をめざし、地協活動の強化とオルガナイザーによる支援を具体的に展開しているが、現状を見ると、道半ばと言わざるを得ない。地協について「意見や情報交換がしやすくなった」といった設置の効果を評価する見方がある一方で、会議への欠席単組が固定化しているという実態も明らかになっている[4]。

最近懸念している傾向として、脱退単組の増加、とりわけ、組織事情を事由とする脱退の静かなる増加がある。組織事情には、企業合併による他産別への異動などが含まれるが、多くは、「組合員の減少」、「組合費が徴収できない」、「次期役員のなり手がいない」といった職場における求心力の低下に起

---

[4] 「地協活動実態調査」(2013年)

因する組合の弱体化による組織解散である。また、将来の経営危機に備えた企業体質強化を理由とする希望退職の実施が徐々に増えていることも、単組の機能や力量という点で懸念材料の一つと捉えている。

　このような状況を改善あるいは防止するためには、専従者による単組オルグの強化が不可欠であるとの認識から、専従者教育の再構築に着手した。2014年に、単組支援の強化を企図し、地協を担当するオルガナイザーの教育に特化した「オルガナイザー育成推進室」を本部に新設、「教育オルグ」を配置した。しかし、特に小規模労組については、こうした企業別組合を前提とした対応では限界があり、複数の労組を単一組合とするといった試みも検討すべき課題である。

　また、若年層の減少による労働力不足による地場中小労組の基盤喪失も今後無視できない課題となってくることが予想される。この問題は当該労組による解決は困難であり、産別として政策的対応が必要であると考えている。

2 企業別労働組合の組織的基盤

論文

中小労組を中心に

後藤嘉代　労働調査協議会　主任調査研究員

1 はじめに

　白井（1968）は、日本の企業別組合を「組織の運営や組合業務の遂行に当たって完全な自治権をもつ」組織として定義としている。また、このことは、企業別組合の組合員資格が、主に、正社員の身分をもつ労働者に限られ、ほとんど全ての組合役員が従業員のなかから選ばれるといった特徴とも関連しているという。この白井のいう特徴から、本稿では、労働組合の「組織的基盤」を企業別組合が自らの責任において、「自立」した組織運営ができる状態として捉え、この「自立」をキーワードに、企業別組合の「組織的基盤」の実態をみていきたい。なお、この組合組織としての「自立」は、上部組織からの自立だけでなく、対経営との間での自立であることは言うまでもない。

　2000年以降、日本の企業別組合は度重なる経済危機やそれに伴う企業経営の変更に直面し、労働組合組織率の低迷が示すように、その多くが、厳しい環境のなかでの組合活動を余儀なくされている。また、企業別組合を対象とした各種調査によると、労使協議を通じた問題解決の減少や、組合員の組合活動への参加意識の低下など、労働組合の機能低下が浮き彫りとなっており、

企業別組合の組織的基盤が維持されているのか、すなわち、企業別組合は「自立」した組織運営を行えているのかが危惧される。そこで、本稿では、機関会議の運営、財政の維持、組合員との情報共有、組合役員の育成、さらには集団的労使関係の構築といった企業別組合が組合組織として必要最低限行わなければならない基礎的な活動に立ち返って、その実態把握を行い、企業別組合の組織的基盤の現状を明らかにしたい。

また、本稿では、企業別組合のなかでも、組合員規模が300人未満の中小労組に注目する。一般に、中小労組は組合員規模が小さい分、組織運営という面からみれば、組合員との距離が近いというメリットがある。しかし、その一方で、ほとんどの組合で、専従役員が配置されておらず、組合活動は、非専従組合役員による仕事と組合活動との調整によって成り立っている。また、中小労組においては、財政面や人材育成面での制約も多く、さらに、経営側の労使関係に対する意識も大企業のそれとは大きく異なる場合がある。なお、2014年の民営企業の企業規模別の組織率は、1,000人以上では45.3%であるのに対し、99人以下では、わずかに1.0%と企業規模間の差が大きく[*1]、中小労組の組織実態の把握は、未組織企業の組織化という点においても有益であると考える。

こうした問題意識から、以下では、2000年代以降の企業別組合を取り巻く変化をみたうえで、機械・金属産業の中小労組を多く組織する産業別組織JAMが加盟単組を対象に実施した調査結果から、中小労組の組合活動の実態をみることにする。さらに、JAMの加盟単組の活動実態を踏まえ、今後、自立した組織運営を行うために企業別組合が取り組むべき課題について検討を行いたい。

2 企業別組合の現在

労働組合の2000年代

1990年代後半からの長引く不況のなか、2000年代前半は厳しい雇用情勢のもと、正社員の雇用が奪われ、多くの企業別組合が企業倒産や事業所閉鎖な

[*1] 厚生労働省（2014）「平成26年労働組合基礎調査」

どを経験した。その後、日本経済は回復過程に移行したものの、2008年のいわゆるリーマンショックにより、雇用情勢は再び深刻な状態に陥り、2000年代終盤においても、労働組合にとって雇用の確保が最優先の課題となった。今回取り上げるJAMの加盟単組の合理化状況をみても、2000年代初頭のITバブル崩壊の影響を受け、企業倒産や事業所閉鎖等により組合員数が大きく減少している。また、リーマンショック後には、およそ7割の加盟単組で雇用調整が行われており、2000年代の度重なる経済変化は、企業別組合に大きな影響を及ぼしたことが確認できる。

他方、2000年以降、民事再生法の制定などによる倒産から再建型処理への移行や、会社法改正による企業改編の促進などにより、会社合併や分社化など、企業組織再編の動きが進んだ。「企業別」組合がゆえに、労働組合もこうした企業側の動きへの対応を余儀なくされ、企業の組織変更に伴い、組織の存続が困難となった企業別組合も少なくない。2013年に実施した厚生労働省「労働組合活動等に関する実態調査」の結果によると、直近でも約3割の組合が過去3年間に、組合員が所属する事業所において、企業組織の再編・事業部門の縮小等が実施された、と回答している。

このように、2000年以降、企業別組合は不況時や業績不振の際の組合員の雇用保障への対応とともに、経営戦略の結果として組合員の雇用が当該企業において終了する場合にも対応せざるを得なくなった。他方で、こうした労働組合を取り巻く環境の変化は、組織率の低下とともに、それぞれの職場において、企業別組合の組合員資格とされてきた「正社員の身分をもつ労働者」の数を減少させたのである。また、そのことは、労使関係における組合の存在感を低下させ、企業別組合の「自立」を揺るがしかねない事態をもたらしている可能性がある。

企業別組合の変化

次に、厚生労働省や連合が実施した企業別組合（単組）を対象とした調査から、企業別組合の企業規模別構成比の変化をみたうえで、「組織的基盤」に直接的に影響する組合資源として執行部体制と財政状況について2000年代以降の変化をみることにする。さらに、企業別組合の個別の労働問題への取り組み状況と組合員の組合活動への参画状況から、近年の企業別組合の変化に

ついてみていきたい。

　まず、厚生労働省「労働組合基礎調査」から民営企業の組織率を直近の2014年のデータと2000年とで比較すると、組織率が1％程度の99人以下の規模では変化は小さいものの、1,000人以上では54.2％から45.3％へと9ポイント、100人以上999人以下では18.8％から12.4％へと6ポイント減少し、とりわけ組合員数の多い規模で組織率の低下がみられた。しかし、組合員数の構成比でみると、1,000人以上規模の割合は2000年では58.8％だったが、2014年には64.3％と増加しており、その分、1,000人未満の規模は減少している。2000年以降の変化をみると、組織率が低下するなかで、大企業中心の日本の労働組合の構造は維持・強化されており、労働組合全体に占める中小労組の割合は減少したのである。

　また、厚生労働省「労働組合活動等に関する実態調査」から、1労働組合の平均執行委員数について2003年と2013年の10年間の変化をみると、2003年の平均9.9人から2013年には10.7人と0.8人増加している。また、100～299人規模をみても、8.8人から10.4人へと1.6人増加しており、このデータを見る限り、執行部体制についてはこの10年間目立った変化はみられない。

　次に、連合・連合総研が継続的に実施している「労働組合費調査」から、組合財政の変化をみると、正規従業員の組合員1人あたりの月額組合費は2003年5,177円→2005年5,107円→2008年4,889年→2012年4,913円と推移しており、2012年は2008年調査を24円上回るものの、2000年代の前半と比べて、1人あたりの組合費は減少傾向にある。関連して、同調査より月額組合費の徴収上限の設定状況をみると、上限を「設定している」組合は2003年調査の25.0％から2012年には38.6％へと増加がみられる。2000年代後半には、団塊の世代が定年を迎えており、相対的に組合費の高い層が減少していることに加え、上限設定をしている組合の増加は、財政規模を縮小させている組合が増加していることを示すものといえる。また、3分の2近くの組合が組合財政に関する取り組みとして、「活動内容の見直しによる支出の選択と集中」を行っていると回答している点をかんがみても、厳しい財政状況にある企業別組合は少なくないことがうかがえる。さらに、全体の組織率が低迷を続けるなかで、非正規労働者の組織率には上昇がみられるが、非正規組合員1人あたりの組合費は正社員組合員の組合費を下回るケースが多い。非正規労働者の組織化が進

むことにより組合はより多面的な活動が求められるにもかかわらず、組合員の増加ほど組合収入は増加していないという現状もある[*2]。

次に、前掲の厚生労働省「労働組合活動等に関する実態調査」から労働者の個別の労働問題に関する取組（複数回答）についてみていきたい。2013年の調査結果をみると、「取り組んでいない」は6.0%にとどまり、大多数の組合が個別の労働問題に取り組んでいることが確認できる。取組比率が高いのは、「各職場毎に職場委員等を設置」(58.3%)と「労使協議制度を通じて関与」(57.8%)で、ともに6割近くを占める。その他、「苦情処理制度を通じて関与」(29.1%)、「上部組織（本部）に個別紛争に対する窓口等を設置」(26.7%)、「自労働組合に個別紛争に対する窓口を設置」(22.5%)が2〜3割ずつとなっている。同調査の2003年の結果と比較すると、おおむね上位にあげられる項目は共通しているが、「労使協議制度を通じて関与」は2003年の69.3%から10ポイント強減少している。さらに、100〜299人規模に限定してみると、「労使協議制度を通じて関与」の減少幅は大きく、こうした変化は中小労組において顕著といえる。

また、比較対象となる調査年は異なるが、同調査から一般組合員の組合活動への参加状況の変化をみておきたい。2008年調査では、組合員が組合活動に"積極的でない"（「あまり積極的でない」と「積極的でない」の合計）は半数強、"積極的である"（「かなり積極的である」と「まあまあ積極的である」の合計）が半数弱と回答はほぼ2分されており、2003年と2008年とでは、ほとんど変化はみられない。しかし、100〜299人規模に限定してみると、"積極的でない"は2003年の51.1%から5年後の2008年には61.3%と約10ポイント上昇しており、こうした結果から、中小労組における組合活動の停滞が懸念される。

以上のように、労働組合組織の変化をみると、労働組合の活動資源の1つである組合財政が実質的に縮小する傾向がみられる。また、とりわけ中小労組でみられる変化ではあるが、個々の組合員が抱える労働問題の労使協議を通じた解決の減少は、職場で生じている労働問題が集団的労使関係の中で扱われる問題ではなく、個別の労働問題として捉えられる傾向にあることを示唆して

[*2] 拙稿 (2013)

いる。また、こうした集団的労使関係の当事者である労働組合の機能の変化は、組合員の組合活動への参画にも影響を及ぼしていることがうかがえる。

3 電機連合「小さな大労組」研究

ここで、企業別組合の「組織的基盤」に関わる先行研究を1つ紹介したい。近年、組合組織に関する研究はそれほど多くないが、電機連合が2000年代はじめに「小さな大労組」研究を立ち上げ、その報告をまとめている。報告では、組合アイデンティティ、組合員とのコミュニケーション、人材育成、労使関係などの切り口から、小規模であっても、組合員の雇用を守りつつ、リーダーを輩出し、経営側と対等に渡り合える組合、すなわち「小さな大労組」といえる企業別組合を電機連合ならびに連合傘下の産別に加盟する単組から抽出し、その特徴を整理している[3]。この研究では、小規模労組であっても、組合機能を維持するためには基礎的な組合活動を縮小できないという現実とともに、組合員規模が小さいことによる財政上の余裕のなさや組合活動の担い手層の薄さなど、組織運営上の制約があることが指摘されている。また、小規模労組においても、組合員の意識や価値観の自律化、多様化により、労働組合としての集団的な合意形成が難しくなり、不況時などには、組合員間の利害葛藤が生じるといった、企業別組合と組合員、組合員間でのコミュニケーションの難しさが明らかとされている。また、同研究では、小規模労組が組合活動を続けていくための産別の役割が意識されており、産別は、小規模労組に対して、情報提供や共済活動を通じた助け合いのネットワークの構築とともに、組合人材の育成に関与することの必要性が提起されている[4]。

電機連合では、この研究に続いて、傘下の中堅・中小労組を対象に「組合員の組合組織に関する意識調査」(組合組織の健康診断アンケート)を実施し[5]、さらに、意識調査の結果から"健康度"の高い組合を抽出し、組織として健康

---

[3] 研究会が実施したアンケート・ヒアリング調査は、電機連合本部直加盟組合231組合とともに、連合中小労働運動センター加盟の民間23産別に加盟する110組合が対象となっている。

[4] 電機連合 (2002)

な状態にある組合の組織体制や活動の実態を把握するためのヒアリング調査を行っている。ヒアリング調査の結果から、組合組織を"健康"的に運営していくためには、企業業績とそれに伴う雇用や労働条件の安定だけでなく、組合員との組合活動を通じた情報の共有、身近な執行部の存在、そして、活動の選択と集中の必要性が言及されている。また、"健康"な組合は、労働条件や経営チェックといった活動を選択し、政治や生活支援活動といった部分にはあまり手がついていないという実態が明らかにされており、こうした組合活動の取捨選択が組合役員、組合員双方の負担を軽減し、かえって組合員のニーズにあった活動を可能にすることが示されている[*6]。

上記の研究からは、組合員との情報共有やコミュニケーションを図りながら、各組合の特性や、組合員のニーズに合った活動を取捨選択することで、組織運営において制約のある小規模労組においても、自立した組織運営が可能になることが示唆されているといえるだろう。

4 JAM調査からみた中小労組の組織的基盤

以下では、JAMが加盟単組を対象に実施した調査結果をもとに、本稿の主題でもある企業別組合の「組織的基盤」の実態についてみることにする。

企業別組合の組織的基盤を維持するためには、第一に、組合組織として「自立」した運営ができていること、第二に、当該労使において集団的労使関係を構築している必要がある。具体的には、前者は大会や執行委員会等の機関会議が運営できる、組合財政を維持できる、組合員との情報共有ができる、そして、組合員を育成し、次の役員を選出できるといった状態が考えられ、後者は、会社との間で対等な労使関係を構築し、交渉できる状態といえるだろう。こうした「自立」した活動は、意思決定や組合活動に自治権を持った

[*5] 調査対象は、電機連合の独立系の中堅・中小組合（105組合）の組合員で、有効回答数は20,146人。調査では、"健康度"を測るために、組合の信頼度、組合の必要性、労使関係の現状に対する見方とともに、課題領域ごとに組合活動への姿勢・活動へのコミット、労使間折衝、組合独自の取り組みなど33項目について調べている（電機連合（2003））。

[*6] 電機連合（2004）

企業別組合にとって、必要最低限ともいえる活動であるが、労働組合を取り巻く環境とともに、労働組合組織に変化がみられるなかで、企業別組合の組織実態を把握し、現状を確認することは重要な作業と考えられる。

JAMでは、2012年～2013年に「JAMの組織強化活動の構築、定着化と全国的に平準化した組織活動レベルへの到達」と「地協担当オルガナイザーと単組執行部の連携、スキルアップ」を目的として、加盟単組の活動点検・把握のためのヒアリング調査を実施した。

調査対象は支部・分会を含むJAM構成組織1,892組織とオブ加盟の14組織の計1,906組織であり、このうち1,766組織でヒアリング調査が実施された。回答組合のうち、1,331組合（75.4%）が組合員数300人未満の規模である。300人未満規模の内訳をみると、1～29人以下が22.1%、30～49人以下が12.5%、50～99人以下が16.7%、100～299人以下が24.1%であり、調査対象組合の半数が100人未満の規模となっている。なお、調査回答組合のうち、ユニオンショップが締結されている割合は72.9%（300人未満規模では67.2%）であり、また、専従役員がいる単組は11.7%に過ぎず、300人未満規模のほとんどで専従役員は配置されていない。

調査は、JAMのオルガナイザーが直接単組に訪問し、ヒアリングを行うという形で実施されている。以下の分析は、質的調査として実施された調査データを量的調査のデータとして扱うことによる精度の問題や分析上の制約もあるが、同一産業でかつ、多くの中小労組を対象として組合活動に関する実態を詳細に把握している調査は少ないことから、本調査のデータによる分析を試みたい[7]。

調査項目は「機関運営」「組合活動」「組合活動上の権利」「労使関係」「教育活動」「男女共同参画」の6つの領域で区分され、組合活動にかかわる約60項目について幅広く調査している。以下では、調査結果を概観したうえで、中小労組において必要な「組織的基盤」とは何かについて考察する。

---

[7] 分析にあたり、一定のルールのもと、無回答処理などを行ったため、本稿の集計結果と調査報告書の集計結果には多少の相違が生じている。

JAM加盟単組の組織実態

(1) 組織の運営

　まず、組織運営の基盤として機関会議の開催状況、執行部体制、財政状況についてみることにする。労働組合法第5条では、労働組合は最高決議機関として「大会」を年1回開催することが義務付けられているが、回答単組の95%で定期大会が開催されている。一方、定期大会が開催されていない単組をみると、8割強が1～29人以下の小規模労組となっている。

　執行委員会の開催状況をみると、「週に1回程度開催」が11.3%、「2週間に1回程度」が13.0%、「月1回程度」が42.5%と、これらを合わせて3分の2の単組が月1回程度以上の執行委員会を開催している。しかし、残りの3分の1については、不定期又は開催していない状態であることが想定され、この割合は規模が小さいほど多くなる。

　次に、企業別組合にとって、組合員との情報共有や、組合員の意見集約の場である職場委員会等の開催状況（職場委員会、中央委員会、代議員会等の大会に次ぐ決議機関、闘争時以外）をみると、「週に1回程度」(2.1%)や「2週間に1回程度」(5.4%)は少ないが、「月1回程度」が26.9%を占め、3割強の単組で月1回程度以上の頻度で職場委員会等が開催されている。一方、「なし（開催していない）」も34.9%と3分の1程度を占める。99人以下の小規模労組では、「開催していない」が半数近くを占めるが、2割近くの組合では月1回程度以上、職場委員会等が開催されている。

　なお、労働組合が組織を運営し、活動を行ううえで重要な場である組合事務所についても触れておきたい。組合事務所は執行部が職場（企業）から自立した環境で話し合いを行うことができる場であるだけでなく、組合員からの相談を受けるなど、組合員とのコミュニケーションを図る上で重要な機能を持つ。組合事務所の有無をみると、81.8%の単組で組合事務所を所有しているが、1～29人以下の規模では6割程度にとどまり、小規模労組では組合事務所を持たない組合も少なくない。また、組合事務所がある単組のうち、7割近くが組合事務所を「毎日使用する」と回答している。

　財政状況についてみると、集計が可能な1,513組合の1か月あたりの平均組合費は3,825円で、組合費の平均額は規模が大きくなるほど多くなる。最も小さい1～29人以下では平均2,999円であるのに対し、1000人以上では4,851円と

2,000円近くの開きがあり、規模による財政規模の違いが推察される。また、個人名義の闘争資金を積み立てている組合は50.5％と半数を占めるが、小規模労組に比べて100人以上の規模の単組で積み立てている割合が多い。

(2) 組合員とのコミュニケーション

前述した電機連合の研究では、組合員との情報共有やコミュニケーションが企業別組合の"健康"にとって重要であることが示唆されているが、ここでは、組合員とのコミュニケーションにかかわる活動として、組合員に対する情報発信と組合員からの相談への対応についてみることにする。

情報発信については、「機関紙を定期的に発行している」割合は29.4％と3割程度である。規模が大きいほどこの割合は多くなり、1000人以上では9割近くにおよぶ。一方、100～299人規模では3割程度、99人以下では1割程度と少ない。

情報発信のツールとしての組合掲示板の活用状況をみると、8割近くに組合掲示板があり、組合掲示板を「活用している」単組は7割を占める。掲示板についても規模が大きいほど活用されており、1,000人以上では9割を超えている。一方、「掲示板はあるが活用していない」も6.7％とわずかながら存在しており、99人以下の小規模労組では1割程度を占める。

また、組合員からの相談への対応は、「あまり相談がない」が61.9％と多数を占め、「かなり多い方だと思う」は21.7％と2割にとどまるが、「相談がない」は11.4％と少なく、頻度の差はあるが大半の組合で組合員からの相談を受けていることがわかる。規模別にみると、「かなり多い方だと思う」は規模が大きいほど多いが、99人以下でも「相談がない」は1～3割にとどまり、相談を受けている組合が多数を占める。

(3) 労使関係

次に、労使関係にかかわる調査項目をみていきたい。まず、労使協議の開催状況は、労使協議会や経営協議会を「定期的に開催（年6回以上）」が48.8％と半数近くを占め、これに「定期的に開催（年6回未満）」(12.7％)を合わせると、6割程度の単組が定期的に労使協議を行っている。そのほか、「必要時に開催している」が26.3％、「開催していない」は10.0％である。「定期的に開催

(年6回以上)」は規模が大きくなるほど比率は高く、300人以上では8割程度を占める。これに対し、「必要時に開催している」は小規模労組で相対的に多くなっている。

　三六協定の締結状況では、「締結され、守られている」(76.7%)が8割近くにおよび、その他、「締結されているが、守られていない」が16.1%、「締結されているかどうかわからない」が3.6%である。「締結され、守られている」は、1～29人以下でも67.6%と7割近くを占め、規模による目立った差はみられない。また、安全衛生委員会の開催状況をみても、安全衛生委員会が「毎月開催されて、パトロールも行っている」は79.6%とほぼ8割に達しており、設置義務のある50人以上規模ではほぼ9割に設置されている。

　労働条件等の交渉時において、労働組合が自らデータを集約・分析し、交渉に臨むことは、対経営との関係においての「自立」といえる。そこで、労働組合自身が賃金等労働条件に関わるデータをどの程度持っているのかについてみておきたい。賃金データを「持っている」は72.7%で「持っていない」は24.5%である。なお、99人以下の小規模労組においても、6割が「持っている」と回答しており、4割強が全組合員の賃金プロット図を作成している。また、年次有給休暇の取得状況を把握している組合は58.9%と6割弱で、「把握していない」は39.0%を占める。把握の仕方をみると、「個人別に把握している」は32.3%、「職場ごとに把握している」が8.6%、「全数(平均)は把握している」が18.0%となっている。年次有給休暇については、99人以下でも4割が取得状況を把握しており、「個人別把握」も2割を占める。

(4) 人材育成

　労働組合にとって、次世代のリーダー育成は、組合組織を維持していく上で、重要な取り組みである。そこで、新入組合員教育の実施状況をみると、「開催している」単組は56.2%と6割近くを占め、一方「開催していない」は35.0%である。300人以上の組合では9割程度が研修会等を実施しているが、定期採用が相対的に少ないと想定される99人以下の小規模労組においても、3分の1が新入組合員教育を実施している。また、執行委員を対象とした研修の実施状況については、「定期的に実施している」(18.9%)は2割程度で、「時々実施している」(13.8%)を合わせても3割強にとどまり、「実施していない」

(44.2％)を下回る。そのほか、「地方JAMの企画で代替している」が20.4％を占める。執行委員研修についても新入組合員教育と同様に、規模の大きい単組では比較的実施されている比率は高いが、99人以下では研修を実施しているのは3割強で、そのうち3分の2の組合では、「地方JAMの企画」を活用する形で研修が行われている。

中小労組の「組織的基盤」

　以上、JAMの加盟単組における活動実態をみてきたが、様々な面で組合員規模による差があり、同調査によると、99人以下の小規模労組では、比較的少人数の執行部により組合組織を運営しており、かつ、勤務時間中に組合活動ができない割合が多いなど、中小労組のなかでも、活動を行う上での制約が多い。

　しかし、調査対象の企業別組合のなかには、中小労組であっても、定期的に職場委員会等や労使協議を開催・実施したり、人材育成に取り組むなど、自立した組織運営を行えている組合も少なくない。そこで、以下では、300人未満の単組に限定し、「執行委員会」、「職場委員会」、「労使協議会」を定期的に開催できている単組で、労働組合の組織的基盤が維持されているという仮説のもと、それぞれの開催状況別に分析を行いたい。

　まず、執行委員会の開催状況別に、組織的基盤に関わる取り組みの実態をみると、執行委員会を2週間に1回程度以上開催している単組では、職場委員会等が開催されている比率が高い。そのほか、これらの単組では、賃金データを持っている割合が多いといった特徴がみられる。

　次に、職場委員会等の開催状況別にみると、2か月に1回程度以上職場委員会等を開催している単組では、8～9割が月1回程度以上執行委員会を開催しており、また、9割が組合員からの相談を受けていると回答している。一方、職場委員会等を開催していない単組では、月1回程度以上執行委員会を開催している割合は4割台にとどまり、組合員から相談を受ける割合は少なくなる。また、月に1回程度以上職場委員会等を行っている単組では、労使協議を定期的に開催している割合が8割近くを占め、組合員の賃金を把握している割合も多い。また、2週間に1回程度以上の間隔で職場委員会等を開催している単組では、執行委員研修を実施している割合が多くなっている。

次に、労使関係という視点から活動状況をみると、労使協議会等を年6回以上定期的に開催している単組では、執行委員会ならびに職場委員会等が開催されている割合が多い。一方、必要時に労使協議を行っている単組では、執行委員会や職場委員会等の開催が相対的に少なく、また、労使協議を定期的に開催していない単組（必要時に開催や、開催していない単組）は組合員からの相談、賃金や年休データの把握、各種研修の実施のいずれについても労使協議を定期的に行っている単組に比べて少ない、といった特徴がみられる。

　また、単組活動実態ヒアリング調査に回答した単組の2014年春季生活闘争におけるベア要求の実施状況をみると、300人以上の単組を含めたベア要求組合は半数程度であるのに対し、300人未満の中小労組であっても、職場委員会等を2週間に1回以上の頻度で開催している場合、ベア要求をした単組割合が多く、また、開催していない組合でベア要求をした単組が少なくなっている。また、労使協議の開催状況からみても、労使協議を定期的に開催している単組で、相対的にベア要求した割合は多い。こうした結果から、職場委員会等を通じて組合員の声に耳を傾け、かつ、定期的に労使協議を持つことが労働条件の改善の取り組みにも効果をもたらしていることがうかがえる。

　以上のように、3つの切り口から分析すると、300人未満の中小労組においても、執行委員会、職場委員会等、労使協議を開催している単組で、組合員からの相談への対応や、労働条件闘争に必要なデータの収集、組合人材の育成が相対的に多く行われていることがわかる。特に、職場委員会等を一定期間以上の頻度で開催している単組では、執行委員会を開催し、かつ、労使協議を定期開催している単組が多い。職場委員会等を開催するためには、執行委員会を開催し、執行部の見解をまとめる必要があり、また、職場委員会等で出された組合員の意見を会社側に伝えるためには、やはり定期的な労使協議の場も必要である。ただし、職場委員会等の開催は、300人未満規模のなかでも、規模による違いがみられ、99人以下に比べ、100～299人で開催している割合が多くなっているが、99人以下の小規模労組であっても、2割近くが月1回程度以上の職場委員会等を開催している。これらの組合では、組合員からの相談を受けている割合や労使協議を定期的に開催している割合、賃金データを把握している割合が、300人以上を含めた全体の比率を上回っている。こうした点から、組合員との距離が相対的に近い中小労組においても、職場委

表2-2 執行委員会開催状況からみた活動状況（%）

		回答単組数	職場委員会 月1回以上開催	組合員からの相談 ある	労使協議の開催 定期的開催	賃金データ 把握している	年休データ 把握している	新任組合員研修 実施している	執行委員研修 実施している	ペア 要求あり
執行委員会	全体	1766	34.4	83.7	61.6	72.7	58.8	56.2	32.7	51.8
	300人未満 週1回程度開催	134	44.8	91.8	69.4	85.8	64.2	65.7	35.1	60.4
	300人未満 2週間に1回程度開催	122	45.1	95.9	74.6	82.8	56.6	64.8	29.5	60.7
	300人未満 月1回程度開催	544	33.8	88.6	64.7	77.4	56.6	52.4	22.8	50.7
	300人未満 その他	520	7.5	64.6	29.2	52.3	35.2	29.0	8.3	38.7

表2-3 職場委員会等の開催状況からみた活動状況（%）

		回答単組数	執行委員会 月1回以上開催	組合員からの相談 ある	労使協議の開催 定期的開催	賃金データ 把握している	年休データ 把握している	新任組合員研修 実施している	執行委員研修 実施している	ペア 要求あり
職場委員会等	全体	1766	66.8	83.7	61.6	72.7	58.8	56.2	32.7	51.8
	300人未満 週1回程度	25	84.0	92.0	76.0	84.0	60.0	64.0	48.0	76.0
	300人未満 2週間に1回程度	43	86.0	90.7	79.1	88.4	67.4	69.8	44.2	62.8
	300人未満 月1回程度	270	89.3	92.6	75.2	83.7	63.0	65.2	29.6	51.5
	300人未満 2ヶ月に1回程度	162	79.6	89.5	58.0	66.7	52.5	52.5	22.8	50.6
	300人未満 開催していない	550	45.3	70.0	40.2	60.2	40.2	34.2	11.1	42.4
	300人未満 その他	214	46.3	81.8	48.1	71.0	48.6	40.2	16.8	45.8

表2-4 労使協議会等の開催状況からみた活動状況（%）

		回答単組数	執行委員会 月1回以上開催	職場委員会 月1回以上開催	組合員からの相談 ある	賃金データ 把握している	年休データ 把握している	新任組合員研修 実施している	執行委員研修 実施している	ペア 要求あり
労使協議会等	全体	1766	66.8	34.4	83.7	72.7	58.8	56.2	32.7	51.8
	300人未満 定期開催（年6回以上）	524	80.9	41.0	90.5	81.1	62.2	63.4	28.1	57.1
	300人未満 定期開催（年6回未満）	166	67.5	24.7	89.2	74.7	55.4	51.2	18.1	56.0
	300人未満 必要時に開催	434	47.9	14.1	77.9	62.0	39.9	35.5	14.5	43.8
	300人未満 開催していない	174	28.7	11.5	50.6	47.7	27.6	14.9	5.2	22.4
	300人未満 その他	27	18.5	3.7	59.3	48.1	37.0	25.9	11.1	40.7

員会等を一定期間以上の頻度で開催する環境を整備することが、企業別組合の自立を促す重要なポイントといえるのではないだろうか。

5 組合人材の育成　中小労組の組織的基盤を支える産別の役割

　前述したように、日本における主要な労働組合の形態である企業別組合は、自らの意思決定や活動に自治権を持ち、組織運営や組合活動において上部団体である産別からも「自立」した状態にある。

　しかし、これまでみてきたように、企業別組合を取り巻く環境が変化するなかで、企業別組合全てが自立した組織運営を行えているとは言い難く、とりわけ中小労組においては、様々な制約のなかで、自立に必要な組織運営を行う基盤が不足しているケースもみられる。こうした状況のなかで、今後、企業別組合の「自立」そして、さらなる「自律」を促すために、上部団体である産別が企業別組合をいかに支えていくかが課題となっていくだろう。

　今回事例として取り上げているJAMは、「資本関係によって影響を受けざるを得ない企業連を中心とした組織」とは異なり、独立した企業別組合が加盟しているという特徴を持つ産別である。こうした特徴からJAMは全国に地方組織を配置し、企業別組合に対して積極的なオルグ活動を行っており、前掲のようなオルガナイザーによる単組ヒアリング調査が実施できる体制が作られている。こうした産別は連合構成組織のなかでも数少ない存在といえるだろう。また、実態調査の結果からも、産別と企業別組合との間の緊密性がうかがえ、例えば、就業時間中にJAMからの連絡があった場合、74.3％の単組が「電話も面会もできる」と回答しており、この割合は1～29人の最小規模の組合でも6割を占めている。

　前述した電機連合の「小さな大労組」研究では、小規模労組に対して産別の関与が必要な活動の1つとして、組合人材の育成が提起されていたが、以下では、中小労組の組織的基盤を支える産別の役割として、JAMの組合人材の育成の取り組みについて紹介したい。大規模労組も含め、「組合役員のなり手がいない」という問題は日本の労働組合に広く共通する課題の1つである。組合人材の育成は、「自立」した組織運営を行う上で必要な継続的な組合役員の選出のために重要であるが、組合員規模の小さい中小労組では独自の実践が

難しい取り組みであることは言うに及ばない。

　JAMでは、2000年代初頭のITバブル崩壊による大幅な組織人員の減少により顕在化された財政問題や組織力の低下といった課題を克服するために、産別として、企業別組合の「組織的基盤」の強化を図る取り組みを実践してきた。2005年8月に開催された第7回定期大会では、「新しいJAMのあり方に関する基本構想」を決定し、この基本構想のなかでは、組合役員教育についての検討が行われ、2007年に「『本部で行なう教育・地方で行なう教育』教育体系中期方針」[*8]を決定した。

　JAMの中期方針では、教育体制として、JAM本部が行う教育と、地方JAMが行う教育とに整理されており、まず、JAM本部が行う教育は、JAMの中央執行委員と中央委員を対象に行われ、第一に、産別としての方針達成に向けての遂行能力・組織運営能力を高めること、第二に、地方での人材育成の指導的役割を果たせる人材を教育すること、第三に、時代・環境変化に対応した教育を行うことが目的とされている。JAM本部が行う教育は、JAM本部の役員改選後に行われるトップセミナーや、JAM三役や外部講師による研修会等のほか、中央執行委員会開催時に行われる組織内国会議員との質疑応答、意見交換の場も、中央執行委員に対する教育として位置づけている。

　一方、各地方JAMでは、毎年1回、原則として1泊2日の「リーダーセミナー」を開催している。主な対象は、"将来的に単組リーダーになっていく人たち"であり、JAM本部が作成する教材を使って、リーダーの役割、労働関係法、経営経済、労働条件、政策制度について講義が行われる。講義は、単組役員から選出された地方JAMの三役・専従者や外部講師により行われるが、これには、講師を務める役員の学習・知識の習得といった面が考慮されているほか、本部が提示するモデルコースに基づいてセミナーを開催する場合、財政的な支援が行われ、セミナーへの参加が少ない単組の参加促進と参加単組の固定化の防止のための工夫も行われている。また、独自の教育を実践できる中堅・大手労組に対して、研修会等への他単組からの参加受け入れや、リー

[*8]　教育体系中期方針については、2007年度第6回拡大中央執行委員会(2007年5月29・30日)「第9号議案　新しいJAMでの教育体系に関する件」を参照した。

ダーセミナーへの講師派遣を要請しており、こうした取り組みは、中小労組を中心に組織するJAMの教育体制の特徴の1つといえる。

次世代のリーダーの育成は多くの組合に共通する課題であるが、労働組合の組織的基盤の維持には避けては通れない取り組みである。前掲の実態調査では、約2割の単組が執行委員研修において、「地方JAMの企画で代替している」と回答していたが、地方JAMによる教育・研修は、自前での人材育成が困難な中小労組に対して、教育内容と財政の両面からの支援が行われている。また、中堅・大手労組を巻き込んだ教育体制は、中堅・大手労組の人材育成とともに、産別運動を担う人材の育成にもつながることが想定されているのだろう。

6 おわりに

日本の企業別組合は、2000年以降、厳しい経済環境のなかでの組織運営を余儀なくされている。こうした状況において、組織を存続していくためには企業別組合自らが組織的基盤の強化を図り、自立した組織運営を行っていく必要があるだろう。

人材面、財政面等に制約のある中小労組にとって、組織運営は大手労組のそれに比べて困難なことは言うまでもない。しかし、中小労組のなかでも、執行委員会や職場委員会等の開催を通じて健全な組合活動を行い、かつ、経営側との間で定期的な労使協議を行うなど、集団的労使関係を構築できている組合も少なくない。JAMの実態調査の300人未満の中小労組を対象とした分析結果からは、職場委員会等を開催するといった、労働組合にとって当たり前の活動が、結果として、自立した組織運営をもたらしていることが示唆されており、こうした基本的な活動こそ、優先的な取り組みとして位置づけ、その他の活動の展開に結びつけていく必要があるのではないだろうか。他方、中小労組に限らず、こうした労働組合の組織運営にとって当然行われるはずの組合員との情報共有や意見集約といった活動が行われていなかったり、定期的な労使協議の場を持てていない企業別組合も少なからず存在している。こうした実態は、JAMに加盟する単組だけでなく、日本の企業別組合の現状を示すものとして注視しなければならない。

企業別組合自らが組織的基盤を整備し、組合活動を行えることが第一義ではあるが、とりわけ組合資源に制約がある中小労組にとっては、産別の支援も必要である。単組により近い存在である産別地方組織の機能を通じた組合役員の育成に取り組むJAMの事例が示すように、産別が中小労組の自立のため、個々の組合活動に寄り添えるような取り組みが行えるかどうかが、企業別組合の組織的基盤の維持・強化、ひいては、中小企業に働く組織労働者の労働条件・職場環境の改善や、未組織労働者の組織化の鍵になるのではないだろうか。

参考文献

- 厚生労働省「労使関係総合調査（実態調査）」
  http://www.mhlw.go.jp/toukei/list/list15-19.html
  （2015年3月29日ダウンロード）
- 厚生労働省「労使関係総合調査（労働組合基礎調査）」
  http://www.mhlw.go.jp/toukei/list/13-23.html
  （2015年3月29日ダウンロード）
- 後藤嘉代（2013）「組合員ニーズの広がり」『日本労働研究雑誌』No.636、77-87頁
- JAM（2013）『第2回単組活動実態ヒアリング調査結果』
- 白井泰四郎（1968）『企業別組合』中公新書
- 電機連合（2002）『「小さな大労組」研究報告書』
- 電機連合（2003）「組合員の組合組織に関する意識調査結果〈組合組織の健康診断アンケート結果〉」『調査時報』No.340
- 電機連合（2004）「労働組合活動に関するヒアリング調査―組合員の組合組織活動に関する意識調査フォローアップ―」『調査時報』No.348
- 連合・連合総研（2013）『第17回労働組合費に関する調査報告書』

3 賃金決定の個別化と集団的労使関係

問題提起 賃金体系の見直しと集団的労使関係

逢見直人 UAゼンセン　会長

1 賃金体系の見直し論議の活発化

　2014年9月から12月にかけて4回にわたって開催された「経済の好循環実現に向けた政労使会議」では、主な議題の1つとして、労働の付加価値生産性に見合った賃金体系のあり方が取り上げられた。

　第1回会議の冒頭、安倍首相より「子育て世代の処遇を改善するためにも、年功序列の賃金体系を見直し、労働生産性に見合った賃金体系に移行することが大切」との発言があった。これを裏付けるものとして、高橋進委員（日本総研理事長）は、「賃金カーブは、男性の賃金は年功序列型となっているが、そのピークが徐々に高齢にシフトしている。一方で、子育て層の賃金は相対的に低い状況にある。生産性本部が実施した企業の人事担当者のアンケートでは、『貢献度に比べて賃金水準が高い、高すぎる』というのが多いのが50歳台である」と発言した。

　これに対し、労働側委員からは、「賃金カーブは、生計費や習熟度、それらを総合判断しながら、労使双方が話し合った結果導き出されたものだ。その観点からすれば、付加価値生産性は大事だが、それだけをもって目指すカー

ブにたどりつけるのか、この点は、十分な判断と検討が必要ではないか」（相原自動車総連会長）との発言があった。

　賃金体系をどのように作るのかは、すぐれて労使間の課題である。また、制度の安定性を保つ必要があるため長期的視点も欠かせない。これについて、首相が踏み込んだ発言をすることには違和感を覚えるが、賃金体系が見直しの時期にきていることも否めない事実である。賃金体系は、水準問題とともに、集団的労使関係の重要なファクターの1つである。

　賃金体系は労使間で、時には激しくぶつかり合い、時には、相互に知恵を絞りながら、形成されてきたものである。戦後、燎原の火の如く結成された労働組合は、激しいインフレと生活危機を背景に大幅賃上げを要求した。当然ながら労働組合の要求した賃金体系は、生活給に基礎をおいたものであった。その代表例が、電産型賃金体系と呼ばれるもので、年齢給、家族給からなる生活保障給をベースとして、勤続給、能力給の上乗せをするものであった。生活給思想は多くの組合から支持され、生計費の上昇に合わせて毎年のようにベースアップを要求していた。これに対し、日経連は職務給思想を流布させるべく精力的に取り組むとともに、「一律ベースアップはやめて、定期昇給制度によって労使関係の安定化」を図るべきという考え方を提起した。

　高度経済成長期は、生活保障給に能力給を乗せるという思想は引継がれる一方で、定期昇給制度が多くの企業で導入されていった。そして、日経連の目指した職務給体系ではなく、全社一本の職能資格制度が導入されていった。毎年のベア要求も続いた。

　1969年に日経連は「能力主義管理」を提唱し、生活給思想からの転換を図った。一方、労働組合は、70年代後半から80年代にかけて、「生涯生活ビジョン」を打ち出し、全労働生活を通じた賃金の安定を提唱した。

　バブル経済が崩壊した90年代には、経営側は総額人件費の抑制が大きな経営課題となってきた。95年に日経連「新時代の日本的経営」で「雇用ポートフォリオ」と呼ばれる雇用の多様化が提言された。また、90年代後半からは、これまでの賃金思想を根底からくつがえすような、成果主義賃金が喧伝された。しかし、「評価によって勤労意欲の低下を招く」、「部門間の評価基準の調整が難しい」などの理由から2004年をピークとして成果主義賃金導入の気運は薄れていった。

90年代半ばから、短時間雇用、有期雇用、間接雇用などいわゆる非正規労働の増加が顕著に見られるようになり、非正規労働が雇用労働者の4割近くを占めるようになった。正社員と非正規の待遇には大きな格差が存在している。また、賃金体系も全く異なっている。仕事は変わらないのに待遇が働きや貢献に見合っていないと労働者の不満も高まっており、均等処遇・均衡待遇の一層の確保と納得性のある説明が求められている。

2 賃金の現状と課題

賃金水準の低下、賃金カーブのフラット化

　年齢、勤続、学歴、性別を調整した上で比較すると、正社員の賃金水準は1997年をピークに低下している。これは長期にわたるデフレ経済の下で、ベアなしの時代が続いたこと、賃金制度が未整備の中小企業を中心に賃金カーブを維持するための昇給分を確保できなかったことによるものと考えられる。また、男子の賃金カーブはカーブもなだらかになっている。全体的な水準は1990年に戻っている。女子の賃金カーブは男子に比べヤマが小さく、水準も低い。

賃金の分散は拡大傾向

　40歳男子、50歳男子で見ると、上位1割（第9十分位）の賃金水準はほぼ維持される一方で、下位1割（第1十分位）は低下しており、賃金の分散は拡大している。中間層が分化し、低賃金層が増加している。これは長期にわたるデフレ経済の結果、先に述べたように中小企業で賃金水準の低下が大きかったこと、また、大企業でも賃金制度の変更により企業内での格差が拡大したこと、非正規雇用が増加したこと等の理由によって、産業間、規模間格差の拡大が影響したものと思われる。

賃金の職務給化は進んでいない

　これは、日本の賃金が属仕事給体系ではなく、属人給体系をベースとしてで、そこに能力評価要素が加わった職能給体系が幅広く支持されていることによる。企業の育成・登用の方針は「内部育成・昇進」を重視している。こ

うした内部育成型の方針の下では、長期雇用を前提とし、属人給型の賃金体系にならざるを得ない側面がある。

年功賃金の支持は高い

　近年、年功賃金の支持割合は各年代とも拡大傾向にある。特に中高年層だけではなく、2004年以降は、20～29歳の若年層からも支持が高まっている。これは若年層が、将来展望が描けるような賃金を求めていることによるものと思われる。

3 これからの賃金の課題　労働組合にとって

標準者モデルの限界

　労働組合は、標準者モデルを設定してあるべき賃金の姿、水準を追求してきた。標準者モデルとは、35歳の男性で配偶者と子供2人の4人家族をイメージしていた。しかし、こうしたモデルは意味をなさなくなっている。

　世帯主の配偶者の就業率は、世帯主（夫）の収入に関わらず上昇傾向にあり、2012年では50％に達している。世帯主の片働きで家計を賄う家計は半数に過ぎず、もはやモデルとは言えない。

　しかし、その働き方は多様であり、夫と妻が正社員として働いている家計もあるし、妻がパートとして家計補助的に働いている家計も少なくない。片働き家庭も半数近くあるわけだから、片働きで生活できる賃金を求める声も依然として強い。

　これから労働組合が追求すべき賃金体系は、基本方向としては生活給思想から脱却して、仕事給思想に転換することであろう。とはいえ、賃金は社会的なものであり、年齢の高まりとともに生計費がかさむことも考慮に入れなければならないし、産業や地域で比較することで格差の分析も必要である。

　仕事給での賃金は、横断的な比較が難しいという面がある。連合では、2013年から、職種別賃金主要銘柄（例えば、自動車製造組立313,000円、百貨店30歳男子実態中位296,600円）を78選定し公表している。しかし、これはあくまで参考値であり、これが賃金引上げの指標に使われているわけではない。

　仕事給体系を貫徹するためには、子育てや教育にかかる費用を社会が肩代

わりする、高度福祉社会の設計が必要であるが、日本は北欧のような高度福祉社会にはなっておらず、今後、追求すべき社会像も、中福祉中負担というイメージである。そうなると個人の生計費にかかる負担も考慮していかねばならない。このように働き方の変化に対して、あるべき賃金体系思想が追いついていないのが実情である。

「同一価値労働同一賃金」の原則を実務的に導入することの困難

　賃金については、労働組合は、「生活を十分に保障する賃金」と並んで「同一価値労働同一賃金」の原則を掲げている。これは、ILO憲章前文においても「同一価値の労働に対する同一報酬の原則の承認」を挙げているように、国際的な普遍原理と理解されているからである。また、ILO100号条約は「同一価値の労働についての男女労働者に対する同一報酬」を採択しており、同一価値労働について、男女間での賃金格差を禁止している。100号条約は日本も批准しており、労働基準法で「使用者は、労働者が女性であることを理由として、賃金について、男性と差別的取扱いをしてはならない。」（第4条）としている。この条約を援用して、女性臨時社員の賃金が女性正社員の8割以下であれば違法とする裁判例（丸子警報機事件）もある。ただし、これが日本で、性別以外で一般化が進まないのは、日本の賃金が職務で決められるのではなく、人に対して支払われるものとなっているからである。

　正規・非正規の賃金格差が社会問題化する中で、労基法4条を拡大して、同一価値労働同一賃金原則を一般化すべきとの指摘もあるが、一方、同一価値労働をはかるもの差しの設定の難しさもある。

均等待遇・均衡処遇

　同一価値労働同一賃金原則に比べて、実務的に受け入れやすいのは、「均等待遇・均衡処遇」原則である。短時間労働であることに着目して、通常の労働者との均衡を求めたものとして、パート労働者の処遇と通常の労働者の処遇が違う場合には、①職務の内容、②人材活用の仕組みと運用を考慮して、不合理なものであってはならないという、待遇の原則がある（パート法8条）。これは均等待遇・均衡処遇などを考える際の判断の「もの差し」となるもので、UAゼンセンでも、この「もの差し」使って短時間組合員賃上げの要求基準を

設定している。これをさらに普遍化し、業界共通の職業能力の具体的「ものさし」が作られることが望まれる。言い換えれば、「スキルの見える化」である。これを推進することによって、均等待遇・均衡処遇の具体的「ものさし」が示されていけば、労使で共有されたものとして活用が期待できる。

地域における良質な雇用の創出-連合の地域リビング・ウェイジ

近年、人口減少と地域社会の疲弊が問題視され、政府も「地方創生」を打ち出しているが、そこで課題となるのが、地域における良質な雇用の創出である。政府が2014年12月に「まち・ひと・しごと創生総合戦略」を策定したが、そこでは「若い世代が安心して働ける『相応の賃金、安定した雇用形態、やりがいのある仕事』という雇用の質を重視した取組」の重要性が指摘されている。問題意識は共有するが、いかにそれを創るかが課題である。地域ではすでに人手不足感が広まっている。仕事はあるのに、人手不足になっているのは労働時間が長い、賃金が低いなど、良質な雇用機会が乏しいことなどによる。

そこで労働組合が取り組んでいるのがリビング・ウェイジ運動である。リビング・ウェイジとは、生活できる賃金を求める運動のことで、アメリカのリビング・ウェイジ・キャンペーンが嚆矢とされる。

連合は04年春季労働条件闘争から、「連合リビング・ウェイジ」という運動を進めている。現行の「連合リビング・ウェイジ」は2013年にさいたま市で実態調査を実施し、策定した月額153,000円である。これを07年の総務省「全国物価統計調査」の都道府県別民営借家世帯の物価指数における都道府県の相対的位置関係から、埼玉県を100とする地域間格差指数を連合が算出し、各都道府県の月額に換算して使用している。

ただ、これが地域の中小企業や非正規雇用の賃上げに手法として活用されているかと言えば、そうとは言い切れない。大きいのは生産性の格差である。また、長期デフレ下で、企業がいくらがんばっても価格転嫁しづらい経済環境も原因として考えられる。

最低賃金

最低賃金は、人が最低限の暮らしを営むための重要なセーフティネットであり、近年増加の一途を辿っている非正規雇用の賃金の下支えとしても重要

な役割を果たしている。最低賃金法が2007年に改正され、「生活保護に係る施策との整合性に配慮した（最賃法9条3項）」水準見直しが図られた結果、時間給で10円を超える引上げが続いている。これについて経団連は「最低賃金の大幅な引き上げは、市場から強制的に退出させられる企業を生み出すとの危機感を公労使で共有すべき」（2015年版経労委報告）と問題視している。一方、連合は「現在の地賃はセーフティネットとして不十分である」（2015年版連合白書）という見解である。政府は、「全ての所得層での賃金上昇と企業収益向上の好循環が持続・拡大されるよう、中小企業・小規模事業者の生産性向上のための支援を図りつつ最低賃金の引上げに努める」（「日本再興戦略」改訂2014）という立場である。中小零細企業に働く者にとって最低賃金は重要な機能を果たしており、政労使3者による合意形成が求められる。

　最低賃金には、地域別最低賃金（地賃）と産業別に設定される特定最低賃金（特定最賃）がある。地賃がすべての労働者のセーフティネットであるのに対し、特定最賃の機能は当該特定産業の基幹的労働者の公正労働基準の確立にある。特定最賃の改正申請には、労働協約ケースと公正競争ケースがあり、当該特定産業の基幹的労働者の概ね3分の1以上が適用になる労働協約または、合意が必要である。

　公正労働基準には、①労働組合が結成されている同業企業で設定される基準（同一ないし同一的な労働協約適用労働者による公正労働基準）、②同業で未組織労働者にも適用される基準（労働協約の拡張適用による公正労働基準）、③すべての労働者に適用される最低基準（法律によって強制されるミニマムの基準）がある。このうち①は労働組合のある企業で組合員を対象に設定されるものであるが、日本は企業別の労働協約が一般的であり、これを補完するために産業別組織が労働協約の標準化の取組みをしている。また、労働組合組織率が17.5％（2014年時点）であり、かつ、協約適用率はそれよりさらに低いものとなっている、②の労働協約の拡張適用は、労組法18条（地域的拡張適用）があるが、これが実際に使われたのは数例に止まっている。最低賃金法には、労使の申出による特定最賃の規定があるが、近年、経団連は特定最賃不要論を展開しており、必ずしも新設が進んでいるわけではない。③の最低基準は労働基準法や最低賃金法などで設定されるが、3者構成の審議会で決まるため、その引き上げの足取りは鈍い。

このように集団的労使関係の枠組みを社会的に機能させ、公正労働条件を設定するという仕組みは、欧米に比べてわが国では見劣りしていると言わざるを得ない。

　UAゼンセンでは、使用者の理解も得つつ、労働協約ケースによる特定最賃の新設、改定を今後積極的に進めていきたいと考えているが、これは上記②による公正労働基準の設定を進める必要があるという認識に立つものである。

3 賃金決定の個別化と集団的労使関係

論文 賃金体系と集団的労使関係：
賃上げ方式を中心に

仁田道夫　国士舘大学経営学部教授

1 はじめに

　賃金体系ないし賃金制度は、労働者に支払われる賃金額算出の基準となるものであるので、その変更・修正は、賃金をめぐる集団的労使関係に大きな影響を及ぼす。その影響の範囲は広く、多くの論点が生ずる。その賃金体系変更・修正は、労働者にとって、公平・妥当なものであるのか、といった体系そのものの取り扱いをめぐる論点、賃金体系の変更・修正の結果、従来の賃上げ要求の作成基準、たとえば、生計費の確保といった課題はどのように取り扱われるべきかといった論点、月例賃金と賞与の関係はどうあるべきかといった論点など多岐にわたる。ここでは、議論の入り口として、賃金水準をめぐる交渉のテーブルに乗せられる賃金要求・回答の形式、いわゆる賃上げ方式に焦点をあて、いわゆる成果主義的賃金体系への移行が進められる中で、賃金交渉にどのような課題が生じているかを考察し、今後の議論に素材を提供することとする。

　このようなテーマ設定は、一見、やや交渉技術の領域に限られた専門的な設定に過ぎると思われるかもしれない。しかし、戦後最高の賃金運動家であ

り、理論家でもあった千葉利雄が、その主著『戦後賃金運動』の中で繰り返し強調しているように、この問題は、日本の労働組合運動が、組合員の意欲を賃上げ闘争に向けて結集し、さらには多くの企業別組合が横並びとなって一斉に春闘を展開していくための方法論に関わる重要テーマである。かつては、労働組合運動のなかで、さまざまな議論が闘わされてきたが、近年では、あまり議論の対象になっていないように思われる。この機会にこの古くて新しい問題をとりあげてみようというのが筆者の意図である。

2 ドイツとアメリカの賃上げ方式

　一般に、平均賃上げ方式か、個別賃上げ方式かという形で議論されることの多い日本の賃上げ方式であるが、なぜ、日本の賃金交渉でこのような課題が重要になるのだろうか。千葉の言葉を聴いてみよう。

　「欧米は（中略）ウェイジというのは、（中略）個別の労働力の値段づけとして（中略）存在し、意識され、取り扱われる。（中略）そこでの値段づけの物差しやシステムには職種別だとか、熟練度等級別だとか、あるいはアメリカで主にはやっている職務評価による職務等級別だとか、多様性があります。そしてまた、産業別の協定によって締結されているところもあれば、業種別もあれば、地域別もある。アメリカなどでは、まさに日本と同じように企業別の職種賃率協定というものも幾らでもあります。（中略）けれども、すべて本質は労働の銘柄別、個別の値段づけとしての賃金決定であり、賃上げである。（中略）言ってみれば、賃上げはそもそもから個別賃上げ方式なのであって、ことさらそれが問題になることがない。」（千葉1998、470頁）

　念のために裏をとっておこう。まず、産業別・地域別協定の国、ドイツを見よう。これについては、久本憲夫の明快な教示がある。「賃金は労働組合と使用者団体の賃金協約によって、決定される企業横断的な協約賃金が基本である。賃金・給与の枠組協約（Rahmenabkommen）と残業割増率やその他の加給などの原則を定める大綱協約(Manteltarifvertrag)が賃金・給与に関するものである。賃金・給与枠組み協約は、賃金・給与の等級、等級づけの職務要件、等級間の賃金格差を定める。(中略) 通常は、この枠組協約を前提として、一律何％の賃上げを決めるかが、賃金交渉となる。」（日本労働研究機構

1998、57-58頁）金属産業の枠組協約に基づく1996年時点の等級別賃金格差が上記書58頁図表3-1として示されている（**表3-1**）。ノルトライン＝ヴェストファーレン地域を例にとると、7等級を100として、最も低い2等級が85で、最も高い10等級が133となっている。この格差は、あらかじめ決められており、年々の賃金交渉で変更されるようなものではない。基準となる等級（この例では7等級）の賃金は、基準賃金（Ecklohn）と呼ばれ、熟練労働者資格を持つ者（Facharbeiter）が最初につく仕事の賃金である。この基準賃金をめぐって交渉が行われるが、基本的に賃上げ％をめぐる交渉であり、等級ごとの賃上げ率は同一であるから、賃上げ交渉時の配分交渉は必要ない。

　もっとも、産業別・地域別の賃金・給与協約だけで個々の労働者が受け取る賃金率や稼得賃金額が確定するわけではない。個々の労働者をどの等級に格付けするか、また、能率給労働者の能率算定結果などによって、実際に労働者が手にする稼得賃金は異なりうる。この段階で重要な役割を果たすのは、事業所ごとの従業員代表委員会（Betriebsrat）である。このような協約賃金からの実効賃金の乖離は、一般にウェイジ・ドリフトと呼ばれる現象であるが、このような乖離が極めて大きくなれば、協約の賃金統制力が低下し、産

表3-1　協約地域別賃金等級間の賃金差（旧西ドイツ地域）

協約地域＼賃金等級	1	2	3	4	5	6
バイエルン	82.8	83	88	88	90.5	97
ベルリン	85	86.5	88	94	100	110
ハンブルク		86	87.5	91	95	100
ヘッセン		84	86.25	88.5	93.5	100
ニーダーザクセン	85	85	86.33	88.6	90.5	94.5
ノルトライン＝ヴェストファーレン		85	86	88	92	96
北西ニーダーザクセン		86	87.5	90	95	100
北ビュルデンブルク／北バーデン	85.03	85.03	86.40	87.71	90.91	94.89
ラインラント＝プファルツ			84	85	86.25	89.5
ザールラント	84	85.25	88.5	93.5	100	110
シュレスビッヒ＝ホルシュタイン		86	87.5	93	96	100
南バーデン／南ビュルテンブ	85.3	85.3	86.6	87.9	91.1	95.1
ルク＝ホーヘンツォーレン						
ウンターバサー		86	86	88	88	92

出所）日本労働研究機構(1998)『ドイツ企業の賃金と人材形成』日本労働研究機構、58頁。
原資料はIG Metall：Daten Fakten Information 1996

業別賃金交渉の重要性が低下することになる。だが、ドイツではそのようなことはなく、依然として、産業別・地域別の労働組合と使用者団体の間の賃金交渉が賃金水準決定システムの基軸となっている。

　次に、企業別賃金交渉の国、アメリカの例を見てみよう。手許に1976年10月5日付全米自動車労組（UAW）とフォード社の間の労働協約の翻訳があるので、それを参考にしよう（全トヨタ労連1979、81-88頁）。この協約はやや古いものであり、今日では、二重賃金制（two-tier system）など複雑な仕組となっているが、日本の仕組みと対比して伝統的な米国自動車産業の賃金決定を知る上では、むしろ有益である。この時期の賃金交渉では、一般的賃上げ、賃率改善ファクター（Annual Improvement Factor: 以下AIFと略称）、生活手当（Cost of Living Adjustment: 以下COLAと略称）の3つが賃金率を決定する柱となっている。

　一般的賃上げは、最低4.245ドル、最高8.25ドルないし8.415ドルに至る26の基本時給ランクのそれぞれについて賃上げ額を定めるもので、最低ランクについては、32.5セント、7.656％アップとなり、最高ランクについては、45セント、ランク平均値の8.3325ドルに対する上昇率は5.40％となる。一般賃上げについ

7	8	9	10	11	12
100	110	120	133		
120	133				
108	118	133			
110	120	133			
100	110	120	133		
100	118	118	133		
110	116	133			
100	106.87	113.84	120.75	127.79	135.01
93	100	110	120	133	
120	133				
108	117	133			
100	110	119.8	133		
95	100	108	120	133	

てみれば、この時の交渉では、下に厚く、上に薄い賃上げとなっていることが分かる。実際の交渉では、これらのうち指標となる中位の基本時給額について一定のアップ率を想定して交渉することになると推測されるから、このときの上薄下厚型の賃上げは、日本風にみれば、一種の配分交渉と見ることができなくもない。しかし、いずれにせよ、労働協約で、時給ランク別に賃上げ額を明確に協定するものであるから、賃金交渉時に、組合員が自分の賃上げ額がいくらになるか分からないというようなことは起こらない。

次に、AIFは、自動車産業独特の仕組みであるが、この時点では、生産性向上成果配分として、基本的に毎年全組合員に対して3％ずつの賃上げを行うという仕組みとなっていた。したがって、AIFについても、組合員が自分の賃上げが、どれほどになるか分からないというようなことは起こらない。

最後に、COLAは、物価スライド制である。アメリカとカナダの統計機関が発表した四半期ごとの消費者物価指数に応じて、全組合員に同一額の生活手当額を計算して支払うという仕組みである。具体的には、消費者物価上昇率に応ずる時間当たり生活手当を協定しておく。生活手当は、基本給と別枠の賃金項目であるが、通常、協約交渉時に、その前の協約期間（通常3年間）に支払われた生活手当額を基本時給額に組み込むこととしていたから、実質的には、基本時給額の増額と大きく異なるものではなかった。

AIFやCOLAは、戦後早い時期の協約交渉において、経営側主導で協約期間の3年への延長が図られた際に、協約期間中の物価変動や経済成長をあらかじめ見込んで賃金決定を行う趣旨をもって導入されていったものである。

なお、米国自動車産業の事例においても、個々の労働者の賃金率や稼得賃金額は、こうした賃上げ以外の方法でも上昇しうる。基本的には先任権（先任権単位ごとの勤続年数に基づく序列）により決まる職務昇進により、より高い職務評価点をもつ職務に異動すれば、それに応じて賃金も上がることになる。また、もし、かりに、ある工場で、機械化合理化等により、職務構成が変化し、より低い職務評価点をもつ職務の割合が減少し、より高い職務評価点をもつ職務の割合が増大すれば、当該工場の平均賃金率は増加することになる。だが、これは、賃上げではないから、賃金率改定交渉の対象とはならない。

以上みてきたドイツと米国の事例において、賃率決定の仕組みは異なるが、千葉のいう「個別の労働力銘柄別の値段づけ」として、「個別賃上げ方式」で

賃金水準決定交渉が行われていることが確認できた。それと同時に、賃金交渉の結果定められる賃金協定によって、個々の労働者に適用される賃金率や、個々の労働者が受け取る稼得賃金額が直ちに決定されるわけではなく、賃金等級の当てはめや、能率給の適正な決定など、重要な個別賃金決定問題が存在し、それらは、事業所レベルの労使交渉・協議・苦情処理などにより対処されていることも明らかとなった。にもかかわらず、協約交渉による協定賃金の決定が賃金水準決定交渉の基軸となっていることは、両国とも共通していた。これは、一定の賃金制度ないし賃金体系を前提として、賃金水準の上下を協約交渉によって基本的に決めていたからである。

　ここで、重要な点の一つは、賃上げ交渉を行わなくても、現存の賃金制度・賃金体系によって、一定の賃金水準が確保されていることである。この当たり前のことが、日本の賃金制度・賃金体系を前提とする賃金交渉では、必ずしも確保されないことが最大の問題である。

3 日本の賃上げ方式の現状

　日本の賃金交渉では、大きく分けて、1) 平均賃上げ方式（定昇別）、2) 平均賃上げ方式（定昇込み）、3) 個別賃上げ方式の3種類の賃金交渉方式があり、これらが並存しているのが現状である。

　これらのうち、最も素朴な方式が第2の平均賃上げ方式（定昇込み）である。中小企業では、今日でもこの方式をとっている労使が多いが、大企業でもこの方式をとっているものがある。具体的には、組合員に支払われる月次の所定内賃金総額を計算し、これを人数で割った平均賃金額を何％あげるか、または、何円上げるかを交渉のテーブルに乗せることになる。この方式では、定期昇給原資が別枠で確保されていない。

　ということは、もし、賃金交渉を行って賃上げを獲得しなければ、組合員全体の賃金水準は、定期昇給分だけ低下してしまうということである。一人、一人の労働者については賃金に変化がない（足踏みしている）だけだが、労働者集団全体についてみれば、高賃金労働者の退職（定年など）と、低賃金労働者の新採用を通じて、平均賃金水準が低下することになる。常に後ろに向かって動いている走路上で走っているランナーのようなもので、前の位置

に留まるためには、常に走路の移動速度と同じスピードで走っていなければならない仕組みである。

　これに対して、第1の平均賃上げ（定昇別）方式では、定期昇給分の賃金原資が明確にされ、基本的に別枠で確保されている。定昇原資をどのように算出しているのか、企業ごとの事情はさまざまであると思われるが、伝統的な方法としては、平均的な昇給基準線（いわゆる賃金カーブ）を設定し、各年次の人数に基づく年次別定期昇給額を算出して、全年次分を足しあげれば、算出できる。実際には、全組合員一本の昇給基準線が設定されているわけではないと推測されるので、もっと複雑な計算プロセスがとられているものと思われる。定昇原資は、より高賃金である退職者、ないし非組合員移行者（管理職昇進者など）に支払っていた賃金原資から、より低賃金である新採用者の賃金原資を差し引いた内転財源部分と、それでは賄いきれない追加財源部分に分かれる。従業員の年齢構成、企業成長速度などによって、追加財源部分は、変化することになる。しかし、昇給基準線が労使協定されるか、あるいは、慣行として確立している場合には、定昇原資は、賃上げ原資としては扱われない。定昇は賃上げではなく、本来、賃金制度運用上の原則として、賃金交渉以前に確保されているべきものとなる。

　もっとも、賃金制度・賃金体系の変化にともない、伝統的な昇給基準線による基本給の年次別管理が賃金制度の主流から後退してきたことにより、定期昇給分にかわって、賃金制度維持分とか、賃金構造維持分、あるいは賃金水準維持分などと称する賃金用語が用いられるようになってきた。そのことの意義については、のちに言及する。

　以下では、まず、金属産業の2015春闘交渉結果
　（http://www.jcmetal.jp/files/20150319kaitoichiran13001.pdf）
を素材に、賃上げ方式の現状を考察してみよう。

4 金属産業の2015春闘結果から

　近年賃上げ相場決定において主導的な役割を担っている自動車産業の賃金交渉方式は、おおむねこうした改訂版の平均賃上げ方式といってよいが、2015年春闘妥結状況をみると、各社実にさまざまの方式をとっていることが分かる。

まず、指標となるトヨタの回答であるが、表示は、平均賃上げ11,300円という回答である。これだけであれば、第2方式（平均賃上げ・定昇込み）であるが、別途、要求段階で賃金制度維持分が7,300円として表示されているので（ということは組合側の認識としてという意味であると思われるが、会社側もこれに特段異議を唱えていないから、この金額については、労使の共通了解があるものと判断できる）、これを前提とすると、ベア分（本来の賃上げ分）は、4,000円ということになる。メディアでも、ベア4,000円として報道されていた。賃金制度維持分の意義が必ずしも明確でないが、実質は第1方式（平均賃上げ・定昇別）に近くなっているということができよう。

　これに対して、日産の回答は、平均賃金改定原資11,000円であり、定昇分、ないし賃金制度維持分等の表示はない。トヨタと日産の比較は、平均賃上げ額・定昇込みで行うしかないことになる。日産の場合は、第2方式（平均賃上げ・定昇込み）ということになるが、春闘の回答にはないとはいえ、日産の組合が定昇、ないし賃金制度維持について無関心ということはないと思われるので、それに必要な原資についてもなんらかの社内的な計算は存在するものと推測される。日産における労働組合の2015総合生活改善・春の取り組みは「賃金カーブ維持分の確実な確保と賃金改善分の獲得」（日産労連ウェブサイト）を重点の一つとして展開されており、自動車総連の回答速報によっても、「賃金カーブ維持」欄が○と表示されている。（もしこの賃金カーブ維持分がトヨタの7,300円より少なかったとすると、平均賃上げ額ではトヨタより日産のほうが300円少なかったが、ベア分では、日産の方が多かった、ということも起こりうるわけである。平均賃上げ額基準か、ベア基準かが問題となるのは、このような事態が想定されるからである。）

　本田は、平均賃上げとして3,400円という回答である。これは、同じく平均賃上げといっても、ベア分ということであろう。マツダも同様であるが、表現ぶりとしては、「賃金引上げ」1,800円という回答である。三菱自工も同様のパターンであるが、「賃金改善分」2,000円という回答である。これら三社のいずれについても定昇分ないし賃金制度維持分についての表示はないが、これについては別途確保されているのであろう（その金額は不明である）。自動車総連の回答速報でも、賃金カーブ維持欄が○となっている。そうであれば、これは、第1方式（平均賃上げ・定昇別）ということになろう。いすゞ（3,800円）、日野（3,000

円)、ヤマハ発動機 (3,500円) も、基本的にこのグループに属する。

これと少し異なるのが、スズキ (賃金改善分1,600円相当)、ダイハツ (賃金改善分1,600円)、富士重工 (賃金改善分3,300円相当) で、それぞれ、昇給制度維持、賃金水準維持、賃金体系維持などの呼称による定昇ないし賃金制度維持分の昇給を行うことを回答で明示すると同時に、賃金改善分を数字で回答している。ただし、この場合の「相当」の意味が不明であるので、実際どういう計算になるのかは、個別企業に降りて検討してみないとわからない。

結局、自動車産業の回答は、平均賃上げ額でトヨタとのリンクを図る日産を除けば、他の組合は、ベア分金額での相互比較を行う方式を採用していると言えよう。平均賃上げ額・ベア分・賃金制度維持分を表示しているのはトヨタだけであるが、これは、指標企業としての役割を果たす必要からであろう。

しかし、他の企業では、定昇分ないし賃金制度維持分の金額は公表されていないから、このままであれば、自動車産業のベアプラス定昇の上昇額は、トヨタと日産を除いて不明ということになる。上記第二方式をとる他産業労使は、自動車産業一般の賃上げ額との比較ができないことになるわけである。

第3の方式である個別賃上げ方式も、産業によって、さまざまであるが、鉄鋼産業を例にとると、35歳生産職標準労働者 (高卒直入者を想定) がターゲットとなる労働力銘柄で、隔年交渉であるため、今春闘では賃上げ交渉を行っていないが、2014春闘において、2014年1,000円、2015年1,000円のベア (標準労働者の賃金を1,000円ずつ上げる。他の労働者については、それに見合った賃上げを行う。) で妥結している。鉄鋼産業では、伝統的に、定期昇給は、会社側が人事政策として実施するものとして扱われており、ベアとは別財源で確保されているはずである。

また、もう一つの代表的な個別賃上げ方式産業である電機産業では、指標となる労働力銘柄は、開発・設計職基幹労働者 (30歳相当) とされており、2015春闘では、シャープを除く大手企業労組は3,000円のベアを横並びで獲得している。要求にも、妥結にも定昇分 (もしくは、賃金制度維持分ないし、賃金構造維持分) は表示されていないが、実際には、それを前提としないとベア金額を計算できないので、一定額を確保しているはずである。また、指標銘柄以外の労働者については、企業ごとに賃上げ額を労使が確認しているはずである。

鉄鋼にせよ、電機にせよ、個別賃上げ方式をとる産業の労使は、平均方式

で計算したベアや定昇・賃金制度維持分の金額を公表していないから、他の産業労使は、鉄鋼・電機両産業の賃上げ額との比較を行うことはできない。

5 各方式の比率と連合回答集計

各方式の比率であるが、4月14日付連合春闘回答集計

(http://www.jtuc-rengo.or.jp/roudou/shuntou/2015/yokyu_kaito/kaito_no4_heikin_20150416.pdf)

によると、平均賃金方式による回答が2,587組合、組合員総数2,157,261人、うち、賃上げ分が明確にわかる組合数が1,418組合、組合員総数で1,690,335人となっている。組合数でみて、1,169組合が第2方式、1,419組合が第1方式と分類できよう。これに対して、3月31日付集計で示されている個別賃金方式の組合数は257、組合員総数は408,326人である。

(http://www.jtuc-rengo.or.jp/roudou/shuntou/2015/yokyu_kaito/kaito_no3_a_20150402.pdf)

ただし、その相当数は、平均賃上げ方式との並存型回答であり、その場合の賃金交渉上の重要度は、平均賃上げ回答のほうが高い。重複分を除き、純然たる個別賃上げ方式をとる企業・組合員数の割合は不明であるが、いくつかの例外を除けば、主として電機と鉄鋼の両産業に限定されるとみてよい。

集計時点が異なり、まだ賃金交渉が終結していない組合も多数存在し、その多くは中小企業の組合で、第2方式が多いと思われるので、全体の構成比は第1方式、第3方式に偏った結果と推測されるが、組合員数ベースで考えると、おおよその傾向はみてとることができよう。個別賃上げ方式を採用している組合も相当の割合にのぼるが、なお、平均賃上げ方式が多数を占めていることがわかる。

しかし、このような回答状況のなかで、本年度の春闘では、いくらの賃上げがあったか、あるいは、何パーセントの賃上げがあったか、どのように決めるのであろうか。正確を期すなら、賃上げ方式ごとの賃上げ額、ないし、率を表示する以外にないはずである。連合の回答集計では、平均賃上げ方式（定昇別）の企業について、独自に定昇分・賃金カーブ維持分（推計値を含む）の集計データを入手し（たとえば、自動車産業については、主要11組合の単

純平均による推計額を約5,900円としている。

http://www.jtuc-rengo.or.jp/roudou/shuntou/2015/hoka/chukaku_suijun.pdf)

それらを足しあげるなどの操作を加えて、定昇・賃金制度維持分を含む平均賃上げ率が2.20％になっていると結論づけている。だが、これは、あくまで、上記のような操作を踏まえた推計値であることを知っておく必要がある。

http://www.jtuc-rengo.or.jp/roudou/shuntou/2015/yokyu_kaito/kaito_no6_heikin_20150701.pdf

いずれにせよ、個別賃上げ方式の企業については、平均額のデータが得られないため、含まれていない。賃上げ回答結果集計から、鉄鋼・電機という金属産業の主力組合のデータが欠落するわけである。

6 賃金体系と賃上げ方式（その1）：「いわゆる基本給制度」のもとで

千葉によると、今日風の平均賃上げ方式が確立・定着したのは1950年代前半とされる。（千葉1998、140-144頁）。転換点は、1953年ということになる。戦後、それも戦後直後期ではなく、一定の時間が経過したのちに定着した。

当時の賃金制度ないし賃金体系で支配的であったのは、一般的呼称では「基本給制度」と呼ばれる仕組みであった。これでは一般的過ぎて、十分特定できないので説明に困難をきたすのであるが、他に適当な呼び方がない（典型的年功賃金制度などと呼ばれることがあるが、これは解釈が入りすぎていて、使えない）ので、やむをえず、ここでは「いわゆる基本給制度」と命名しておくことにしよう。

この制度では、賃金は全く属人的に決定される。まず、学歴別初任給を決める。これだけは金額で共通額が決められるが、その後は、毎年の査定昇給により、一人一人の労働者の1年間を通した賃金額が決められることになる。各労働者の賃金額は、初任給プラスΣ（各年昇給額）となる。

このような賃金制度のもとで、労働組合が賃金交渉を行うに当たって重要であった第1の点は定期昇給制度を確立することであった。すなわち、全組合員が4月1日に、査定によって金額は異なるが、昇給することと、その水準を

確保することである。そのために、昇給基準線という方式が用いられた。すなわち、平均的な勤続別昇給額定める右肩上がりの基準線を学歴別に定めるわけである。これが実質的に協定化されると、労働者は、自分の毎年の昇給期待値を一定の範囲（査定によって平均から乖離することがあるので）で確認することができるし、組合は、昇給査定（会社の権限である）によって、ばらつきは生じたとしても労働者集団全体の昇給水準が昇給基準線に示される平均値に収れんすることを期待できる。

その上で、昇給基準線そのものを上に押し上げるベース・アップを獲得するべく交渉を行う。これを一律同額とするというのが一律方式であり、各人基本給に応じてベア額が異なるとするのが基本給リンク方式である。その中間方式として開発されたのが一律プラスアルファ方式である。組合員内の勤続・年齢による利害調整を行いつつ、全組合員の賃上げ意欲を高めて集中する方式として一律プラスアルファ方式が支配的な方式として採用されるようになっていった。

このようにして、「いわゆる基本給制度」の下での年功賃金制度と平均賃上げ方式（定昇別）が1950年代に確立された。（公務員や公共部門では、占領軍主導の職階給制度が導入確立されたため、異なる方式がとられたが、そのもとでも定昇とベアが一定の明確な職務職階別・勤続年数別の賃金表の制定と改訂という方式で実施されるようになっていった。職務給型年功賃金制度の確立である）

なお、このような仕組のもとでは、定昇実施に要する原資は、労働者構成によって変化しうる。長勤続の高齢労働者が多い場合には多くの原資が必要となり、逆であれば少ない原資で済むことになる。1960年代の自動車産業急拡大期には、毎年多数の若年労働者が採用されたため、定昇原資はむしろ毎年減額されるという事態も生じたと言われる。

7 賃金体系と賃上げ方式（その2）：職能給制度のもとで

その後、賃金体系は紆余曲折を経ることになるが、次の大きな転換点は、1960年代後半から1970年代にかけての職能資格制度の確立と、そのもとでの

職能給制度への移行である。この制度も、企業によってさまざまなバリエーションがあるが、一つの典型として、従来の基本給制度を維持しながら、これに職能給を併用するパターンがある。基本給制度は退職金計算基準として用いられてきたため、賃上げにともなう退職金原資の高騰を避けるという目的から、退職金計算に含まれない給与制度として職能給制度ないし、仕事給制度が普及したという事情がある。

　ともあれ、このように賃金体系の大きな変動が生じたときに、賃上げ方式はどのような影響を受けたのであろうか。考えてみると、理屈の上では、大きな影響を受けてもおかしくないはずである。従来の基本給部分については定昇制度が維持されたから、変更はないとしても、職能給については、職能資格制度によって、一定の職務遂行能力ランクに労働者は格付けされ、評価によってそれが上昇すれば賃金が上がるという仕組みであるから、ランクが上がらない限り、職能給の上昇は起こらない。ランクは、通常毎年上昇するわけではないから、職能給の定期昇給というようなものは行われないことになる。賃金交渉では、基本給部分と職能給部分を合わせた金額が交渉対象になるから、ベアを要求する前提として、従来型の定昇と別に職能給の水準を維持していくための原資額を確定しておく必要があるはずである。このような点についての研究は、寡聞にして聞いたことがないが、1970年代の賃金交渉で賃金制度維持分とか賃金構造維持分というような表現は使われていなかったから（いったい、いつごろからこのような表現が用いられるようになったのであろうか）、このような職能給の原資確保分についても、慣行的に定昇分に含めて計算・表示されていたのではないかと思われる。

　このようなことがやりやすかったのは、職務遂行能力評価が、年に一度年度末に行われ、職能給のランク上昇が4月1日づけで実施されるという慣行があったことであろう。この結果、ランク上昇にともなう年度の職能給原資投入額が計算可能となり、基本給部分の定昇原資と合わせて賃上げ交渉時に「定昇分」として、賃上げ交渉の前提として用いられていたと考えられる。重要なことは、この職能給の「制度維持分」を労働組合がきちんと把握し、それを前提として賃金交渉をしていたことである。もし、これが確保されていなければ、経営側の恣意的査定のいかんによっては、職能給総額が減少することになりうるからである。

8 賃金体系と賃上げ方式(その3):
成果主義賃金体系のもとで

　そして、次の大きな転換点が1990年代半ばごろから起きた。いわゆる成果主義賃金制度の普及がそれである。それが全国の企業でどのように、どれほど起こったかを示した研究は、寡聞にして知らない。そして、それが賃金交渉にどのような影響を及ぼしたかを考究した研究も聞いたことがない。事例研究から、成果主義賃金制度といっても、出来高給のような直接的な制度を採用した企業は少なく、役割等級制度に基づく役割給制度が多数を占めつつあるように推測される。だが、その場合でも、管理職に限定して適用するのか、組合員層にも合わせて適用するのかなど、重要な論点があるが、それについて決定的な研究は行われていない。

　しかし、賃金制度の転換が賃金交渉に大きな影響を及ぼしていることは、これまで指摘してきたように定昇分という表現に代わって、賃金制度維持分・賃金構造維持分・賃金カーブ維持分などという表現が一般的に使われるようになってきたことからも、推測できる。その現状について、ここで実証的に示すことはできないが、日本の労働組合が賃金制度の転換に対応して、なんとか合理的で、かつ組合員の賃上げ意欲を結集することのできる賃上げ方式を模索し、追求していることは確かであろう。

　その際に、労使関係論の視点から重要なことは、賃金カーブ維持(これは実質的な年功賃金維持ということである。成果主義的年功賃金というべきか。これは賃金制度上、賃金配分上の重要課題であることは確かであるが)を追求することよりも、カーブは修正されてもよいから、まず、労働者集団全体の賃金水準を維持していくことである。ダイハツ労働組合が今春闘で要求した「賃金水準維持分」というものがどういうものかつまびらかにしないが、まさに「賃金水準維持」が問われていることを如実に示す表現である。労働組合が、賃金制度の改訂とその運用によって、実質的に賃金水準を切り下げられたりしないように、賃金交渉の前提として、既存の水準を維持確保していくことに注意を払う必要が示されていると言える。

9 むすびに代えて

　以上、賃上げ方式に焦点を当てて、賃金体系のあり方に労働組合がいかに対応しつつ賃金交渉を行ってきたかをおさらいしてきた。賃金体系の大きな変化に対応して、賃上げ方式の見直しが必要になっていることを示した。見直し議論を行うにあたっては、既存の常識を超えた徹底した議論が必要になると思われる。たとえば、額で要求するのか、率で要求するのかといった古典的な課題がある。私見では、率要求方式を採用することを含めて検討するのがよいのではないかと思われる。ここでその詳細を議論する余裕はないが、物価上昇時代の労働運動、構成員のホワイトカラー化が進む状況下の労働運動にとって、真剣な検討に値する論点であると考える。

参考文献

- 全トヨタ労働組合連合会編、手塚和彰訳（1879）『全米自動車労組・フォード労働協約』(国際自動車労働組合調査資料第1集)
- 千葉利雄（1998）『戦後賃金運動』日本労働研究機構
- 日本労働研究機構編（1998）『ドイツ企業の賃金と人材育成』日本労働研究機構

4 解雇等の紛争解決と集団的労使関係

問題提起 職場のトラブルは、個別紛争か集団紛争か

村上陽子　連合 非正規労働センター総合局長

1 はじめに

　連合は、1989年の結成の翌年の1990年以降、「なんでも労働相談」として、電話による労働相談活動を行ってきている。全国共通のフリーダイヤル（0120-154-052）を設け、相談者が電話を掛けた地域にある地方連合会（連合の都道府県単位の組織）に電話がつながり、労働組合の役職員や専任の相談員が相談に対応している。相談の事案・件数などは連合本部に報告され、集計・分析を行っている。年間に寄せられる相談件数は、2012年が1万6492件、2013年が1万6073件、2014年が1万5659件である。雇用・失業情勢が数の面では改善し、解雇・雇止めの相談が若干減少していることが、全体の相談件数の減少の要因となっていると思われる。

　連合本部の非正規労働センターにおいて、このような相談活動に携わる中で抱いている疑問の一つは、労働者が職場で直面しているトラブルの多くは個別の問題のように見えても、本質はその職場の問題であり、集団の問題ではないのか、というものである。

　以下では、相談の事案とその解決方法を紹介しながら、現場からの提起を

行いたい。

2 どのような労働相談が寄せられているのか

2014年の相談集計

　「なんでも労働相談」ダイヤルには、2014年1月～12月には、1万5659件の相談が寄せられている。相談の中には、労働組合の役員からの、労働組合の活動や使用者の不当労働行為に関するものも含まれてはいるが例外的であり、ほとんどは労働者個人からの相談である。また、労働組合のある職場で働く労働者からの相談もない訳ではないが、大部分は労働組合のない職場で働く労働者からの相談である。

　相談者の属性は、男女別では男性が54.1%、女性が45.9%、雇用形態別では、正社員50.2%、パート・派遣・契約・嘱託社員などの非正規労働者39.7%となっている。

相談内容の傾向

　相談内容では、従来は解雇や雇止めに関する相談が最も多かったが、この2年ほどは賃金・残業代未払いの相談が多い。また、近年、増加傾向にあるのは、パワーハラスメントやマタニティハラスメント、セクシュアルハラスメントなどいやがらせや差別等に関する相談である。

3 問題をどのように解決しているのか

　このような相談を受けた対応の方法は、相談の内容や相談者の意向、相談者が置かれている状況、相談対応者の受け止め方等に応じて異なる。一般化はできないが、いくつかの類型にまとめられる。

　一つは、電話での相談・助言にとどまるというもので、実際にはこのような場合が最も多い。具体的には、職場の人間関係の問題などで話をじっくり聞くだけで相談者が満足するケースや、労働法関係の基本的な事項について確認するようなケース（「会社が雇用保険の離職票を出してくれないがどうすればよいか」「会社が残業代を払ってくれない場合、どこに行けばよいのか」

など）がある。この中には、後述するように、電話での相談・助言だけでは本当の意味での解決にはならないケースも多く含まれている。

　二つ目は、相談の電話をきっかけにして、解決のために相談者と面談を行うというものである。相談者の側に解決したいという気持ちが強くある場合、詳しい事情を知った上で一緒に解決方法を検討するために面談することが基本となる。面談後の対応もさまざまあるが、地域ユニオン（地方連合会ごとにある一人でも入れる労働組合の総称。地方連合会ごとに名称は異なる）に加入して団体交渉で解決をはかるパターン、同じ職場の仲間で労働組合を結成するのを連合が支援し団体交渉で解決をはかるパターン、労働基準監督署への申告等について助言し、場合によっては同行するパターンなどがある。また、団体交渉等での解決が難しい場合には、都道府県労働委員会を活用するケース、労働審判や訴訟に至るケースもある。

4 相談内容をどのように捉えているのか

1. 問題の捉え方による分類

　3では、解決のために「結果として」どのような方法をとったのか、という面からの分類を紹介した。しかし、この分類では、電話での相談・助言で終わった相談の内容が、個別の問題であったのか集団の問題であったのかはつかめない。

　たとえば、例に挙げた「会社が残業代を払ってくれない」という相談内容は、労働基準法の解説（法定労働時間、時間外割増賃金の支払い義務、36協定、時効）と請求の方法の解説で相談者も納得することが多い。しかし、「残業代を払わない」という会社側の違法行為は、相談者だけでなくその職場の他の労働者にも同様に降りかかっている問題のはずである。相談者がそのように受け止めて、全体での解決を志向すれば、残業代を個人で請求することではなく、職場全体で残業代を支払うことを会社に求めていくという方向に向かう可能性もある。

　そこで、相談者や相談対応者が、相談内容をどのように捉えたのか、という面からの分類を試みたい。**図4-1**は、職場のトラブルの捉え方についての概念図である。縦軸は、問題が組織的・経済的な領域にあると捉えたのかプラ

イベート・私的領域にあると捉えたのか、横軸には、集団の問題として捉えたのか個別の問題として捉えたのか、を置いた。その結果、A、B、C、Dの4つの領域が生まれ、あたかもAとCに入るトラブルは「集団の問題」、BとDに入るトラブルは「個別の問題」と整理できそうである。しかし、その整理は妥当なのかどうか、労使紛争の多くは、職場・集団の問題であるが、実は捉え方によって個別の問題とされてしまっているのではないか。実際の相談事例から考えてみたい。

2. 労働相談の事例から

①セクハラ・解雇事案

相談内容：直属の上司から飲み会の帰りに「愛してるよ」と言われたり、携帯電話に「ホテルで待ってるよ」という留守電が残されるなどのセクハラを受けていた女性からの相談。執拗な誘いを断ると上司の態度が急変し、「今月末で辞めてくれ」と解雇通知を受けたというもの。

対応：セクハラは、この上司個人の問題でもあるが、そのような行為が黙認されている職場の問題でもある**（Aの領域）**。対応者は、連合の地域ユ

図4-1 職場のトラブルの捉え方の分類（概念図）

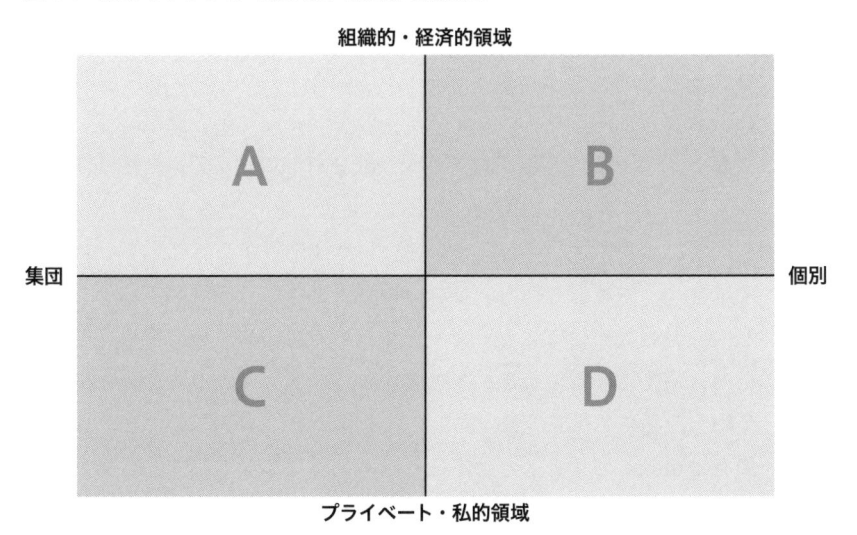

組織的・経済的領域

	A	B	
集団			個別
	C	D	

プライベート・私的領域

ニオンへの加入を勧め、相談者も同意し、解雇撤回と謝罪を求めて会社と団体交渉をすることにした。しかし、団体交渉では、録音等の証拠があるにも拘わらず会社はセクハラ行為を一切認めようとせず、相談者も精神的なダメージを受けて会社には戻りたくないとの意向であったため、金銭和解と会社都合退職で解決した。この事例のように、解雇やセクハラ、パワハラなどで、相談者が元の職場では働けないという場合には、Aの領域と捉えた問題でも、BやDの問題としての解決が図られることになるケースもある。

②**長時間労働等への対応**
相談内容：36協定の上限時間は月50時間だが長時間労働を強いられ、理由によっては有給休暇の取得を認められず、有給休暇の取得日数や就業時間中のトイレ回数などで一時金が査定されているという男性からの相談。
対応：対応者は、職場の信頼できる仲間とともに面談することを提案。相談者のほか従業員5名が連合の事務所を訪れた。面談では様々な不満が出され、多くの従業員が同じ思いでいることをお互いが理解し、「労働組合を作って会社に改善を働きかけなければ、入れ代わり立ち代わり従業員が辞めていくだろう」という話になった。その後、多くの仲間に声をかけ労働組合を結成し、会社と団体交渉を進めた。相談者も対応者も、問題をBとは捉えずにAの領域として解決に至った例である。

③**就業規則の不利益変更**
相談内容：年末年始休暇をこれまでより2日間削減するという就業規則の不利益変更を提案されている女性からの相談。会社側の提案について相談者は、「このような変更は法違反で許されないはずで、労基署は指導してくれるはず」と主張し、対応者に同意を求めた。
対応：対応者は、手続きがきちんとなされ、合理性等があれば必ずしも違法ではなく、労基署も指導はしない領域であることを説明。しかし、ほかの従業員と一緒になって交渉することで2日間を1日に留めることや他の代償措置を求めることも可能かもしれず、今後の労働条件を守っていくためにも役立つと、面談を強く勧めた（Aの領域）。しかし、相談者は自分たちで会社と話すことは考えられないとして、結果としては面談には至らなかった。

3. 労働組合のある職場ではどのように捉えられているのか

2.では、連合に寄せられる労働相談と対応の事例を紹介した。紹介を通じて、同じような事案であっても、当事者および対応者がトラブルをどのようなものとして捉えるかによって、集団紛争とも個別紛争ともなり得ることを説明した。

このことは、労働組合のない職場でのトラブルだけに当てはまるものではないだろう。連合加盟のさまざまな産業の労働組合の役員からも、企業の人事労務担当者からも、パワハラなど職場のいじめ・嫌がらせに関するトラブルが多く、苦労しているとの話を聞く。これらのトラブルに関する相談が労働組合に寄せられ、組合も職場の問題として会社と改善策や予防策を交渉・協議するケースもある。一方で、個別の上司・部下の関係であるとして、労働組合では対応できないとするケースも見られる[*1]。人事考課や懲戒処分をめぐる苦情・不満なども、個別の問題と捉えられがちであるが、制度の適正運用に関わる職場の問題でもある。

5 むすび

近年、集団的労使紛争が減少し、個別労使紛争が増加しているとされている。その理由として、人事労務管理の個別化や雇用形態の多様化等が挙げられている。たしかに、労働組合と使用者との紛争は減少し、労働者個人と使用者との訴訟や労働審判は増加している。しかし、紛争やトラブルが集団なのか個別なのかは、関係者の捉え方や結果としての解決方法の違いであり、その多くは本質的には職場という集団の問題ではないのか。そのように捉えていかなければ、労働組合の機能をフルに活用して課題の解決をはかり、職場に集団的労使関係を築いていくという営みは実を結ばないのではないか。

[*1] もちろんこじれてしまってからの対応や相談者のメンタルヘルスの問題など、職場の労働組合だけで解決するのはきわめて困難なケースもある。

4 解雇等の紛争解決と集団的労使関係

論文 紛争解決と集団的労使関係

神林 龍 —橋大学経済研究所教授

1 労使紛争の個別化

　各都道府県労働局に総合労働相談コーナーが設置されてから、すでに10年以上の歳月が経過し、労働者と使用者の間で発生する紛争の「個別化」が進行しているといわれて久しい。実際、総合労働相談コーナーに持ち込まれる案件も2008年に年間100万件を超え、その数字に驚いたことのある読者も少なくないだろう。この100万という数字は、当初はリーマン・ショックにまつわる一時的な現象とみられていたものの、その後下回ることなく推移した。人手不足といわれるようになった2013年にも、1,050,042件を数えている[*1]。2013年の件数は、被用者1万人あたりに直すと189件、被用者53人に1件の割合になる。同年の人口1万人あたりの救急車出動回数は464件なので、その半分以下だとしても、運転免許保持者1万人当たりの交通事故件数77件と比較すると、倍以上の頻度となる。救急車出動のうち半数は軽症だという報告もあるから、

---

*1 厚生労働省『平成25年度個別労働紛争解決制度施行状況』

総合労働相談コーナーが利用されるのは、ある程度深刻な必要で救急車を呼ぶくらいだと考えてよいだろう[*2]。また、従業員千人の大企業であれば、1か月に1件以上の頻度で、総合労働相談コーナーに相談事が持ち込まれている計算になる。総合労働相談コーナーに持ち込まれる相談のすべてが、いわゆる個別労使紛争に関わるわけではないにせよ、個別紛争の種はすでに相当程度労働市場に広がっていると理解したほうがよい。

　もちろん、労働相談件数が100万件を超えたという事実を、紛争の個別化が進行した結果であると解釈できるかは、それほど自明ではない。なぜなら、もともと存在していたけれども行き場のなかった個別紛争の種が、総合労働相談コーナーの設置によって顕在化しただけなのかもしれないからである。裁判所で争われる訴訟など、総合労働相談コーナー以外で処理されている紛争が減少したわけではないし、そうした以前から顕在化していた紛争自体は相変わらず集団的性格を保持し続けているとすれば、旧来の集団紛争が個別紛争に変化したというよりは、新たに顕在化した紛争の数自体が増えたことで、見かけ上、平均的な労使紛争像が個別紛争に移ってきた可能性もある。

　しかし、現実はやはり、労使紛争の性格自体が、集団的紛争から個別紛争に移ってきたと考えるほうがよいだろう。たとえば、本章の問題提起をみても、連合という労働組合の連合体が相談相手であるにも関わらず、労働組合という集団からの電話相談は少数で、労働者個人からの相談が大部分を占めるようだし、その際に当事者自身に「個人の問題」と認識されている場合も少なくないとのことである。

　筆者の関わった裁判事例の研究でも、こうした紛争の性格自体の変化が示唆されている。たとえば、集団紛争の最たるものである整理解雇事件であっても、単独の原告が提起する訴訟の比率が大きくなったことがわかっている。たとえば、判例集に掲載された1975年から1985年の整理解雇事件での単独提訴の比率が4割程度だったのに対して、東京地裁で2000年代に提起された整

[*2]　被用者数は総務省『労働力調査』の年平均値。交通事故発生件数は警察庁『警察白書』、運転免許取得者数は同庁『運転免許統計』、救急車出動台数および負傷の程度は消防庁『平成25年の救急出動件数等』。

理解雇事件ではおよそ7割と増えている[*3]。さまざまな事案を概観すると、確かに、労働者と使用者の間の紛争を「個人の問題」としてとらえる傾向は強くなっているのだろう。

こうした紛争の個別化は労使関係や労働市場制度にどのような意味をもっているのだろうか、そしてどのように対処すべきなのだろうか。本稿ではその試論として、紛争の個別化の背後に潜む規範形成の問題についての筆者の観測をまとめたい。

2 紛争の個別化と法規範の背景

紛争の個別化とは何を意味するのだろうか

まず「個別化」という意味を確かめることからはじめよう。個別紛争の語が一般に知られるようになったのは、やはり2001年に「個別労働関係紛争の解決の促進に関する法律」が制定され、前出の総合労働相談コーナーが設置されてからのことだろう。この法律のなかで、個別労働関係紛争とは、第1条に「労働条件その他労働関係に関する事項についての個々の労働者と事業主との間の紛争」と定義され、被用者と使用者との一対一の関係を前提としていると読める。しかし「数」以外の個別紛争の要素については、明らかではない。たとえば、この法律が所管する紛争の内容については、第4条で労働争議と特定独立行政法人に関わる紛争が取扱い範囲に入らないことが明記されているほかは、列挙されてもいなければ制限されてもいないのである[*4]。結局、どのような紛争が個別紛争にあたり、どのような紛争が集団紛争にあたるかは、当事者の数を数える以外にははっきりした区別があるわけではない。

個別紛争と集団紛争の境界がはっきりしないことには、歴史的経緯など、様々な理由があるだろう。元来、日本における労働関係の紛争の公的処理は、

[*3] 神林編著（2008）『解雇規制の法と経済』日本評論社、233頁。なお、普通解雇を含めた同時期の解雇事件全体では89%が単独の原告により提起されている。

[*4] その後、男女雇用機会均等法など各法律の改正の過程で、それぞれの法律が担当する種類の紛争については労働局の斡旋の対象外となったが、相談の受付自体に制限が掛かっているわけではない。

一義的には裁判所が管轄してきた。同時に、労働組合法・労働関係調整法に関わる紛争の一部については、戦後別置された労働委員会が行政的に処理してきており、少なくとも形式的には、裁判所と行政という複線化が実現されていることは、労働問題に多少なりとも関係する読者であれば聞いたことがあるだろう。ところが、一方の労働委員会で扱うことのできる紛争は制度上条件が付されており、他方の裁判所へのアクセス費用はいまだに安くはない。したがって、個別・集団を問わず、すべての紛争に平等に公的処理プロセスが開かれていたとは言いがたい。相当程度の紛争（あるいは紛争の種）が行き場をなくしていたと考えるほうがよいだろう。もちろん、その中の一部は内済で解決されたと考えられるが、すべてではない。現実には、相当数の紛争が、たとえば労働基準監督署や労政主管事務所に、相談という形で持ち込まれてもいたのである。

しかし国直轄の労働基準監督署や都道府県管轄の労政主管事務所は、もともと紛争処理機関ではない。実際、そういった機関で行われていたのは法令解釈の示唆や裁判所への橋渡しなど「交通整理」が大部分で、斡旋など具体的な調整に踏み込むところは多くはなかったようである*5。そこで、労働委員会が管轄しない様々な紛争に対して、国が管轄する行政的紛争処理を可能とすることと、裁判所へのアクセス費用を低減させることが必要だとの認識が広まった。結局、前者として労働基準監督署の相談機能を拡充する形で総合労働相談コーナーの開設、後者として労働審判制度の設立が企図されることになる*6。

制度の発展をこのようにまとめると、個別紛争の定義が一筋縄ではいかない事情が垣間見える。すなわち、個別紛争と集団紛争の区別が先にあったと考えるよりも、戦後長きにわたりほとんど唯一の行政的紛争処理機関だった労働委員会がうまく掬い上げられなかった問題の解決場所をつくるために、両者の区別が後から付け足されたという解釈も成り立つからである。さらに、

---

*5 一部の労政主管事務所ではあっせんも行っていた。『労政機関における労働相談の実態』(労働問題リサーチセンター平成5年度委託研究、主査 諏訪康雄)
*6 1998年の労使関係法研究会の報告書『我が国における労使紛争の解決と労働委員会制度の在り方に関する報告』がひとつのメルクマールである。

法律が制定される折に、各都道府県労働委員会が設置者である地方自治体の要請にしたがって個別紛争の斡旋ができるようになった。本来専ら集団紛争を受け持つはずの労働委員会も個別紛争に関わるようになってしまい、ますます、紛争当事者の数以外の要素で個別紛争と集団紛争を区別することが難しくなったといえる。

個別紛争の特徴とは何だろうか

　とはいえ、個別紛争と集団紛争の背後にある労使関係が法的にも実態的にも異なるのであれば、紛争の内容にもおのずから差が現れるはずで、そこに個別紛争と集団紛争を区別する糸口があると考えられる。このような視点から個別紛争の内容をみると、取扱い窓口による違いがあるにせよ、ハラスメントや嫌がらせについての相談が多いのが特徴的であることがわかる。

　たとえば、連合の「なんでも労働相談」では、各種ハラスメントや嫌がらせに類する相談が10〜15％を数え、かつ近年増加傾向にあると、本章の問題提起でも触れられている。また、総合労働相談コーナーに持ち込まれる相談でも、窓口開設当初の2002年には5.8％にとどまっていたいじめや嫌がらせに関する相談が継続的に増加し、最近の2013年には19.7％、59,197件にも達している。解雇に関する相談が人手不足の中で減少傾向にあるとはいえ、ハラスメントや嫌がらせに関わる相談のほうが件数でみて多いという事実は特筆すべきだろう[*7]。個別紛争は、ハラスメントや嫌がらせにまつわる紛争が多いのが特徴で、その傾向は近年顕著になってきていると考えてよい。

　そう考えると、個別紛争の特徴を整理するひとつの筋道があるのがわかる。すなわち、集団紛争にはなかったいじめや嫌がらせというトラブルがどのような特徴をもっており、どう決着したかをまとめるという方法である。こうした問題を個別紛争に独特の類型とみるなら、なぜいじめや嫌がらせといったトラブルが発生したのか、それを解決するのにどのような法規範が用いられたのかを考察することは、個別紛争のメカニズムを考察するうえで重要な

[*7]　他方の解雇に関する相談件数は、具体的には、43,956件、14.6％である。厚生労働省『平成25年度個別労働紛争解決制度施行状況』

示唆を与えてくれるだろう。

とはいえ、残念ながらいじめや嫌がらせに関する紛争についての事例や先行研究は、必ずしも十分蓄積しているとはいえない。ここでは試みに、裁判所における紛争については判例データベースを用いて事例を蒐集し、考察してみる。

まず裁判所における紛争を概観するために、第一法規『判例体系』で具体的な事件を検討してみた。「嫌がらせ」または「いじめ」の事項検索で特定される事件を調べてみると、学生が関係するアカデミック・ハラスメントや生徒のいじめ自殺の事件を除くと57件ある。「整理解雇」の事項での検索件数が340件、「普通解雇」の事項での検索件数が150件であるのと比較すると、少ないとはいえない。一見すると、多くの係争がすでに明るみに出ているとも解釈できる。ところが57件の事件の内容をみると、ハラスメントや嫌がらせだけが争点とされている事件は13件に止まり、決して大勢を占めているわけではない。

逆にいえば、残りの44件では解雇や雇い止めなどの雇用終了、配置転換や処遇など労働条件変更に関わる争点が併存しているのである。そうした事件のなかには、有名な紛争として多くの評釈が出版された「伊予銀行・いよぎんスタッフサービス事件」や「オリンパス事件」も含まれている。前者は、派遣労働者と派遣先との雇用契約の存否を巡って最高裁判所まで争われ注目された事件で、派遣労働者本人が派遣先上司から受けた嫌がらせが紛争の契機（すなわち派遣契約の打ち切りと雇い止めの原因）のひとつとして認定されている。この事件では、嫌がらせ行為について一部不法行為が認められて慰謝料の支払い命令が出たものの、その度合いは派遣契約の打ち切りと雇い止めを覆すほどには悪質ではないとされ、そのほかの諸条件も勘案されて雇用契約の存在そのものが否定されることで決着した。後者の事件はゴシップ的に週刊誌でもとりあげられ、内部通報者に対する配置転換や低人事評価などが嫌がらせを動機としたかどうかが争われた点が記憶に新しい。結局、当該配置転換や人事評価に合理的な根拠はなく、単に内部通報者に対する報復または嫌がらせを動機としており、無効で不法行為を構成すると判示された事件である。裁判所で争われる嫌がらせやいじめに関わる紛争の多くは、最終的には、雇用終了や配置転換など労働市場で伝統的に表出してきた紛争類型の原因または過程として位置付けられていると要約できる。

雇用終了や配置転換などが紛争の最終的に解決されるべき問題としてある場合、裁判での争い方としては、当然ながらその問題を直接引き起こした行為、すなわち解雇や配転命令の是非に焦点が絞られる。このとき、解雇や配転命令などの合理性についての判断基準は、積み重ねられた裁判例や定められた法律によることになり、いじめや嫌がらせは様々な判断要素のなかのひとつとして考慮されるという副次的な形に落ち着く。換言すれば、いじめや嫌がらせ行為があったかどうかの判断は、解雇や配転命令の合理性を推測する根拠となるが、それだけで解雇や配転命令の有効性が導かれるわけではない。経営上の必要性や客観的な状況などから当該解雇や配置転換が有力視されるような状況にあっては、いじめや嫌がらせ行為があったとしても、当然解雇や配転命令が無効となるわけではないとも言い換えることができる。

　もちろん先述のように、雇用終了や配置転換とは関わりなく、いじめや嫌がらせ行為そのものが主要な論点として争われている事件も13件ある。ただし、そのなかの3件ではいじめ自殺の、4件では精神障害の使用者責任が問われている。嫌がらせやいじめが単独の争点として裁判所で表面化したときには、当人にとって事態がすでに不可逆的に深刻になってしまっているのがわかる。そのほかの5件では上司や派遣先でのセクシャル・ハラスメントについて使用者責任が争われている[*8]。

　いじめや嫌がらせといった紛争類型が個別紛争に特徴的であることがわかったとしても、裁判例を概観すると、それ自体が独立の問題として裁判所で争われるのは、セクシャル・ハラスメントのみだったとまとめられる。そのほかのいじめや嫌がらせは、雇用終了や配置転換など職業人生にとって重大な契機につながって初めて、あるいは、自殺や障害などひとの生命に危害が加わって初めて、裁判所で正面切って争われるに過ぎなかった。そして前者の場合、いじめや嫌がらせは総合判断の要素のひとつにしか過ぎないことも強調しておきたい。つまり、エスカレートすれば深刻な人権侵害ともなり得る行為だとしても、そのほかの要素、たとえば解雇や配転命令の必要性と通

[*8] 残りの1件は、取締役への嫌がらせを目的として株主代表訴訟を提起したかどうかが争われた事例で、本稿の関心とは一致しない。

算可能であると位置づけられているともいえる。

　以上の考察の結果にはふた通りの解釈があるだろう。ひとつは、職場でのいじめや嫌がらせの問題が、単独で裁判所で争われるだけの社会規範として確立していないという解釈である。そしていまひとつは、裁判所へのアクセス費用はやはり大きく、いじめや嫌がらせは雇用終了や配置転換あるいは自殺や障害といった重大な事態につながるまでは、裁判所へ持ち込むには至らないという解釈である。ここでいじめや嫌がらせを個別紛争と読み替えると、個別紛争のふたつの側面が見えてくる。すなわち、ひとつは、個別紛争はそれ自体単独の紛争として認識されるだけには社会規範が確立しておらず、集団紛争に結びついて初めて紛争として認知されるという側面、もうひとつは、個別紛争によって生じる利害得失は相対的に小さい案件が多く、裁判所のアクセス費用は紛争を覆い隠してしまうほど大きいという側面である。

個別紛争を規範形成という側面からみる

　ひとつめの規範形成について議論を敷衍しよう。この面では、セクシャル・ハラスメントに関する紛争が参考になる。いじめや嫌がらせが単独で争われた事件と比較すると、セクシャル・ハラスメントに関する紛争については、総合労働相談コーナーが開設される以前の、まだ司法資源へのアクセス費用が高い時期から裁判例が蓄積されていた。前出第一法規『判例体系』で「セクシャル・ハラスメント」または「セクシャルハラスメント」をキーワードに事項検索をかけると、総合労働相談コーナーが本格的に動き始める2002年4月1日以前の段階ですでに25件の紛争を数えることができる[*9]。同期間で「いじめ」または「嫌がらせ」の事項検察に合致し、学生や生徒に関係しない事件は10件にとどまり、そのすべてが「セクシャル・ハラスメント」を含むか、雇用終了または配置転換に関する係争である。セクシャル・ハラスメントに関わる紛争は、そのほかの類型と比較すると早くからそれ自身として社会規範を形成してきていると解釈してよいだろう。

[*9] ただし、大学教員と学生の間の紛争で、現在ではアカデミック・ハラスメントに分類される事件3件は除く。

セクシャル・ハラスメントが比較的早い段階で単独での社会規範として認知されるようになった一因として、立法の影響もあるかもしれない。もともと、個別紛争の特徴を形成するいじめや嫌がらせ行為の司法判断には一般的な不法行為論が適用されている。したがって、解雇や配転命令などほかに要因がなかったとしても、裁判所において単独で争うことが妨げられているわけではない。しかし裁判例から現実に浮き出てくるのは、個別紛争の要素が強い事件では（不幸にも重大な結果につながってしまった案件以外には）、個々の行為を特定して配慮義務を定める立法措置があってはじめて、裁判上の係争として単独で争われるようになってきたという可能性なのである。たとえばセクシャル・ハラスメントは、1998年の男女雇用機会均等法の改正で使用者の防止配慮義務が明文化されたことによって多かれ少なかれ世間の矢面に立たされてきた。それゆえに、早い段階から単独で裁判所で争われるようになった可能性は、別途検証は必要だが、現時点で否定する必要はないだろう。パワー・ハラスメントについても厚生労働省の研究会で指針がつくられ公の問題になりつつある。論理的には、ひとつひとつの行為を法律上明文化していくのが、個別紛争をスムースに解決するひとつの方向であることが予想できる。
　もちろん、こうしたひとつひとつの類型化を積み重ねることで、個別紛争の種をすべてカバーできるのかという疑問の余地は残る。たとえば、「いじめ」や「嫌がらせ」という言葉で表現される行為が紛争になるときには、換言すれば人事権の逸脱行為として争われる。このとき、こうした行為をすべて立法で特定することは、実際には人事権の及ぶ範囲を立法で特定することにつながる。広範な人事権を旨としながら人事権自体を定義してこなかった日本の労働法体系にとっては、茨の道となる可能性もある。もちろん、もしすべての行為を個々に特定することが不可能な場合、「いじめ」や「嫌がらせ」を一般的行為としてまとめて定義し、社会的公正さを保つための一般的行動規範を定立する方法もあるだろう。その最有力候補は差別禁止法の制定だが、周知のようにこれについても日本社会はそれほど積極的ではない。

裁判所と企業の間で規範は形成されるのか

　日本社会は、一般に、紛争の種になるような摩擦的行為についての行動規範を、法律に定義することを通じて定立するのに慣れていない。前項のよう

に、規範形成の問題として個別紛争の事例を整理すると、現在の個別紛争が置かれた状況は、そうした日本社会の特徴と密接に関係しているのがわかる。換言すれば、アクセス費用が高い裁判所とコンセンサスが取りにくい立法府は、個別紛争を引き起こしがちな摩擦的行為の行動規範を定立する場所としては、現実問題として想定しにくい。それでは、裁判所・立法府以外の場所とは一体どこを指すのだろうか。

　総合労働相談コーナーや労働審判など紛争処理機関の多様化や低価格化が起こる前までは、裁判所・立法府以外の場所とは基本的に企業の内部を意味してきた。そして実際、企業内の労使コミュニケーションによる規範定立が紛争を未然に防ぐ役割をもってきたことはさまざまに指摘されており、以上の推論に全く実証的根拠がないわけではない。しかし、裁判所・立法府と企業の間にさまざまな紛争処理窓口が開設された現在、いじめや嫌がらせに関する行動規範の定立に、こうした中間的な紛争処理機関が役立つのかも考察する必要があるだろう。労働政策研究・研修機構で蒐集された4都道府県労働局での斡旋事例の研究から、この点を考えてみよう。

　実のところ、驚くべきことに、いじめの事案の処理結果は雇用終了や労働条件引下げの事案と大差ない。たとえば、斡旋の結果合意が成立した割合は、雇用終了事案で30.8%（=233/756）に対していじめ・嫌がらせ事案でも30.8%（=80/260）とまったく等しい。斡旋手続きに要した日数も、30日間までの事案が雇用終了類型で52.9%（=400/756）、いじめ・嫌がらせ類型では42.3%（=110/260）と若干低いが、60日間までの事案でみれば前者で89.0%（=673/756）、後者で86.5%（=225/260）とほぼ等しい。ここで、一方の雇用終了や労働条件引下げについては、判例蓄積や立法が進み、社会的規範も相当程度形成されていることを想起していただきたい。労働局の斡旋の場面でも、当然、すでに形成された社会規範が利用可能と考えるべきだろう。だとすれば、結果として同様の紛争処理過程を経過しているいじめ・嫌がらせ事案についても、現場レベルでは相当程度規範形成が進んでいると考えてもよいのかもしれない。もしいじめ・嫌がらせ事案についての規範形成が雇用終了よりも遅れているとすれば、紛争の着地点についての合意は得られにくい。結果として、合意成立の割合は低くなり、合意に到るまでの期間は長期化するはずである。現実の紛争で雇用終了事案との差がないということは、こうした点について差が

ない、すなわち規範形成も同程度行われていると推論できるのである。

しかしこうした推論には留保が必要である。それは斡旋事例の請求金額と解決金額に、雇用終了事案といじめ・嫌がらせ事案の間に差がなく、斡旋事例の処理過程は最終的に得ることのできる解決金額から逆算されて妥結されているだけだという可能性があるからである。実際、前出資料を利用して斡旋事例の請求金額と解決金額の分布を事案別に図示すると、次のようになる。**(図4-2)**

図4-2 紛争類型による請求金額・解決金額の累積分布

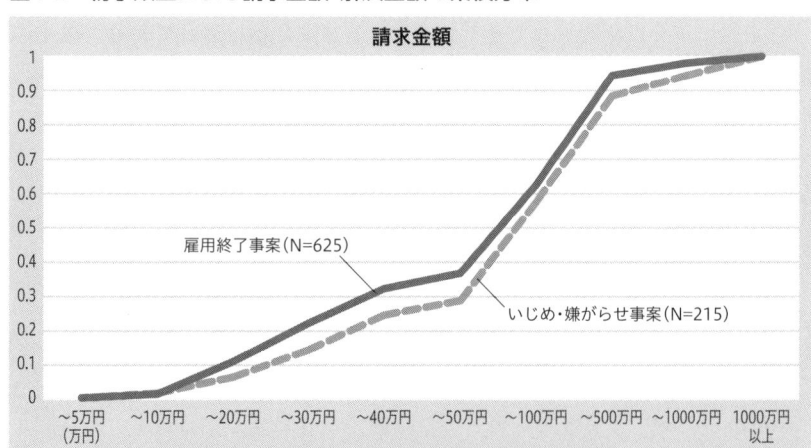

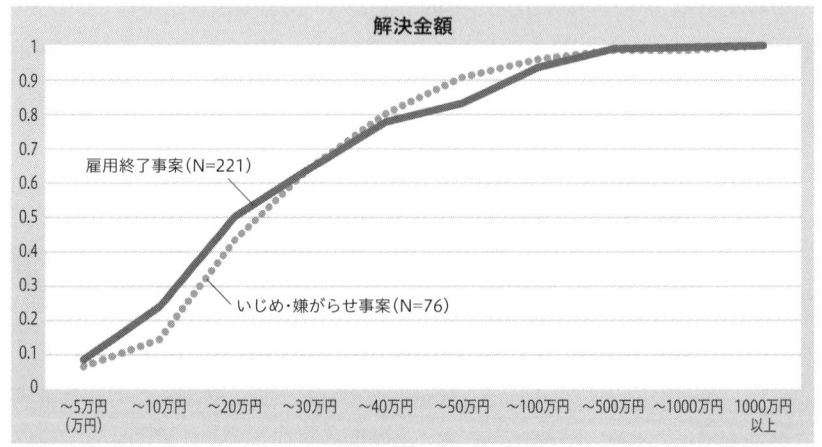

請求金額

| | ~5万円(万円) | ~10万円 | ~20万円 | ~30万円 | ~40万円 | ~50万円 | ~100万円 | ~500万円 | ~1000万円 | 1000万円以上 |

雇用終了事案(N=625)
いじめ・嫌がらせ事案(N=215)

解決金額

雇用終了事案(N=221)
いじめ・嫌がらせ事案(N=76)

出所）日本労働政策研究・研修機構『個別労働関係紛争処理事案の内容分析』（労働政策研究報告書、No.123）2010年、19頁・第1-5-4表および20頁・第1-6-3表より作成

統計的に検定するまでもなく、請求金額と解決金額の分布に紛争類型による違いはない。とくに解決金額については、100万円までの斡旋事案が雇用終了類型で94％、いじめ・嫌がらせ類型で96％を占め、斡旋で解決する事案には100万円の壁が存在することが示唆される。この示唆を逆に読んで、斡旋が成功するのは事情はともあれ100万円で解決できる事案のみだと解釈すれば、この場で形成される行動規範が必ずしも紛争全体に適用可能なものとは限らない。

　本節の議論を要約すると次のようになる。まず個別紛争に特徴的なのは「いじめ」や「嫌がらせ」といった迷惑行為に関わる争いだという点から出発する。ところが、裁判所においていじめや嫌がらせ行為それ自体が単独で争われることは少ない。多くは雇用終了や配置転換といった伝統的に労使紛争を引き起こしてきた結果に至る一部として位置付けられているのが現状である。もし、こうした行為について、解雇や配置転換に関わらず単独の社会規範として定立するのであれば、立法によって個別行為規範を定義したり一般的行為規範として定義する方法が考えられる。同時に、裁判所と立法府以外の場所で事実上規範を形成する方法も考えられる。しかしどちらの方法についても、十全に機能していると評価するには心許なく、より詳細な検証が必要な段階だろう。

　それでは、個別紛争に対応するには、立法府やその他の紛争処理機関の社会的成熟を待つほかないのだろうか。

3 個別紛争の種は、集団的労使関係で解決可能な場合もあるのではないか

　ここで、いじめや嫌がらせといった迷惑行為が多くの場合、雇用終了や労働条件の変更に関わる紛争の原因のひとつとして扱われているという事実が考察の助けになるかもしれない。先に指摘したように、こうした紛争は従来集団紛争の枠組みで処理されてきており、ある程度の行動規範も成立していることに異論はないだろう。しかし、日本語として「ある程度の行動規範も成立している」と表現すると、こうした行動規範は解雇や配転命令といった使用者の特定の行動の制約条件を定義しているかに読めるが、実際の判例法理は必ずしもそうとはいえない。裏を返せば、どのような行為を選択した場

合に解雇が有効となるか（あるいは無効となるか）について、具体的な行動は一切示されていないのである。たとえば、整理解雇に先立って希望退職を募集することは必須条件と流布されている傾向があるが、裁判例では、希望退職を募集しなくとも解雇回避努力義務が是認された例もあるし、逆に希望退職を募集していても解雇回避努力義務が否定された例もある。希望退職の募集というプロセスは、裁判上整理解雇が是認される必要条件でもなければ十分条件でもない。結局のところ解雇回避努力を尽くしたかの裁判所の判断は事案によって異なり、何をすれば解雇回避努力を尽くしたとみなされるかは一般的には確定していないと言い換えられる[*10]。

　それでは「ある程度の行動規範も成立している」という認識は、現実には何を意味しているのだろうか。詳細は省くが、筆者らの研究の結果、裁判例を子細に眺めてみると、日本の労働法における判例法理は企業内の労使コミュニケーションを重視していることがわかってきた。端的にいえば、労使コミュニケーションを日頃から活発にすることで、ある使用者の行動、たとえば配転命令の意図を労使共通で了解し、他意を挟む余地をできるだけ狭めることを指向してきたとまとめられる。たとえば、1980年代までの整理解雇や普通解雇などの事件で裁判まで発展する事例は、現実には組合差別が関わる場合が多かった。使用者側は経営状況の悪化や能力不足を理由に解雇したと主張するのだが、被用者側が組合活動を狙い撃ちした解雇と解釈してしまったときに、紛争が裁判までもつれてしまう傾向が顕著だった。典型例は整理解雇に関するリーディング・ケースとされる東洋酸素事件である。この事件は、工場閉鎖に伴う整理解雇が争われた事案で、被解雇者の配転を優先すべきかどうかが裁判所の判断の分かれ目になった。東京地裁では被解雇者の配転を優先すべきとして解雇無効と判断されたが、東京高裁では逆に配転を優先すべき理由はないとして解雇有効とされ確定した事案である。しかし、紛争の本当の原因は、閉鎖された工場に組合少数派の構成員が集中しており、当該工場の閉鎖は組合少数派の放逐を狙ったものだとの解釈の余地を残してしまったことにあった。ユニオンショップ制のもとで、組合少数派があえて

---

*10 神林編著（2008）『解雇規制の法と経済』72-73頁

分裂しなかったため、当時の組合代表は主流派によって占められ、使用者側との交渉もすべて主流派によって行われた。そのため、少数派が使用者側と直接意思疎通する手段を持たなかったことが紛争の原因をつくっていたのである。こうした事件は1980年代まで頻発していたものの、労使協調路線が拡大したことによって組合内部の対立が沈静化してきたことや、労使協議制に代表される労使コミュニケーション制度の進展によって表面化しなくなっていった[*11]。結局のところ、組合差別を想起させるような日頃からのトラブルが雇用終了や労働条件の変更に際して表面化したことが紛争の原因になっており、日常的な労使コミュニケーションを深化させることで紛争の芽をあらかじめ摘むように事態は推移し、かつ司法判断もこの労使コミュニケーションをきちんととっていたかを重視するようになってきたとまとめられる[*12]。

つまり、日常的なトラブルが雇用終了や労働条件の変更に際して表面化するという意味では、1980年代までの伝統的な労使紛争の事案といじめや嫌がらせの事案では大きな差はないと議論を敷衍できるかもしれないのである。確かに、伝統的な労使紛争の事案で問題とされた差別的行為と、いじめや嫌がらせの迷惑行為は、現象のうえでは大きく異なる。しかし、労使関係の構築と円滑な職場運営という観点からは同じ地平に位置付けられるとすれば、迷惑行為に起因する紛争は、従来の伝統的な集団紛争の枠組みで処理することができるかもしれない。逆にいえば、現在までのところ、いじめや嫌がらせという迷惑行為は個人的人間関係のもつれとして片付けられ、日頃からの労使コミュニケーションの埒外におかれてしまったために、摩擦を解消する手段がなくなり表面化しやすかったと考えれば、今まで考察してきたいじめや嫌がらせに関する個別紛争のいくつかの側面を整合的に解釈できる。労使コミュニケーションのなかにいじめや嫌がらせのような迷惑行為を含めることで、個別紛争の種をある程度抑止することは可能なのではなかろうか。

[*11] 東洋酸素事件の実態については神林編著（2008）『解雇規制の法と経済』第2章参照のこと。
[*12] 具体的な事例については神林編著（2008）『解雇規制の法と経済』第3章、整理解雇の裁判例の推移については同書第4章を参照のこと。

4 まとめ

　個別紛争が増加しているといわれているが、個別紛争と集団紛争の分水嶺ははっきりしているわけではない。もちろん、現実の個別紛争にはいじめや嫌がらせといった迷惑行為に起因するという独特の特徴はある。しかし、こうした迷惑行為に端を発する事案であっても、往々にして旧来集団紛争が取り扱ってきた領域、たとえば解雇や配転命令に帰結することが多く、見かけ上、個別紛争と集団紛争の区別はつきにくくなっている。こうした迷惑行為を抑止するためには、個別行為としてであれ一般的行為としてであれ、当該行為に関する社会的行動規範を立法によって定めるという方法があり、この場合、定義によって集団紛争と個別紛争を明確に分けることができるだろう。しかし本稿では、現実には旧来型の企業内労使コミュニケーションを活用することで紛争の芽を摘むことができる部分もあることを議論してきた。

　ただし、旧来の労使コミュニケーションがいじめや嫌がらせといった迷惑行為を十全に取り入れて来られなかった理由も深く反省する必要があるだろう。たとえば、こうした迷惑行為は集団と集団ではなく個人と個人との関係によるので、摩擦のコストは最初のうちはおしなべて小さい。あるいは、にわかには企業文化と区別しがたい差別意識が潜在している場合もあるだろう。制度化されて大がかりになった労使コミュニケーションに、こうした要素を含めるのはいかにも難儀と思われるかもしれない。しかし、労使コミュニケーションの原義が単なる表面上の情報融通ではなく、労使の納得を醸成する環境作りにあり、納得とはあくまでも個人の意思決定の集積であることを思い出せば、労使コミュニケーションが慣性的な運用に堕していないかは常に意識されるべきだった。

　個別紛争の種をどれだけ摘み取れるかは、この意味で現代労使コミュニケーションの試金石になっているのかもしれない。

5 就業形態の多様化と集団的労使関係

就業形態の多様化と労働組合の課題

問題提起

松井 健　UAゼンセン　常任中央執行委員

　UAゼンセン約150万人の組合員の半数以上は正社員より労働時間の短い「短時間組合員」である。フルタイムの「契約社員」の組合員も多い。また、派遣労働者の組合も加盟している。そして、それら組合員の多くは有期契約だと思われる。

　組合員・役員のいわゆる「非正規雇用」に対する評価、考えは様々である。直接無期雇用を原則とすべきという考え方もあれば、多様な雇用形態間の均衡がとれていればよいのではないかという考えもある。間接雇用や有期雇用を「非正規」として一面的にとらえることは、当事者達を否定するかのような印象を与え、組合への加入を勧める場合や組合活動をする場合の障害になるという感覚もある。

　多様な雇用形態で働く組合員が思いを一つにして運動に取り組めるよう、雇用形態についての考え方を整理すべきとの声が組織の内部において日に日に強くなっている。以下、いささか乱暴な見解となることを承知で課題を提起させていただきご批判を仰ぎたいと思う。

1 有期雇用について

有期雇用の実際の役割

　業務が必要とされる期間が有期のため、有期の労働契約を締結するのが本来の姿のはずである。だが、実際は、継続的に業務が必要とされているにも関わらず、有期雇用が利用されている。

　企業は、雇止めの判例の周知や法制化等をうけて、雇止めが無効にならないよう契約更新の手続きを整備してきた。それを前提に、契約労働時間を削減する等の労働条件変更のため、さらには、成績の思わしくない労働者の雇止めに契約更新手続きを利用している。

　また、店舗閉鎖による退職は日常的に起きているが、多くの企業では、契約期間途中での解雇となっている。解雇に伴い一定の金額を支給する企業もあるが、契約の残余期間の収入の保障までには至らない場合が多い。雇止めと解雇の違いが正確に理解されないまま、有期だから退職はやむを得ないという対応がみられる。

　雇用調整や労働条件変更は、市場経済において避けては通れない課題である。それを有期雇用契約という形にすり替えて対応するのではなく、有期、無期に関わらないルールを形成し対応していくべきである。その上で、有期雇用を適切に位置付けていく必要がある。

個別的労働条件変更のルールづくり

　集団的な労働条件の変更については、労働組合があれば労使交渉により柔軟性と合理性を考慮し行うことができる。個々人の労働条件変更については組合員から相談があれば労働組合として個々に対応している。しかし、労働組合の活動実態にもよるが、そうした対応が十分できていない場合も多い。労働協約に苦情処理制度を定めていることが多いが、実際に使われているケースは少ない。労働組合に相談がないまま、個別労使紛争に発展する場合もある。

　組合員には、企業別組合も含めて企業内部の相談に対する不安や不信がある一方で、公的機関にまでいって企業と対立してしまうのは避けたいという思いがある場合も多い。UAゼンセンでは企業別組合の組合員から直接相談を受け、UAゼンセンが、当該組合と連携し対応を図る事例も少なくない。企業

別組合への相談、次の段階として産業別組合への相談、そして、必要がある場合は公的機関へつなぐという3段階相談システムを整備し、広く周知をしていくことが一つの工夫として考えられる。

なお、労働組合が組織されていない場合のために、従業員代表制の検討が必要と考えるが、この点は紙幅の関係で触れない。

雇用調整のルールづくり

雇用調整に関して、労働組合のある場合は、おおよそ次のようなルールが作られてきた。まず、雇用調整の不可避性について団体交渉を行い確認する。そのうえで、特定の事業所閉鎖の場合は、全国あるいは一定エリア内での異動義務のある社員はその範囲内で配置転換をし、事業所限定の社員は一定の慰労金を支給し、解雇・雇止めを行う。そして、企業全体で雇用調整が必要な場合は、割増退職金や再就職支援、応募要件等を団体交渉で決定し、それを前提に希望退職を実施する。

離職者が発生する場合、労働組合の連携により近隣事業所への再就職を斡旋する取組みも行われている。小売業の店舗閉鎖によるパートタイマーの解雇・雇止めの際には日常的に他企業の近隣店舗への就職斡旋が行われている。

このような実態を踏まえ、雇用調整について、整理解雇の要件からさらに踏み込んだルール作りに取り組み、発信していくべきだと考える。

無期転換ルールのもとでの有期雇用

以上のようなルールづくりを進めながら、労働契約法による無期転換を前提に有期雇用を位置付けていくべきだと考える。有期雇用が果たしていた雇用調整と労働条件変更の機能の整理がされないままでは、無期転換申込権の発生する前の雇止めや、更新年数の上限設定付の契約などが増えることが危惧される。

そして、無期転換に際しては、無期契約＝正社員的な働き方ということにならないよう、適切な処遇を提案していくとともに、無期転換の申し込みを3年程度でできるよう取り組んでいく必要があると考えている。

2 間接雇用について

派遣先の労災補償責任、労組法上の使用者性の明確化

　派遣、請負などの間接雇用については、「派遣切り」に見られる雇用の不安定さ、偽装請負、低処遇、人材育成機会の少なさ、安全面の不適切な管理などの問題が指摘されている。

　雇用に伴い雇い主が担う機能として、採用・退職管理、配置、労務指揮・安全配慮、労働条件の設定、人事評価、教育訓練、給与支払い等の雇用管理事務が考えられる。そのうち、労務指揮と安全配慮は一体のものであり、その役割と責任は同一の主体が担うことが望ましい。

　派遣の場合、労務指揮・安全配慮について派遣先にも一定の責任があるとされているが、労災補償の責任や労務指揮・安全配慮にかかわる労組法上の使用者責任についても派遣先が担うよう明確にすべきではないだろうか。

人材育成機能を踏まえ常用型派遣を中心に

　労働市場の機能として、労働力資源の効率配分の機能が第一にあげられるが、それとともに、人材育成、適切な分配による労働力再生産の機能も重要である。

　採用・退職に伴う責任があるからこそ雇い主に人材育成に対するインセンティブが生まれる。労務指揮、労働条件の設定と人事評価、教育訓練が連携することにより教育訓練→仕事への配置→能力発揮→評価のサイクルが形成される。

　常用型派遣の場合、労働契約法による無期転換ルールが有効に機能すれば、より長期的な雇用関係が促進され、利潤を求めて人材育成を行うインセンティブが派遣元に生まれると考えらえる。労務指揮は派遣先が行うため、OJTによる教育訓練に派遣元が関与することは難しいが、そのことは逆に、より高い収益をもとめてOFF-JT等で教育が可能な職種で派遣を行うというインセンティブを派遣元に生み出すのではないかと思われる。

登録型派遣から有料職業紹介事業へ

　登録型派遣は、派遣元、派遣先の間で派遣契約が成立した後に、派遣元と派遣労働者が雇用契約を結ぶという形をとる。労務指揮・安全配慮以外の機能については派遣元の責任となる。しかし、実際には、就労場所は派遣先であり、派遣元が人事評価、教育訓練等の機能を十分に担うことは難しいのではないかと思われる。

　採用・退職管理についても実質的な決定は派遣先で行われる。派遣元と派遣先の派遣契約の終了により派遣元と派遣労働者の雇用契約が終了するという、二段階方式をとるために、派遣元に解雇権濫用法理や雇止め法理の適用をすることが難しい。有期の直接雇用に比べ法的な雇用保障について不均衡がある。また、この雇用責任の不明確さから、派遣元にも派遣先にも人材育成のインセンティブが生じにくい。

　派遣元が実際に行うのは派遣先の紹介、採用・退職に伴う事務手続き、給与支払いに伴う雇用管理事務が中心になるのではないかと思われる。そうなると、有料職業紹介に給与支払事務代行を加えた形と大きな違いはないと思われる。実際に、派遣と有料職業紹介の双方を営む会社もある。

　労働市場の需給調整の機能を生かしつつ人材育成や雇用安定の観点を考え、労働者派遣は常用型派遣を中心とし、登録型派遣は職業紹介事業か紹介予定派遣を基本に整理することが望ましいのではないかと思われる。

　なお、請負について、労務請負的なものは、現実的には偽装請負になる可能性が高く、常用型派遣の形に整理することが望ましいと考える。

3 同一価値労働同一賃金について

同一労働同一賃金と同一価値労働同一賃金の違い

　多様な働き方を認める前提として、同一価値労働同一賃金の原則を適用すべきだとの意見がある。労働組合の中にもそうした意見は多い。しかし、実際にどのように同原則を適用するのかについては、大きく2つの課題があると考える。

　まず、同一労働同一賃金と同一価値労働同一賃金の違いを明らかにする必要がある。同一労働同一賃金の原則は、労働の内容、職務が同一の場合の原

則である。労働の成果についても当然考慮にいれるべきであろう。したがって、同一職務で同一の成果をあげているならば同一賃金とする考え方といえる。

同一職務でない場合に適用すべき原則として、同一価値労働同一賃金の原則が考えられる。働き方が違う場合にも適用することができる。したがって、より幅広く現実に対応できる考え方といえる。しかし、逆に、仕事の内容、働き方の違いなど、違うものをどのように比較するのかという難問を抱えることなる。これが一つ目の課題である。

それを解決するのが職務評価だとの主張もある。職務評価を導入すること自体は重要であり進めなくてならないが、社内の職務分析・比較だけでは限界がある。そもそも、違うものを同一の基準で評価するものこそ市場による価格づけであり、市場で決まる賃金ということになる。市場と切り離した職務評価では限界がある。

現在、労働組合では個別賃金方式による賃金交渉を進めている。多くは、学歴勤続年齢により銘柄（例えば、35歳勤続17年の労働者）を決めて賃金水準の表示をしているが、本来的には、職種や能力レベルで銘柄を設定することを目指している。電機連合ではすでに、開発設計職、電機連合基準による技能レベル4という銘柄を設定し、賃金水準の交渉に取り組んでいる。

労働という商品の性質上、市場で評価するためにも、なんらかの方法により課業のまとまりや内容、レベルを標準化する必要がある。職務評価を踏まえて個別賃金方式の銘柄設定を行い、賃金水準の表示と交渉を進めていけば、市場による評価も踏まえて、同一価値労働同一賃金の原則に近づくことができるのではないか。そして、その水準をベンチマークとして社内の他の銘柄の賃金を職務評価により決めていくことができる。

同一価値労働同一賃金原則と生計費、働き方

同一価値労働同一賃金原則と、年齢給、家族手当、住宅手当等、賃金に生計費的要素を反映させる考え方との関係が問題とされてきた。これが二つ目の課題である。同一価値労働同一賃金の考え方は等しきものは等しく扱うという交換的正義の問題で、必要生計費に応じた賃金という考え方は必要な者に必要な物をという配分的正義の問題だともいわれる。どちらも一定の正当

性がある。

　これまで労働組合は、同一キャリア同一賃金という考え方を基本に賃金制度の構築を主張してきたといえる。ベースアップや一時金を別として、同じ仕事、同じ働き方で同じ評価を受けていれば同じ賃金の履歴を歩むべきという考え方である。結果として、勤続に応じて右上がりに上昇する賃金カーブを作ってきた。そして、その賃金カーブの設定には生計費要素も考慮してきた。

　しかし、同一キャリアに入るのは正社員総合職に限られ、それ以外のキャリアの労働者との間で、同一価値労働同一賃金の視点からみて格差が大きすぎるのではないかとの指摘がされてきた。また、右上がりの賃金カーブのもとで中高年層の能力・役割が賃金とみあってないとの批判もある。

　これらの問題に対応するためにも、学歴年齢勤続による銘柄設定から役割能力、さらには、キャリアや働き方をも加味した銘柄設定をして、個別賃金方式の取組みを進めていくことが必要と考える。例えば、パートタイマーについて、スーパーのレジ、技能ランク4、転勤なしというような銘柄設定をし、指標化を進めていくことが考えられる。派遣労働者についても同様な形で銘柄設定ができるだろう。それにより、役割、能力に加えて、働き方の違いも勘案された同一価値労働同一賃金に近づいていくことができるのではないか。

　もちろん、企業規模の違い、地域による生計費の違い、労働市場の需給状態の違い等を反映した格差は残るだろう。それは、労働市場の構造の問題であり、別途対応していく必要がある。例えば、同一価値労働同一賃金の原則からみて、雇用形態による格差が大きすぎる結果となっている要因として、年収調整を誘導する税・社会保障制度、雇用形態間の転換を難しくしている人事処遇制度が考えられる。働き方に中立的になるよう税、社会保障制度を改善するとともに、正社員のワークライフバランスの促進、正社員転換制度等を整備することが必要である。

　なお、役割、能力、働き方を加味した銘柄設定による個別賃金方式の取組みを進めていく場合、個々人が右上がりの賃金カーブをたどり生計費をカバーすることができるよう、人材育成、キャリア転換の支援を強化していくことが欠かせない。

均等・均衡処遇と時間比例の問題

　同一価値労働同一賃金の原則との関係で、労働時間のみが異なる場合の均等・均衡の問題がある。パートタイム労働法第9条により、職務内容と人材活用の仕組みが正社員と同一のパートタイム労働者について、正社員との差別的取扱いが禁止されており、この解釈の問題ともなる。

　雇用に関連し採用や教育訓練、安全衛生関連など労働時間にかかわりなく一人につきいくらという経費がある場合、時給を均等にすると、企業にとり短時間雇用の時間当たり人件費が割高になる。これを考慮し待遇に差をつけるのは差別的取扱いになるのか。また、短時間なので月例給が少ないことを考慮し変動的な一時金の割合を小さくするという考え方もありうるが、一時金の配分を変えることは差別的取扱いにあたるのか。退職金等についても同様の課題がある。

　労働条件を個々に分けて比較し、時間比例にできるものは時間比例とし、時間比例になじまない通勤手当や福利厚生等は同じにすべきというような解釈は、企業にとって短時間労働を割高にし、いわゆる短時間正社員の導入を阻害するおそれがある。労使の合意に配慮しつつ、短時間労働者の待遇全体と長時間労働者の待遇全体を比較し合理性のない差別的取扱いは禁止するという対応が望ましいと考える。

5 就業形態の多様化と集団的労使関係

論文

労働組合はだれのためにあるのか？

水町勇一郎　東京大学社会科学研究所教授

　非正規労働者の増加とそれをめぐる法的ルールおよび労使関係のあり方は、1980年代以降、世界的に大きな課題とされてきた。UAゼンセンの松井健氏からは、日本の労使関係の現場での非正規労働者をめぐる課題について問題が提起されている。これらの問題をその基本から説き起こすとき、次の大きく3つの課題が想起されうる。第1に、労働組合はだれのためにあるのか。第2に、労働組合は非正規労働問題（就労形態の多様化）に対しどのような態度をとってきたのか。第3に、非正規労働問題に対する法的アプローチはいかにあるべきかである。以下、これら3点を比較法的な観点から論じたうえで、そこでの議論から得られる教訓と課題を導き出すことにしたい。

1 労働組合はだれのためにあるのか？
組合員と非組合員をめぐる団体交渉のあり方

　ここでは、日本の団体交渉義務の母法であるアメリカ法、日本の労働協約法理の母法であるドイツ法、および、近年団体交渉法制の急速な進展がみら

れるフランス法を取り上げ、それらの国々における団体交渉法制のあり方、とりわけ労働組合は非組合員をめぐる問題を団体交渉の射程に入れているのかについて検討する。

アメリカの団体交渉義務の構造と特徴

アメリカでは、1935年の全国労働関係法（NLRA）によって団体交渉が義務づけられ、連邦最高裁や全国労働関係局（NLRB）の解釈の蓄積・展開によって、その射程が定められている。そもそもアメリカで団体交渉義務が設定された目的は、産業平和（労使紛争の平和的解決）と産業民主主義（職場における民主主義）の実現にあった。また、団体交渉（それによる労働者の集団的発言の促進）は、労働者の交渉力を高めてその利益に資するだけでなく、使用者の利益にもつながることが指摘されている。このアメリカの団体交渉義務には、次のような特徴がある[*1]。

第1に、不当労働行為制度のなかに位置づけられた団体交渉義務であり、かつ、「利益の共通性」を前提とした交渉単位のなかでの排他的交渉代表という制度がとられている。この排他的交渉代表は、当該単位の被用者の過半数の支持を受けて、すべての被用者を公正に代表すべき存在と位置づけられている。

第2に、そこでの義務的団交事項には、賃金、労働時間といった基本的な労働条件だけでなく、福利厚生、雇用保障、労使関係の運用など幅広い事項が含まれている。また、ある事項が義務的団交事項にあたるか否かの判断は、機械的・類型的に行われるのではなく、自らの主張に固執することが許されるのか、一方的な変更は許されないのかといった団体交渉の動態との関係で、産業平和という法の趣旨や経営の自由という基本的な要請に立ち返りつつ、具体的に考慮・判断されている。

第3に、排他的交渉代表は、当該使用者に雇用された「被用者」により選出された代表と位置づけられているため、未だ雇用関係に至っていない求職者

[*1] 詳細は、水町勇一郎（2013）「『労働契約』か『社会関係』か？―団体交渉の基盤と射程に関する比較法的考察」荒木尚志ほか編『労働法学の展望』有斐閣、525頁以下等参照。

や既に雇用関係が終了した退職者等の問題は、原則として義務的団交事項に含まれないものとされている[*2]。もっとも、現に雇用されている被用者であれば、非組合員であったとしても団体交渉（公正代表義務）の射程に含まれる。

　以上のように、アメリカの団体交渉は、利益状況を共通にする被用者とそれを雇用する使用者という交渉単位の枠組みのなかで、過半数民主主義に基づき、労働契約上の諸利益を協議・調整する制度として設計され展開されている。そこでは、非組合員の問題も当然に団体交渉の射程に含まれている。

ドイツの団体交渉・労働協約法制の構造と特徴

　ドイツでは、団体交渉を義務づける法律規定はなく、団体交渉を行うか否か、どのような事項について交渉するかは、労使自治に委ねられている。その背景には、原則として1つの産業に1つ組織された強力な産業別労働組合が存在していることと、産業レベルでの団体交渉が社会関係として定着しているという実態がある。ドイツにおいては、団体交渉が労使の自治に基づいて行われるため、法律上団体交渉が義務づけられた義務的団交事項という概念がない。それに代わり、団体交渉を経て締結された労働協約の効力の射程をみてみると、そこには次のような特徴がある。

　第1に、ドイツの労働協約は、原則として協約を締結した労働組合の組合員にのみ適用されるものとされているが、その例外として、一般的拘束力宣言、事業所規範の統一的適用、個別労働契約による援用等により、非組合員等にも広く協約規範が適用されており、実際には、非組合員等にも適用されうる一般的な規範として労働協約が締結されている。また、組合員に特定の給付を付与する単純優遇条項を定めることは可能であるが、使用者が非組合員等を組合員と同様に取り扱うことを制限する特別優遇条項は無効であると解されている。使用者が非組合員を組合員と同様に取り扱おうとすることを、労働組合は止められないのである。

[*2] ただし、求職者や退職者等にかかわる問題も、任意に団体交渉の対象とされ、労働協約に定めが置かれること（例えば求職者の採用に関する規定、退職者の企業年金・医療保険等に関する規定）も少なくない。

第2に、労働協約の規範的効力は、法律上の文言では「労働関係の締結・内容・終了」に関する規範について及ぶと定められているが、その射程は、狭義の労働契約にとどまらず、派遣労働者と派遣先との関係や労働契約の前後の関係にも及ぶと解釈されている。

　以上のように、ドイツでは、労働協約の規範的効力の面で狭義の労働契約を超えた射程が認められており、さらに、実際の団体交渉や労働協約の適用においては、非組合員をも含めた社会的な規範を定立するという観点から労使関係が広く展開されている。

フランスの団体交渉義務の構造と特徴

　フランスでは、1982年法によって団体交渉が法律上義務づけられ、その後の数次の法改正によってその射程（義務的団交事項）は拡大している。そもそも法律上団体交渉義務が設定された目的は、当事者による民主的で効率的なルールの形成を促すことにあった。このフランスの団体交渉義務には、次のような特徴がある。

　第1に、産業レベル、企業グループレベル、企業レベルと、産業・企業のレベルに応じた重層的な団体交渉義務が設定され、それぞれのレベルで問題状況に応じた労使対話が行われることが目指されている。これらの交渉の基本的枠組みは、法律に基づく定期的な団体交渉という形で設定されている。

　第2に、そこでの義務的交渉事項には、賃金、労働時間、職務格付けといった基本的な労働条件だけでなく、雇用状況の推移、職業訓練施策・職業能力予測管理、男女平等施策、高齢者雇用対策、障害者雇用対策などの雇用政策的な事項、医療共済制度といった社会保障的な施策も広く含まれている。そこには、当該産業や企業における労働条件の維持・改善という目的だけでなく、国が推進する政策目的を実現するための団体交渉（労使の分権的な交渉による実態に即した政策目的の実現）という視点が組み込まれている。

　第3に、団体交渉は、必ずしも組合員の労働契約の存在を前提とするものではなく、非組合員の労働条件等も含め[*3]、かつ、派遣労働者の利用や労働契約の

---

　*3　フランスでは、他組合員や非組合員も含むすべての労働者を代表しうる労働組合として「代表的」労働組合という制度・概念が用いられている。

前後の関係・措置など、幅広い事項を包摂するものとして位置づけられている。

以上のように、フランスの団体交渉は、狭義の労働契約のための制度ではなく、政策的な視点も含む社会的な制度（重層的な労使対話の基盤）として設計され機能している。そこでは、非組合員の労働条件等も当然に団体交渉の射程に含まれている。

以上のように、アメリカ、ドイツ、フランスでは、法律に基づく団体交渉義務の内容として（アメリカ、フランス）、または、社会的規範を定立する労働組合の役割として（ドイツ）、非組合員の問題も射程に入れて団体交渉が行われている。

2 労働組合は非正規労働問題に対しどのような態度をとってきたか？

このような法律上の義務ないし社会的役割を担っている労働組合は、非正規労働者をめぐる問題に対して、どのような態度をとってきたのか。ここでは、非正規労働者の保護立法を先進的に制定してきたフランスとドイツにおいて、労働組合がどのような対応をしてきたのかを簡単に振り返ってみよう。

懸念・躊躇から連帯へ

1980年代初め、パートタイム労働者が増加するなかで、フランスやドイツではパートタイム労働者とフルタイム労働者との間の平等原則を含むパートタイム労働立法を制定する機運が高まっていった。その際に当初、労働組合のなかにはフルタイム労働者の既得の権利・利益を損なう動きとしてこれに躊躇・懸念を示す意識もみられた。例えば、フランスで平等原則を含む1981年法が制定された際には、組織の基盤をフルタイム労働者においていた労働組合は、不安定で保護が不十分なパートタイム労働の普及によりフルタイム労働者の労働条件が切り崩されることや、企業内へのパートタイム労働の導入により労働者の団結に亀裂が生じることへの懸念を示していた[*4]。また、ドイツでパー

[*4] 水町勇一郎（1997）『パートタイム労働の法律政策』有斐閣、30頁以下。

トタイム労働者への差別禁止原則を含む1985年就業促進法が制定された際には、ドイツ労働総同盟（DGB）はパートタイム労働の拡大により現存する多数のフルタイム労働ポストが壊滅させられるおそれがあるとして、政府法案に反対の意思を表明していた[*5]。

　しかし、このような労働組合自体の懸念・躊躇は、その後大きくは広がらなかった。パートタイム労働者を中心に非正規労働者が社会的に増加していくなかで、そこに平等原則を及ぼしていかなければ、労働の分断化が広がり、正規労働者を含めた労働者全体の地位が損なわれるという意識が、労働組合のなかで広く共有されていくようになっていったのである。ここで強く意識されたのは、労働形態が多様化するなかでこそ労働者や国民の「連帯」を強化することが重要だという意識・考え方である。このような意識・考え方を基盤として、後述するように、パートタイム労働者だけでなく、有期契約労働者、派遣労働者についても、客観的な理由なく不利益に取り扱うことを禁止する法原則がEU全体に広げられていくことになる。労働組合は、この動きを推進する社会的な力となった。

「コスト削減」への協力とそれへの歯止め

　もっとも、このような動きも単線的に進められていったわけではない。労働組合のなかには、グローバル競争が進展するなかで、使用者と協調して、非正規労働者の労働条件を低く設定し非正規雇用によりコスト削減を進めることを容認するような労働協約を締結するなど、不平等な取扱いを助長するような動きも一部でみられるようになったのである。そのような労使の動きに対し、両国では法的な懸念が示され、さらにドイツでは法的な歯止めがかけられる状況に至っている。

　例えば、フランスでは、判例上「同一労働同一賃金」原則が男女間の賃金格差だけでなく労働者一般の間の賃金格差に適用されうる法理として一般化されている[*6]が、その例外となる客観的な理由の判断において労使の合意（労働協約）を重視すると労使自身が格差を作り出す元となってしまうとの懸念が

[*5]　水町・前掲書107頁以下。

学説上提起されている*7。さらにドイツでは、労働協約（またはその労働契約による援用）によって派遣労働者への不利益取扱禁止原則と異なる定めをすることが認められており（労働者派遣法9条2号3文）、労働組合と派遣会社等との間で派遣労働者の賃金を低く設定する動きが広がっていたが、連邦労働裁判所は、2010年12月14日の判決*8で、著しく低い賃金を設定していたキリスト教系組合連合（CGZP）の協約能力自体を否定し、同連合が締結した労働協約を無効とすることによって労使自身による格差の設定に歯止めをかけた。

3 非正規労働問題に対する法的アプローチはいかにあるべきか？

　このような労使関係の動きと並行して、非正規労働者をめぐる問題に対して各国でどのような法的アプローチがとられてきたのか。世界的にみると、非正規労働をめぐる問題に対する法的アプローチとしては、アメリカの「契約自由」アプローチとEUの「不利益取扱禁止」アプローチという2つの対照的な手法がある。

アメリカの「契約自由」アプローチ

　アメリカでは、1964年の公民権法第七編（いわゆるTitle Ⅶ）を嚆矢として、1960年代以降、雇用差別禁止法制が大きな発展をみた。同法は、人種、皮膚の色、宗教、性別、出身国を理由とした差別を禁止し、その後、1967年の雇用における年齢差別禁止法（ADEA）によって年齢を理由とする差別、1990年の障害をもつアメリカ人法（ADA）によって障害を理由とする差別、2008

---

*6　その嚆矢となった破毀院社会部の1996年Ponsolle事件判決（Cass. soc. 29 octobre 1996, no 92-43680, Bull. civ. V, no 359, p.255）のほか、この法理を発展させたCass. soc. 18 mai 1999, no 98-40201, Bull. civ. V, no 213, p.156 ; Cass. soc. 20 juin 2001, no 99-43905 ; Cass. soc. 26 novembre 2002, no 00-41633, Bull. civ. V, no 354, p.347 ; Cass. soc. 13 janvier 2004, no 01-46407, Bull. civ. V, no 1, p.1 ; Cass. soc. 25 mai 2005, no 04-40169, Bull. civ. V, no 178, p.153など参照。

*7　Lyon-Caen (A.), À travail égal, salaire égal: Une règle en quête de sens, Revue de Droit de Travail, 2006, pp.17 et s.

*8　BAG vom 14.12.2010 - 1 ABR 19/10, NZA 2011, 289.

年の遺伝子情報差別禁止法（GINA）によって遺伝子情報を理由とした差別が、採用から解雇まで雇用の全局面で禁止されている[*9]。このような立法や判例の動きのなかで、アメリカでは、①差別事由による直接差別（disparate treatment）の禁止にとどまらず、②間接差別を禁止する法理（いわゆる差別的インパクト〔disparate impact〕法理）の形成・確立[*10]、③裁判所や政府による積極的差別是正措置（affirmative action）の命令・実施[*11] という措置などが講じられてきた。このようにアメリカは、雇用差別禁止への法的取組みという点では先進的な動きをみせてきた。

　しかし、アメリカには、パートタイム労働、有期契約労働、派遣労働という雇用形態による処遇の違いについて規制を加えようとする立法や判例はない。短時間労働かフルタイム労働か、期間の定めのある契約か期間の定めのない契約か、直接雇用か派遣元を介した間接雇用かといった点については、当事者が自分で選択できる契約条件にすぎず、契約自由の原則が妥当する（法は介入しない）という態度が今日でも維持されており、後述するEU諸国のように雇用形態を超えて労働者を平等に取り扱おうという要請や議論は、アメリカの立法や判例のなかではみられていない[*12]。

　アメリカで、短時間雇用、有期雇用、派遣雇用といった雇用形態に法が介

[*9] 藤本茂（2007）『米国雇用平等法の理念と法理』かもがわ出版、中窪裕也（2010）『アメリカ労働法〔第2版〕』弘文堂、195頁以下、相澤美智子（2012）『雇用差別への法的挑戦』創文社など参照。

[*10] 例えば、この法理を形成した連邦最高裁判決として、Dothard v. Rawlinson, 433 U.S. 321 (1977) 参照。

[*11] 例えば、裁判所による命令として、Local 28, Sheet Metal Workers' International Ass'n v. EEOC, 478 U.S. 421 (1986)、大統領による命令として、Executive Order 10925 in 1961 by President J.F. Kennedy、Executive Order 11246 in 1965 by President L.B. Johnson参照。

[*12] なお、アメリカにおいても、「同一価値労働同一賃金（comparable worth）」の理論が展開され、1980年代には、異なる職務でも同等価値の労働であれば男女間に同一賃金を支払うべきとの訴訟を提起する動きがみられた。しかし、直接差別（disparate treatment）の訴えでは、裁判所が市場による賃金決定を容認することがあるため使用者の差別的意図を立証することはほぼ不可能であり、また、差別的意図の立証を要しない間接差別（disparate impact）の訴えについては、市場要素を反映した賃金制度には同法理は及ばないと判断された（Spaulding v. University of Washington, 740 F.2d 686 (9th Cir. 1984)）ため、裁判所で救済が認められることはなく、男女賃金差別訴訟そのものが提起されなくなっていった（相澤・前掲書251頁以下参照）。

入しないという態度がとられている背景には、労働市場や労働法をめぐるアメリカ特有の事情がある。

アメリカでは、一般のフルタイム・無期・直接雇用労働者についても、随意雇用原則（employment at will。使用者側からみると解雇自由原則）[13]の下、外部労働市場とリンクしながら労働条件が決定・調整されていることが多く、日本のいわゆる正社員の内部労働市場と非正社員の外部労働市場のように、正規労働者と非正規労働者とで労働市場が構造的に分断されている状況にはない。また、労働者の法的保護という点でも、解雇規制などフルタイム・無期・直接雇用労働者に対する特別の保護が定められているわけではなく（むしろ有期契約労働者の方が、契約期間中に解雇自由原則に制約がかかる分、より厚い法的保護を享受している状況にある）、いわゆる正社員と非正社員との間に法的保護という点でも（正社員を優遇する）格差が存在しているわけではない。

さらに、アメリカ法の理論的根底には、なぜ差別は禁止されなければならないかという思想・観念がある。アメリカで法が禁止している差別には、①本人の意思や努力によっては変えることができない「不可変の属性を理由とする別扱い」と、②選挙権、信教の自由、思想・良心の自由、プライバシー権など「基本的権利にかかわる別扱い」の2つのタイプのものがあり、これらはいずれも「個人の尊重」という法の基本原理に反するものとして許されないという思想・観念が存在していることが指摘されている[14]。上記のアメリカの雇用差別禁止立法によって禁止されている人種、皮膚の色、宗教、性別、出身国、年齢、障害、遺伝子情報による差別はいずれもこれらのいずれか（主に①。宗教は②）に当てはまるものであるが、パートタイム、有期契約、派遣労働という雇用形態はこのいずれにも該当せず、当事者が契約によって選択できるものと考えられているのである。

----

[13] アメリカにおける随意雇用原則の生成・確立およびそれと結びついた労働市場の流動性の歴史的経緯については、水町勇一郎（2005）『集団の再生』有斐閣、23頁以下、71頁以下参照。
[14] 安部圭介（2008）「差別はなぜ禁じられなければならないのか」森戸英幸・水町勇一郎編著『差別禁止法の新展開』日本評論社、16頁以下。

EUの「不利益取扱禁止」アプローチ

　EUでは、1976年の男女平等取扱い原則指令（76/207/EEC）によって性別を理由とする差別が禁止されていたが、男女差別以外に差別禁止の動きが広がったのは、EUが拡大しEU市場内の競争条件の整備を進める必要性が高まった2000年以降である。2000年の人種・出身民族平等取扱い原則指令（2000/43/EC）および平等取扱い基本枠組み指令（2000/78/EC）によって人種、出身民族、宗教・信条、障害、年齢[15]、性的指向を理由とする差別を採用から解雇まで雇用の全局面で禁止するよう加盟国への義務づけがなされ、それに従って各国の国内法が整備されている[16]。これらの差別禁止にあたっては、直接差別の禁止のみならず、間接差別（indirect discrimination）も禁止され（2000年平等取扱基本枠組指令2条参照）、また、事実上存在する差別の是正を図るためのポジティブ・アクション（positive action）を講じることも促されている（同指令7条参照）。このようにEUで広範にわたって雇用差別が禁止された背景には、EU市民権（EU citizenship）の一つとして雇用差別の禁止を保障する社会的な要請とともに、雇用差別を禁止することで人的資源を最大限活用し、企業競争力の向上と経済成長、雇用増大をもたらそうとする雇用戦略が存在している[17]。

　EUでは、以上のような差別禁止に加えて、EU指令に基づき、パートタイム労働者、有期契約労働者、派遣労働者への不利益取扱いを原則として禁止する法規制が施されている。EUの1997年パートタイム労働指令（1997/81/EC）は、「パートタイム労働者は、雇用条件について、客観的な理由によって正当化されない限り、パートタイム労働であることを理由に、比較可能なフルタ

---

[15] 年齢差別については、正当な雇用政策等の正当な目的によって客観的かつ合理的に正当化され、その目的を達成する手段が適切かつ必要な場合には、年齢による異なる取扱いも差別を構成しないと国内法で定めることができるとされ（2000年平等取扱基本枠組指令6条）、正当な理由によって例外を設定することが認められている。

[16] 櫻庭涼子（2007）「EUの雇用平等法制の展開」法律時報79巻3号、64頁以下、同（2010）「雇用差別禁止法制——ヨーロッパの動向」水町勇一郎・連合総研編『労働法改革』日本経済新聞出版社、119頁以下など参照。

[17] 櫻庭・前掲2007年論文66頁以下参照。

イム労働者より不利益に取り扱われてはならない。」(4条1項)、1999年有期労働契約指令(1999/70/EC)は、「有期契約労働者は、雇用条件について、客観的な理由によって正当化されない限り、有期労働契約または関係であることを理由に、比較可能な常用労働者より不利益に取り扱われてはならない。」(4条1項)、2008年派遣労働指令(2008/104/EC)は、「派遣労働者の基本的な労働・雇用条件は、派遣先に派遣されている期間中は、少なくとも、同じ職務に従事するために派遣先から直接雇用されるとした場合に適用される条件とされなければならない。」(5条1項)と規定しており、EU加盟各国は、これらの不利益取扱禁止原則を実現するための諸措置を、それぞれ国内法で整備しなければならないとされているのである[18]。

このように、アメリカとは異なり、EUで雇用形態による不利益取扱禁止原則が定められている背景には、アメリカとは異なるEU特有の背景事情がある。

第1に、ヨーロッパでは、雇用形態に基づく処遇格差のなかに実質的に性別を理由とする差別（間接差別など）が隠されているとの認識が存在していた。例えば、欧州司法裁判所の1981年Jenkins事件判決[19]では、フルタイム労働者とパートタイム労働者間の賃金格差について、フルタイムの女性の割合が男性に比べて相当程度低いことから、男女差別に当たるとされ、また、1986年Bilka-Kaufhaus事件判決[20]では、パートタイム労働者の職域年金からの排除について、実質的にみて女性に不利益を課す間接差別に当たると判断された。このように、雇用形態の選択は、アメリカのように契約に基づく自由な選択ではなく、そこに実質的な差別が内包されている可能性があることがヨーロッパでは認識されてきた。

第2に、安易な雇用削減競争ではなく、より高い付加価値を創造することによって世界の競争に勝ち抜いていこうとするEUの雇用戦略（高付加価値競争戦略）が、不利益取扱い禁止原則の背景にある。このような雇用戦略の下、非正規労働者をコスト削減の対象として位置づけるのではなく、不利益取扱

---

[18] 水町勇一郎（2011）「『格差』と『合理性』」社会科学研究 62巻 3・4号、125頁以下など参照。
[19] Case 96/80 Jenkins [1981] ECR 911.
[20] Case 170/84 Bilka-Kaufhaus [1986] ECR 1607.

い禁止（平等取扱い）原則に立脚して人間らしく取り扱い、高い付加価値を生む創造力の源泉として位置づけることが目指されている[*21]。

このような認識・基本戦略に立脚したEUの非正規労働者に対する不利益取扱禁止原則は、上記のパートタイム労働指令や有期労働契約指令でも示されているように、基本的には、「客観的な理由によって正当化されない不利益取扱い」を禁止するという形態をとっている。この原則を実際に解釈・運用するにあたっては、不利益取扱いを正当化する「客観的な理由」の有無の判断が重要な鍵となる。この判断については、問題状況に応じた労使の交渉・決定を重視しつつ、最終的には裁判所がそれぞれの給付の性質・目的に照らして個別にその有無を判断するという手法[*22]がとられてきた[*23]。しかし近年、労使の交渉・決定を重視するという態度への懐疑もみられている。例えば、フランスでは、「同一労働同一賃金」原則の例外となる客観的な理由の判断において労使の合意（労働協約）を重視すると労使自身が格差を作り出す元となってしまうとの懸念が示されていること、ドイツでは、派遣労働者の賃金を著しく低く設定していたキリスト教系組合連合（CGZP）の協約能力自体を否定し、同連合が締結した労働協約を無効とすることによって労使自身による格差の設定に歯止めをかけたことは、2で述べた通りである。

4 教訓と課題

以上の比較法的な考察から、日本の法的ルールや労使関係のあり方に対し、次のような示唆が導き出される。

第1に、労働組合は単に組合員のために活動しているわけではなく、非組合員をめぐる問題も射程に入れて、労働者全体を代表する社会的な存在としての役割を担っていることである。このことは、労働組合の組織率が世界的に

[*21] 労働政策研究・研修機構研究調整部研究調整課編（2004）『先進諸国の雇用戦略に関する研究』労働政策研究・研修機構、山田久（2009）『雇用再生』日本経済新聞出版社、92頁以下など参照。

[*22] 不利益取扱いを正当化する「客観的な理由」の存在の主張・立証責任は、一般に使用者にあるとされている。

[*23] 水町・前掲2011年論文128頁以下など参照。

低下する傾向にあるなかでこそ、より重要な意味をもつ。労働組合は、労働者全体を代表する社会的組織としてのプライド（威信）をもち、非組合員を含めた労働者全体からのシンパシー（共感）を得ながら、社会全体の連帯を築き上げていく基盤となることが求められている。この社会的役割に対する自覚とそれへの社会からの信頼がなければ、労働組合は組織率の低下とともにその社会的使命を失っていくことになるだろう。

第2に、非正規労働問題に対して就労形態をとわない連帯（法的には不利益取扱禁止原則）を構築していくことの重要性である。日本では、①正規労働者の内部労働市場と非正規労働者の外部労働市場との間に二重構造が存在・残存し、両者間の処遇格差問題が自由な労働市場の機能によって解消されることが難しい点で、アメリカの労働市場の状況と大きく異なっており、また、②非正規雇用を不本意で選択している労働者が増加するなか、就労形態の選択の面で、アメリカのように契約に基づく自由な選択ではなく、そこに実質的な不公平が内包されているという指摘・認識がある点で、ヨーロッパと類似した状況にあるといえる。このような社会的背景・基盤を考慮すると、日本は、アメリカの契約自由アプローチではなく、EUの不利益取扱禁止アプローチと親和的な状況にあるといえる[24]。実際に、労働契約法20条や改正パートタイム労働法8条では、「不合理な労働条件（待遇）の相違の禁止」という、EUの法原則と類似した形で立法化が進められている[25]。

第3に、この法的ルールの運用上鍵となるのは、異なる取扱いが許容されるか否かを決する合理性（不合理性）の具体的な判断である。そこでは、一方で、労働条件や給付の性質・目的に応じた労使の具体的・文脈的な判断が求められるが、他方で、労使が差別を生み出す元とならないように細心の注意を払う（例えば非正規労働者を包摂した透明性の高い交渉・協議を行う）ことも同時に重要になる。また、労使で職務評価や個別賃金方式の銘柄設定等の取

---

[24] 詳細は、水町勇一郎（2014）「非正規雇用と法」荒木尚志ほか編『岩波講座現代法の動態3 社会変化と法』岩波書店、29頁以下参照。

[25] EUの法原則と日本の「不合理な労働条件（待遇）の相違の禁止」原則との関係については、水町勇一郎（2015）「不合理な労働条件の禁止と均等・均衡処遇（労契法20条）」野川忍ほか編著『変貌する雇用・就労モデルと労働法の課題』商事法務、311頁以下参照。

組みを進め、就労形態や企業の枠を超えた連帯（平等取扱い）を築き上げていくことは、労使の実態に根差した幅広い取組みがなければ実現することができない極めて重要な営為である。さらに、有期契約労働者や派遣労働者については、それぞれの会社での勤続期間が短いため勤続期間に応じた給付や利益を十分に得られず、無期・直接雇用労働者との格差が固定化・拡大するという問題点がフランスやドイツで指摘されており、この点は不利益取扱禁止原則だけでは解決できない問題となっている。この問題を解決するためには、有期・派遣労働者の無期・直接雇用への転換を促すとともに、景気変動や構造変化等に対応するための労働者全体を射程に入れた雇用調整のルール作りについて議論することが必要になる。この点は、法律政策としてだけでなく、労使の具体的な取組みとしても、今後の重要な課題となる。

　社会の大きな変化に適合した労使関係を形作っていくための内省と行動が、いま求められている。

6 産業基盤の確保と集団的労使関係

問題提起

産業基盤の確保と集団的労使関係

郡司典好　自動車総連　事務局長

1　自動車総連の紹介

　日本の全就業人口は約6,200万人であり、その10%弱の約550万人が自動車関連就業人口である。

　そして、自動車総連の組織人員は約76万人で、自動車総連は、自動車の製造、部品製造、販売、輸送の各業種、および一般業種といった自動車産業で働く仲間が結集した産業別労働組合である。

　自動車総連の結成は1972年で、以来40年余り、その体制を強化しながら、産業の永続的な発展を目指しつつ、産業政策活動や賃金をはじめとする労働条件の改善活動、社会福祉活動、さらには労働組合の国内・国際連帯などに積極的に取り組んでいる。

　組織形態の特徴として、トヨタ、日産、本田、マツダ、三菱など12の企業グループ別の"労働組合連合会（労連）"が結集している。単組数は約1,100単組である。また、全国47都道府県すべてに地方協議会（地協）を設置し、本部役員参加のもと、毎月幹事会を開催し、各地協で社会的、地域的な役割の発揮や、福祉イベント等も実施している。

2 日本の自動車産業の現状

　四輪車に関しては、2013年日本メーカーの国内生産台数は963万台で、5年連続で1,000万台割れとなっている。一方、海外生産台数は1,676万台で4年連続増加、2007年以降7年連続で国内生産を上回っている。また、海外生産比率は2001年の4割から2013年には6割超となり、日本メーカーの海外生産台数は拡大の一途をたどっている。

　二輪車に関しては、2008年以前の国内生産台数は当時、まだ120万台以上あったが、2013年の国内生産台数は56万台、輸出は43万台で、ともに減少している。

3 自動車総連の活動

　自動車総連の活動について、その体制は、本部機能を中心としながら、メーカー、車体・部品、販売、輸送、一般といった業種機能と、政策、政治、組織活動、労働政策、国際といった政策機能の横断化を図りつつ、業種固有課題と、業種横断的な政策課題の両面に対応した体制となっており、大きく分けて下記の3点について活動している。

1つ目の活動の柱
「日本の自動車産業基盤の 維持・強化の取り組み」について

①自動車関係諸税に対する取り組みについては、重点活動の1つである。この取り組みに対する役員、組織内地方議員の理解を深めるために、各労連および地協において、政策研修会を開催している。

　また、経営者団体との共同による政府5省庁への働きかけを始め、民主党の主要国会議員や地方自治体の首長、民主党県連に対し、自動車総連本部、労連、地協が連携し、「自動車総連の税制改正に関する要望書」を直接手渡し、取り組みの必要性や意義について理解を広げる各種要請活動を実施している。

　さらに、国民世論に対しても働きかけを行っている。全国各地において、JAFと共同で実施した「街頭活動」に地協役員が参加し、車体課税廃止の必要性を広く国民に訴えてきた。また、経営者団体とともに実施した共同記者会見では、街頭活動の結果を報告するとともに、参加者が自動車産業、自

動車ユーザー、そして働く者それぞれの立場から自動車関係諸税の簡素化・負担の軽減を訴えている。

②産業労使会議については、労連・単組ではなかなか解決し得ない、産業レベルの諸課題について、その場限りの討議とせず、解決に結び付けられるように、定期的な業種機能別の話し合いを行っている。

　例えば、年間カレンダー（三大連休）に関しては、自動車産業は幅広い関連業種から成り立っており、メーカーカレンダーはサプライチェーンおよび組合員の働き方に対し、極めて大きな影響を与えている。従って、自動車産業にとってカレンダーを統一していくことは大変重要な取り組みとなる。従って、そのことを日本自動車工業会に説明し、会員各社のカレンダー設定において、自動車総連モデルカレンダーに沿った設定のご指導をいただくよう毎年要請している。

　また、正月三が日の取り組みでは、販売部門だけでなく、労連、メーカー労組とも連携を図り、販売業界の魅力を高めるために正月三が日休業に向けた働きかけを行っている。

③次に、人に焦点をあてた課題解決に向けた取り組みについては、現在、急激な海外拠点への生産シフトや現地生産拡大の課題認識の中で、自らに、今後「日本の自動車産業基盤の維持・強化を図るためには」……と課題を問いかけ、「今後も日本にものづくりを残すためには」、今まで以上により強固な職場の構築や育成が必要と結論づけた。そのことを受け、「日本の働き方の強み」について、メーカー部会や車体・部品部会、各労連で論議し、「強み」を発揮するために必要な要素*1（4点）について整理してきた。今後は、各労連、各単組で論議を重ねて、自動車総連に集う仲間全員が認識を深める取り組みを進めていく。

④さらに、国内市場活性化への取り組みとして、各地域で開催する各種イベント等と連携し、「車の魅力」や「ものづくりの楽しさ」を次世代に伝えていく『親子deものづくり』*2 を開催している。

---

*1　①常に学ぶ姿勢②濃密なコミュニケーション③働く楽しさ④適切なマネジメント
*2　木工で四輪車や二輪車を作成し走行させるイベント。

⑤安全衛生の取り組みでは、「労働災害ゼロ」の達成に向け取り組みを進めていることはもちろん、最近は運転中での災害が発生していることを受け、緊急ニュースとして「安全運転の励行ならびに時間に余裕を持った通勤」について独自のポスターを作成配布し、各労連へ呼びかけを行うなどの取り組みを行っている。

⑥国際労働運動については、海外での労使問題が顕在化する中で、海外事業体における健全な労使関係の構築に向けた働きかけが重要となっている。そのため多国籍企業の労働組合ネットワーク構築に向けた、各労連の取り組み状況を国際委員会で確認している。また、海外調査団を派遣し、国際労働運動を担う人材を育成するとともに、労使を対象とした「建設的な労使関係構築セミナー」を開催し、労使双方の理解促進を図っている。

また、アジア地域における自動車産業労働組合のネットワークを築くことを目的に、2013年8月、自動車総連としては初めてのマルチ会議となる「第1回アジア自動車労組会議」をタイ・バンコクにて開催した。アジア8ヵ国の自動車産業労働組合の代表93名が一堂に会し、各国の政治経済・労使関係などに関する報告や「建設的な労使関係の構築」をテーマに活発な議論を展開した。

2つ目の活動の柱 「社会的、地域的な役割発揮と地協活動の強化・充実」について

①政策推進を担える地協活動の推進として、全国の地協にて、定期的に幹事会などを開催し、自動車関係諸税などの政策推進を図っている。引き続き、政策実現に向けて地域からも発信していけるよう、活動を進めていく。

②福祉活動の取り組みとして、毎年、福祉カンパを行い、全国の社会福祉施設等に車両・物品の寄贈を行っている。また、ハンディキャップを持った方々と組合員との交流の場として、「ナイスハートふれあいのスポーツ広場」を全国各地で開催している。

3つ目の活動の柱「労働政策」について

①豊かで健全な労働環境の実現と、生活の安心・安定感の確保に向けた取り組みを推進している。しかし日本を取り巻く環境は、急速に高齢化が進ん

でおり、65歳以上の人が人口に占める割合は2010年に23%だったものが、2060年には4割（厚生労働白書）に達すると推定されている。また、年齢別人口構成図も、富士山型から釣鐘型を経て壺型に変化し、国内の新車販売台数の増加は期待できず、生産はグローバル化の進展により海外シフトが進んでいる。加えて非正規労働者は、2014年には約2,000万人となっており、その比率は37.2%（2014/9総務省）と過去最高である。

4 おわりに

　日本での労働組合活動を進める上で『日本"らしさ"（強み）』とは、やはり「健全な労使関係」にあると言える。そのポイントは以下のことと考えている。
①労使が徹底した話し合いを通じて解決する風土
　・自らが産業・自社の足元・中長期の課題を共有できていること
②労使相互信頼、加えて相互責任
　・労使が対等の立場に立ち、互いの責任を全うすることにより健全な労使関係の確立ができていること
　・労使が生産性向上等に協力して取り組み、会社の永続的な発展、組合員（従業員）の雇用の安定および生活の維持向上を図ることを互いの目的としていること
③経営のカウンターパート機能
　・個別ではなく労使や産業としてのチーム力の発揮ができていること
④組合員の教育システム
　つまり、「健全な労使関係の中に、人を活かしていく機能が備わっている」ということとも言える。
　「人を活かしていく社会基盤の再生・構築」に向けては、現政権が推し進めている再興戦略、規制改革、労働者保護ルールを無視した多様な働き方、雇用の流動化といった『成長・競争』のみの政策推進では、その実現は困難である。失業率・就職難の改善、ワーキングプアの解消、雇用の受け皿の確保、労働条件の維持・向上といった『安心・配分』といった観点の政策推進とのバランスが大変重要と認識している。
　今後も自動車総連は、健全な労使関係を堅持しながら「産業の存続と永続

的な発展を目指す」ために、その環境条件を整備し続けていく。そのために
も産業政策はもとより、労働条件や働きやすい環境の整備に引き続きチャレ
ンジすることで、次なる時代の担い手を育成し続けられるように努力してい
く所存である。

6 産業基盤の確保と集団的労使関係

論文 海外生産の拡大と集団的労使関係
自動車産業を事例として

首藤若菜　立教大学経済学部准教授

1 はじめに

問題意識と課題

　日系企業による四輪車の生産状況をみると、海外生産台数は一貫して伸びており、とくに近年大きく上昇したことが分かる（**図6-1**）。一方、国内生産台数は、90年代前半に落ち込み、その後停滞していたが、いわゆるリーマン・ショック後に再び下降し、2014年時点では、それ以前の水準に戻っていない。2007年に海外生産台数が国内生産台数を追い越し、ここ3〜4年で両者の格差は一層広がった。海外生産の拡大は、当然のこととして、各社の海外直接投資の増加と連動している。2015年現在、日系企業の海外の四輪車完成工場は178あり、二輪車と部品までを含めると、それは279工場に及ぶ[*1]。そして現地法人が雇用する従業員数も、同様に増えてきた。『海外事業活動基本調査』（経済産業省）によれば、「輸送機械」の「現地法人常時従業者数」は、1988年度の181,233人から、2012年度には1,443,056人となり、約8倍となった。

図6-1 日系企業の四輪車の生産台数

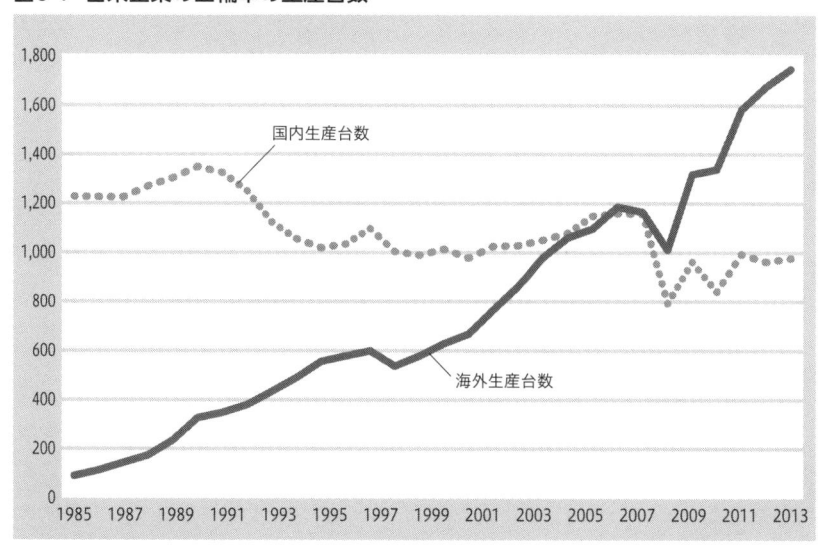

出所）日本自動車工業会発表のデータ。

　本稿では、自動車産業の事例をもとに、このように企業が海外生産を拡大させ、海外で雇用を増大させることが、集団的労使関係にいかなる影響を与えるのかをみていく。なお分析にあたり、集団的労使関係に影響する労働市場条件についても一定の接近をはかったうえで、グローバル化した企業における集団的労使関係のあり方を検討する[*2]。

　そもそも労使関係とは、労働者が働くうえでのルールの網の目であるとされる（Dunlop 1993）。これは労働者とその組織、使用者とその組織、そして

[*1] 日本自動車工業会の発表による（http://www.jama.or.jp/world/foreign_prdct/foreign_prdct_1t1.html 2015年2月9日）。

[*2] 企業のグローバル化は、広義に捉えれば、財やサービスの輸出入、国際証券投資、外国人労働者の雇用など様々な内容を含む。だが本稿では、海外で直接事業活動をおこなっている企業のみを対象とし、海外直接投資を行っている企業を国際化した企業とする。なお、国際投資は、金融的動機に基づく「国際証券投資」と経営支配や所有を求める「海外直接投資」に分けられるが、本稿では後者のみに焦点をあてる（Ietto-Gillies 2012、22-23頁）。

政府諸機関の三者によって構成され、いくつかの次元（国家レベル、産業レベル、企業レベル等）に分けられる。いずれの次元においても、ルールは、その次元を構成する労働者に集団的に適用されるから、労使関係はもともと集団的性格をもっているはずである。しかし、今日では、ルールが個人と企業のあいだに締結される雇用契約をつうじて設定される点を重視した個別的労使関係という用語も普及しているので、本稿においては、各次元のうち、とくに企業のメンバーに共通に適用されるルールを意図的に形成する営為を集団的労使関係と定義してこの用語を使用する。

グローバル化が労働市場に与える影響——国際経済学の議論

企業の国際化が、労働市場に与える影響として、これまで最も関心が寄せられてきたのは、本国で雇用の縮小と労働条件の低下が生じるかどうかにあった。これについては、主に国際経済学の分野で、すでに数多くの理論的・実証的研究が発表されてきた。その研究のほとんどが、海外直接投資は、国内雇用や生産性、技術発達に、プラスの効果があることを指摘してきた。

天野（2005）によれば、生産の海外シフトに積極的な企業が、本国で事業構造の高度化・転換を進め、さらに事業規模を拡大させるのに対し、国際化に消極的な企業は、収益を下げ、事業を弱体化させている。海外事業の拡大は、国内雇用を減らすどころか、逆に増やしているのであり、両者は補完関係にあるとされる（Yamashita and Fukao 2010、Hijzen, Inui, and Todo 2007、Hijzen, Jean and Mayer 2011）。ただし経営の国際化は、雇用構造の変化を伴うケースも多い。本国の生産部門が縮小し、短期的には雇用が落ち込むことがある。しかし研究開発部門や事務部門が拡大し、そこで雇用が創出されることで、両者は相殺され、全体としての雇用削減率は、結果的に小さいと考えられている[*3]（樋口2001、樋口・松浦2003）。実際に、海外直接投資をした企業では、その後、熟練労働力の比率が高まり、賃金水準が上昇することも確認されている（Head and Rise 2002, Obashi, Hayakawa, Matsuura and Motohashi 2010）。ゆえにグローバル化の進展とともに製造業内部で、生産部門から非生産部門へと雇用構造を変化させていくことの重要性が強調されてきた[*4]。ただしそれがスムーズに進まなければ、失業が発生する可能性もあり、これはグローバル化の副作用と捉えられている。

また、海外事業の拡大は、生産性が低い部門を海外へと移転させたり、海外と自国との間で分業体制を構築したりすることにより、結果として海外直接投資は、企業の生産性を高めることも明らかになっている（Matsuura, Motohashi and Hayakawa 2008、乾・戸堂・Hijzen2008）。これらの研究の結果、今日、いわゆる「産業空洞化論[*5]」は杞憂であるとの見方が強い[*6]。
　一方で、労使関係研究では、雇用の量的な変動ではなく、その質的な変化や、現在、職場で働いている人々の雇用が守られるのかどうかにより強い関心が寄せられてきた。なかでも、グローバル化が労働組合の活動にどのような影響を与えるのか、それが職場をどう変えるのかが議論されてきた。本稿では、この伝統に沿って、マクロ面での変化にも配慮しつつ、以下で、国際化した企業における組合活動の実態と、集団的労使関係の変容をみていく。

[*3] ただし同時に、海外直接投資が国内に及ぼす影響は、そのタイプによって異なる。直接投資は、その動機に基づき大きく2つに分けて論じられており、一つが「水平的直接投資」であり、もう一つが「垂直的直接投資」である。「水平的直接投資」とは、主に輸送費の削減や貿易障壁の回避、現地ニーズへの対応を目的に、海外に生産拠点を設立し、国内から輸出していた商品を、現地で生産することを指す。この場合、海外生産が開始されても、国内にも同じ工程が残る。一方「垂直的直接投資」とは、生産要素価格の国家間の差異を利用して、生産の効率化や費用削減を目的に、企業が、従来国内で抱えていた生産工程や部門の一部もしくは全部を切り離し、海外へ移転させる投資を指す。なお、直接投資の分類は、投資先によって分けられたり、投資目的を強調して「国内資産代替型」と「現地市場獲得型」と呼ばれたりすることもある。いずれにせよ、直接投資の内容によっては、本国の労働市場にマイナス効果をもたらすことが指摘されている。「水平的直接投資」は、それまで国内で生産し輸出してきた製品を現地での生産に切り替えることを意味するため、生産規模の縮小や雇用減少を引き起こすことがある（深尾・袁2001、深尾2002）。ただし、逆に垂直的直接投資には、輸出を誘発する効果があり、雇用を創出しうるため、トータルでみた場合の直接投資による雇用の減少幅は小さいと考えられている。

[*4] 例えば、経済産業省『通商白書2012』、293頁。

[*5] 「産業空洞化」とは、「一国の生産拠点が海外へ移転することによって、国内の雇用が減少したり、国内産業の技術水準が停滞し、さらには低下する現象」と定義される（中村・渋谷1994、14頁）。

[*6] 例えば、内閣府政策統括官『日本経済2012-2013：厳しい調整の中で活路を求める日本企業』、経済産業省『通商白書2012』など。

2 日本の労組が取り組んできたこと、取り組んでこなかったこと

生産台数への関与

　日本の自動車メーカー労組は、企業の国際化にどう向き合ってきたのだろうか。石田・富田・三谷（2009）によれば、国内の大手完成車メーカーの労組は、工場単位や職場単位で、経営と頻繁に話し合い、各職場の業務計画を協議し、ライン編成や勤務体制を共同で取り決め、個別の就業時間の決定にまで深く関与している。処遇の個別化が進展するなかでも、組織的な調整が行われており、労使関係が機能していることが明らかにされてきた[7]。

　同時に、国内雇用に大きな影響を及ぼす国内の年間生産台数についても、労組は関わってきた[8]。自動車総連は、「産業基盤を維持」し続ける目安として「国内1000万台生産」を掲げており、産別労使会議のなかで、その確保を使用者団体に要請してきた。そして個別企業労組もまた、各社が掲げる年間生産台数の目標値[9]の達成を要請し、中期経営計画と年間（上期・下期）生産計画の実効性や施策について経営側と協議している。

　しかし個別企業の労使関係をみた場合、業務計画として週間や月間の生産台数は労使で緻密な協議を重ねるのに比べ、年間の生産台数といった大枠については、より緩やかな労使合意がなされてきた。年間の生産計画は、労使が共同で決定するというよりは、労組による要請と確認にとどまってきた[10]。週間や月間の生産台数に強い規制力を持ちながらも、年間の生産台数は緩い合意にとどまってきた背景は、労働時間、職場の安全性、業務の公平な配分等とは違い、雇用の確保は、これまで労使にとっては、定期的な確認はなさ

---

[7] ただし、こうした地道で熱心な職場活動が、下請け企業や中小の部品メーカーまでに広がっているかは定かでない。産業全体でみた時、こうしたワークルールにどれほどの労働者が、カヴァーされているのかは分からない。

[8] ただし、雇用量は、生産台数だけに規定されるわけではなく、タクト時間や残業を含む総労働時間とも関係する。

[9] 国内の生産基盤を維持する国内生産台数指標として、例えばトヨタ自動車は300万台、日産自動車とホンダ自動車は100万台を掲げる。

[10] 実際に、過去20年の年間生産台数をみると、1999年と2001年、そして2009年から2014年までの6年間は1000万台に到達していない（日本自動車工業会発表のデータによる）。

れてきたが、議論するまでもない前提条件であったことのあらわれと考えられる。週間や月間の生産台数の決定における労組の関心は、あくまでもいかに組合員の負担を高めずに、その生産が可能かどうかにあった。実際、生産台数は変動してきたが、その雇用調整は組合に組織されていない非正規労働者が担ってきたので、正社員を中心に組織する労組にとって、それは主要な論点になりにくかった[*11]。

だが状況は、着実に変わりつつあるようにもみえる。過去の円高時にも1000万台を割り込むことは少なかったのに、近年は1000万台に到達することが難しい状況が続いている。価格競争力のみならず、市場ニーズへの対応、為替変動の影響回避、災害に強いサプライチェーン体制の構築等を理由に、生産の現地化はさらに進むとも予測される（斉藤2013）[*12]。近年では、親会社である完成車メーカーの「正社員」雇用は守られても、下請けや関係会社の「正社員」雇用が失われたケースもある[*13]。

「1000万台生産」に向けて

そもそも国内で生産される自動車は、国内販売向けと海外販売向けに分けられる。近年の国内新車登録台数は年約500万台、輸出台数が約500万台であり、だいたい4-5割の輸出率を保ってきた[*14]。中長期にみると国内市場は需要が縮小されると予想され、「1000万台」を維持するためには、輸出比率の上昇が求められる。

[*11] ただし、トヨタ自動車労組は、2006年10月の定期大会にて期間従業員の組織化を発表し、その後非正規社員の組織化を進めてきた（小松2005）。

[*12] 大手完成車メーカーはいずれも、経営方針に消費地で生産を行うことを掲げており、実際に現地生産を推進させてきた。「国内生産輸出モデル」は、価格競争力、市場ニーズへの対応、為替やサプライチェーン寸断のリスクの低減等を理由にもはや崩れつつあるとも指摘されており、2020年には国内生産台数は710万台にまで減少するとも試算される（斉藤2013）。

[*13] 例えば、日本経済新聞2012年6月21日、2013年2月8日など。

[*14] ただし輸出率は企業によって大きく異なる。例えば、2014年の実績でみた場合、トヨタ自動車54.8%、日産自動車53.7%、マツダ81.5%、富士重工77.8%なのに対し、ホンダ自動車3.3%となる（日本自動車工業会の公表データに基づく）。こうした違いは、各社の経営戦略の差異を強く反映しており、各社の労使関係のあり方に規定されているとは考えにくい。

そのためこれまでも労働組合は、産業基盤と国内雇用を維持することを目的として、TPP（環太平洋経済連携協定）やEPA（経済連携協定）／FTA（自由貿易協定）の締結を目指してきた。同時に自動車関係諸税の変更を求めたロビー活動にも精力的に取り組んできた。つまり国内需要を喚起する施策とともに、輸出比率をさらに高める環境整備に努めてきた。

　しかし、中長期に「1000万台生産」を守り続けようとするならば、こうした間接的な活動にとどまるのではなく、より直接的に生産台数の決定に関与していくことが不可欠だろう。どこで、何を、どれほど生産するのかということは、短期的には需要や為替によって変動するが、長期的には投資や中長期の経営計画に規定される。労働組合にとっては、将来の雇用と労働条件を守るために、こうした中長期的な経営判断により積極的に関わることが求められる。むろん経営計画の最終的な決定権は経営側にあり、経営権を侵害するわけにはいかないが、労使協議会や経営協議会を通じて、組合が長期の視点から、また現場目線から課題をより厳しく指摘していくことは可能だろう。

　ただし同時に、輸出比率の増加による国内雇用の確保は、海外工場との間で問題を発生させる可能性がある。各社の世界生産台数が一定の状態のなかで、国内生産を増やすために輸出比率を上昇させれば、海外工場で余剰労働力を生み出しかねない。こうした問題については後に触れる。

3　グローバル化と労働組合機能の低下

　労使関係研究では、経営のグローバル化は、組合機能の低下を引き起こし、企業が国際化すればするほど、経営主導で物事が進みやすくなると指摘されてきた（ILO1973）。こうした組合の機能低下は、企業にとって、国際化を推進させる一つの要因にもなっている（Ietto-Gillies, 2012）。

　具体的に次のような点で、労働組合の機能は弱まるとされる。まず、企業活動が国を跨いで広がることで、労働者が分断されやすいという問題がある（ILO1973）。伝統的に労働者は、同じ国に属し、同一言語を話し、同じ企業や地域で、同等の労働条件で働くほうが、そうでない場合と比べて、より強い連帯感を持ちうる。そのため企業が、労働条件や社会保障制度、文化や社会環境が異なる様々な国や地域に、生産拠点を広げていくことは、それ自体、労働

者の分断を引き起こす。同様に、労使関係のあり方は、国によって異なるため、国際化した企業の従業員が、統一労組に組織されることも極めて難しい。

　日本においても、本社の労組と、海外拠点の従業員や現地労組との関係は、少なくとも近年までは、希薄だった[*15]。例外的なケースはあるものの、多くの労組は、在外子会社に労働組合があるのかどうかさえも把握してこなかった。通常、多国籍企業の労組は、国内の組合員が、海外事業所に出向や派遣されるにあたって、事前にその労働条件（例：赴任手当等）を経営側と交渉したり、就労環境の安全性を確認するため、現地調査を実施したり、定期的に出向者の状況を確認するために各地を回っている。しかし各地の事業所を訪ねても、現地の従業員や労働組合と挨拶を交わすことさえしていない組合が、実は少なくない。経営が一国内の範囲にとどまっていれば、たとえ同一労組として組織されていなくとも、グループ労連や同一の産別組織への加盟などを通じて、労組や組合員は互いに接触を持ちえたが、国境を超えると、たとえ同一企業に雇用される「正社員」同士であっても、交流が途絶えるケースは、少なくないだろう。経営が一国内にとどまっていた時代と比べれば、企業の国際化は、同一企業で働く労働者の分断を推し進めると言えよう。

　とはいえ、各国ごとに労働者は団結しうるし、結成された組合が各地の経営者と交渉することは可能である。現実に、日本の大手完成車メーカーの海外工場は、企業によって差があるものの、その7割〜9割が現地労組に組織されている。しかし、国ごとに分断された労組にとって、多国籍企業の生産移転という力は、著しい脅威となる（Kujawa1980、ILO1973、高木1973）。これまでも生産拠点の移転を防ぐために、労働条件の切り下げを労働側が受容してきた事例は、国内でも、海外でも、枚挙にいとまがない。例えば、2000年代半ば、フォルクスワーゲン社では、生産拠点をめぐる労使交渉が決裂し、労組はストライキに突入したものの、最終的に国内雇用の確保と引き換えに、賃金水準の低下を受け入れた[*16]。北米では、アメリカ系企業による生産の国際化が、本国の組合員数の急速な低下を招いていると言われる（Chaison 2014）。UAW（全米自動車労組）は、外資系企業の組織化を強化しているが、会社側は生産

[*15] 産別労組へのヒアリング調査より（2013年6月・9月）。

拠点の移転を脅しに使い、組織化を妨害していると報告される[*17]。日本でも、2000年代、完成車メーカー各社は、賃上げが国際競争力の低下を招き国内雇用を脅かすと主張し、労組自ら賃上げを抑制した時期が長く続いた[*18]。それは、産業全体はもちろんのこと、日本全体の組合運動に大きく影響した。

ただし生産立地の決定において、人件費の安さや労働組合の敵対性は、一要因に過ぎず、必ずしも決定要因ではない。若杉（2009、171頁）は、生産立地の選択は、「単に生産要素の賦存状況だけでなく、人的資源の豊富さ、資源の豊富さ、輸送通信手段、原材料・中間財の入手可能性、法制度、税制・関税・補助金などの政府の関与の程度、市場の規模、市場の競争条件、言語・文化・教育の差異、政治的安定性、インフラストラクチャー」といった様々な市場条件が、複合的に作用すると述べる。

同時に、実際に生産拠点を移転させることも、そう容易なことではない。生産移転のために、企業は固定資産の喪失や工場閉鎖に伴う退職金等を支出しなければならず、加えて労使間の紛争可能性も考慮せざるをえない。とくに自動車産業のように初期の設備投資が大きい分野は、固定資産の減価償却に時間がかかるため、より長期の視点で立地計画が立てられていると推測される。

だが労使関係上の問題としては、多国籍企業が生産や事業の一部またはすべてを自国から他国へと移転させる力があるのに対し、組合側がそれに対抗

[*16] 2004年11月に、IGメタル（ドイツ金属産業労働組合）とVW社が締結した協約は、「未来のための労働協約」と呼ばれる。その内容は、2011年までの雇用を保障する代わりに、既存の組合員の今後2年間の賃上げ凍結、新規労働者および見習い期間の労働者の賃金を現行水準よりも引き下げるなどの人件費抑制策の合意であった（IMF『Metal World』2004年4号5頁、日本経済新聞2004年9月11日・11月5日）。当初、労組は、4％の賃上げを要求し、人件費抑制にも反対の意向を示し、ストも実施した。

[*17] 2015年3月現在、UAWは、在米の外資系完成車メーカーについて、1社（三菱自動車）を除き組織できていない。その理由として、労組側は経営側の脅しがあると主張する（例えば、Derrick Johnson and Lance Compa (2013) "Nissan in Canton, Mississippi, and Workers' Freedom of Association under International Human Rights Standards" NAACP）。ただし経営側はそうした事実を否定している（日本経済新聞2014年7月15日）。

[*18] 例えば自動車メーカーのトップ企業であるトヨタ自動車の労働組合は、2002年以降2013年まで、ベアを要求した年は数年にとどまる。2000年代、日本の労組にとって、春闘は一時金の獲得と定昇維持が中心となってきた（日経産業新聞2011年2月21日）。

しうる統一的な力を持ちにくいため、結果として、組合活動が委縮し、経営の優位性の高めることにある。

そして、生産の国際化が、ストライキ効果を減退させることも指摘されてきた（ILO1973）。既述の労働者の分断とも重なるが、ある国の労組がストライキを行ったとしても、他国に同一製品を生産しうる工場がある場合、理論上、子会社間で生産を融通し合うことで、当該製品を市場へ供給し続けることが可能になる。ただ現実には、他国の工場が生産を代替しうる能力を有しているかどうかや、輸送コストの問題、その企業が国を跨ぐ横断的な生産体制を組織しているか等によって、その実現可能性は異なる。同様に、多国籍企業は、子会社で生じたストライキに対し、親会社から資金を流入させうるため、一国内の企業に比べると、より長期的な対応が可能となる（Bomers 1976）。このように生産、資金の両面から、団体交渉力の低下が指摘できる。

さらに、多国籍企業が設置する海外子会社においても、組合は交渉力を高めにくい（Kujawa1980）。それは、海外子会社の労組にとって、実質的な決定権限のある者と交渉することが極めて難しいためである。多国籍企業の場合、本社と海外子会社、さらには地域ごとの統轄本部など、意思決定を下す機関や人が複数存在していることに加えて、労組にとって、その意思決定のプロセスが不明瞭な場合が多い。各地の経営者と労働組合との間で労使協議や交渉をおこなうとしても、各地の雇用と労働条件について、現地の経営者が実際にどれほど決定権を有しているのかは分かりにくい。労働組合にとっては、実質的な決定権を有する使用者と交渉することが重要となるが、それが一体誰なのか見えにくく、またそこに近づきにくい状況がある。

4 集団的労使関係の国際化
国境をこえて共通したルール

このようにグローバル化した企業では、一国内の労使関係だけで物事を解決することは極めて困難になる。労働組合が、こうした事態に対抗するには、国境を超えて労働者が連帯し、国際労働運動を強化する他ない。しかしそうした呼びかけは、ずっと以前からあったにもかかわらず、遅々として進まなかったようにも思える。今さら、国際労働運動の強化を唱えても、その実現

可能性は極めて低く感じられるかもしれない。

けれども、今、国際労働運動は、消極的理由と積極的理由の両面から突き動かされ、前進しようとしている。

消極的理由とは、在外事業所や子会社で発生する労使紛争にある。近年、新興国では、民主化の動きと相まって、日系企業を含む多国籍企業で労使紛争が増加している[19]。多国籍企業の海外事業所や子会社の労組は、労使関係がこじれて、現地労使だけで問題を解決することが難しくなると、現地経営陣の上部に位置する本社や親会社との交渉や協議を求めてくる。だがその実現は容易でないため、国際産別組織と並んで本社や親会社の労組に、支援や連帯、時に本社や親会社への働きかけを要請する。つまり労働運動として、労組は真の意思決定者と直接交渉することを望むし、意思決定に影響を与えると思われる者に圧力をかけようとする。

とくに多国籍企業の本社労組には、本社と直接に協議・交渉しうる唯一の組織として、国際産別組織や海外の産別・企業別労組から様々な要請が届き、事態打開に向けた手を打つよう求められる。これまでは、海外事業所の労使紛争への対応は、ナショナルセンターや産別労組といった上部団体が担うのが常であり、単組が直接海外の労組とやり取りするケースは少なかった。しかし、近年では、海外拠点の増大から日系企業でも海外労使紛争が増加し、上部団体がそのすべてに対応することが困難になっていることと、本社労組の役割を重視する風潮が国際的に強まっていることを背景に、本社労組が直接対応を迫られるケースが増えている。

加えて、多国籍企業が対応を迫られるのは、自社の事業所や子会社の問題だけにとどまらない。今やサプライヤーや業務を委託している契約工場、請負会社など事業運営に関係する企業についても、労働問題が生じた場合には、その責を問われることがある。そのきっかけとなったのは、90年代半ばに起きたスポーツ用品メーカー、ナイキに対するグローバル・ネガティブ・キャンペーンにあった[20]。同社が、製造委託していた海外の工場で発生した労働問題に対して、強烈な社会批判に晒されたことは広く知られている。

---

[19] 例えば、香川 (2013)、田中・唐・中村 (2013) など。

日系企業・日系労組の間には、現地のことは現地の経営陣が決定しているとし、現地の問題は現地の労使で解決するべきだといった考え方が未だ根強い。ただしそうした考えに基づき、現地の問題を本社や親会社が放置すれば、国際的には、現地の状況を黙認していると捉えられる。海外に生産や販売の拠点を多数構える企業はもちろんのこと、その本社の労組は、世界各国の労働者に影響を及ぼす立場にあることを自覚するよう迫られている。世界各国の工場や事業所の労働実態、現地の従業員を組織した労組の動向に、無関心でいられない状況がすでに築かれつつある。

　一方、積極的理由とは、国際産別組織からの問題提起である。例えば、国際産別組織が、推進してきた動きとして、国際枠組み協定（Global Framework Agreements）がある。この協定は、国際産別組織と多国籍企業が締結するもので、その内容は、ILO中核的労働基準の遵守を主とする。本協定の特徴は、その適用対象にある。それは、国内外の自社の拠点のみならず、サプライヤー等の関連会社までを含む（Hammer 2005）[21]。ヨーロッパを母国とする多国籍企業で締結が広がっており、日系企業では3社がすでに締結した[22]。ただし日系自動車産業では、まだ同協定を締結した企業はなく、締結に向けた労使協議もほとんど進んでいない。大手自動車メーカー各社は、行動指針等に同様の内容を掲げており、また同じような内容を謳った他組織の活動（例えば、国連のグローバルコンパクト）にすでに参加しているため、労使ともに同協定を改めて締結する必要性を強く感じていない[23]。その背景

---

[20] ナイキは、直営工場を持たずに生産を委託して、販売するビジネスモデルを採用している。その契約工場の労働環境について、1997年に国際NGO団体から厳しい批判を浴びた。当初本社は、別会社である契約工場で解決する問題であるとして、関与しなかったが、そうした姿勢がさらなる批判を呼び、世界各国で不買運動にまで発展した（伊吹2003）。近年では、「ユニクロ」を展開するファーストリテイリングに対して、国際NGO団体が、契約工場での労働実態を告発する報告書を公表したが、同社はその改善に向けた対応をとることをすぐに発表した。

[21] その原型は、1989年にフランスの多国籍食品会社Danone（当時はBSN）とIUF（国際食品関連作業労働組合連合会）との間で締結された①Plan for Economic and Social Information in Companies of the BSN Groupと②Action Programme for the Promotion of Equality of Men and Women at the Workplaceの2つの協定とされる。

[22] 2015年3月現在、締結した日系企業は、株式会社髙島屋、美津濃株式会社、イオン株式会社である。世界では、110をこえる多国籍企業が締結している。

には、国際産別組織との協定締結に対する抵抗感もあると予想される。

　国際産別組織は、同時に、この協定を多国籍企業の内外の拠点および関係会社に周知させ、遵守させるために、国境を超えた労組ネットワークを構築することに力を入れている（首藤2014）。こうした動きは、日系労組にも広がっており、例えば郡司氏の論文に記載されている通り、自動車総連は、2013年、初めてアジア地域の8か国の自動車産業労組と会合を開き、労組間の連携強化を確認し合った。そしてこれは、産別レベルだけでなく、企業別レベルでも進展している。大手の完成車メーカーでは、労組による違いはあるものの、本社労組やグループ労連が中心となり、在外工場、在外の販売拠点、部品メーカーなどの労組と定期的に会い、情報交換を重ねている。海外労組との連携強化は、海外拠点での労使紛争を未然に防ぐことに貢献すると考えられている。

　ところで、労働組合と使用者が締結する国際枠組み協定は、その中身は労働三権の保障、強制労働と児童労働の不使用、差別撤廃といった基本的な内容にとどまるものの、多国籍企業（およびその関係会社）の従業員に、国境を超えて共通に適用されるルールであり、これはグローバルな集団的労使関係の萌芽ともいえる。さらに国際的なワーク・ルールの形成に向けて、一歩進んだ動きもある。例えばダイムラー社の労使は、2006年に安全衛生の原則を定め、フォルクスワーゲン社の労使は、2009年に労使関係憲章、2012年に派遣労働に関する憲章を締結した（首藤2014）。いずれも本国を超えて、世界の拠点に適用させることを謳っている。つまり国によって、雇用慣行や労働法規、社会保障制度は、大きく異なるため、国際的に共通したルールづくりは、普遍的な内容から取り掛からざるをえない。だが段階的に、安全衛生の基準や労使関係のあり方などについても、国境を超えた共通ルールが作られ始めている。今後、こうした取り組みが、雇用保障や労働時間規制といった問題にも広がっていく可能性もある[24]。グローバルな集団的労使関係は、段階を踏みつつ、すでにその構築に向けて動き出している。

---

*23　産別労組へのヒアリング調査より2013年6月・9月。

国際労働運動の担い手は誰か？

これまで日本の組合組織は、企業別組合が、組合費を収めた組合員に直接関わる活動を担い、産別労組やナショナルセンターがそれ以外の問題に対応してきた。ゆえに国際産別組織の会合に出席したり、労使紛争が生じた際に海外労組と協議したりするのは、産別労組やナショナルセンターであった。そして大局的見地から、国際的労働運動の意義を訴え、旗をふってきたのも後者であった[25]。

そうした経緯を前提とすれば、国際労働運動は、国際産別組織と、産別労組もしくはナショナルセンターが主たる担い手となる。しかしながら、今後は、企業別組合、とくに本社労組が、国際労働運動の一翼を担う必要性が高まっている点を指摘しておきたい。

国際経済学の分析では、輸出や対外直接投資を行う企業は、企業全体のごく一部であり、それは国際化していない企業と比べると、付加価値額、雇用者数、賃金、生産性におけるパフォーマンスが高い「幸福なる少数者（the happy few）」とされる[26]（若杉2011、31頁）。国際化した企業は、事業規模も収益も巨大化している。事業が拡大するにつれて、様々な産業にまたがることも多い。労組側も、産別組織の合併を繰り返してきたが、国を跨ぎ、産業を超えて発展していく多国籍企業は、もはや産業ごとに労使交渉し、効果的に規制をかけられる単位でなくなりつつあるとさえ思われる。

同時に、国境を超えた労使関係を考えてみると、労組側は産業ごとに国際組織が結成されているのに対して、使用者側に必ずしも同様の団体があるわけではない。国際的な使用者団体はいくつか存在するものの[27]、労働組合の国際組織と比べ、その数は少なく、多くは強い権限を持たず、その機能は明確でない。使用者側は、雇用慣行や法制度が国ごとに異なるなかで、国境を

---

[24] フォルクスワーゲン社従業員代表組織へのヒアリング調査より。なお、各国で国内の労使関係上、最も関心が寄せられてきた賃金については、国ごとの違いが大きく、最もルール作りが難しいものの一つと思われる。
[25] ただし産業別労組自体、企業別組合出身の組合役員を中心に構成されている。
[26] ただし日本では、欧米ほどにその格差、集中度合いは高くない（若杉2011）。
[27] 代表的には、国際使用者連盟（IOC）や国際商工会議所（ICC）、アジア・太平洋経営者会議（CAPE）などが存在する。

超えた統一の保障や規制をかけることに否定的な考えのもと、戦略的にそうした組織体制を作ってきたと推測できる。それらの組織は、国際的な社会対話の当事者としての役割を果たすことは、到底想定されていない。

このような理由から、現時点では、国際的な労使交渉を実施するには、企業単位で行うのが現実的である。国際枠組み協定が、多国籍企業と国際産別組織、そして各社の従業員代表組織や企業別労組との間で締結されてきたのも、そうした所以だろう。同時に巨大な多国籍企業が、国際枠組み協定を締結すれば、その適用対象は、国と産業を超えて広範囲に広がることになる。

すなわち、企業単位で、国際的な労使間の協議や交渉を実施しようとするならば、国際産別組織がイニシアティブを取りつつも、日本の場合、本社労組（企業別労働組合）の役割が重視される。産別組織が中心となる欧米でも、ローカルレベルでの組合機能が強化されているとの指摘がある（Helfen and Fichter, 2013）。国際枠組み協定が、企業と国際産別組織との協定であっても、その締結に向けた交渉や、締結後の周知と遵守のための職場活動は、本社労組が中心とならざるをえず、本社労組が、海外の労組と連携しながら、そうした取り組みを強化していかなければ、多国籍企業への実質的な規制はかかりにくい。

そして企業単位での国際労働運動の推進は、企業別労働組合を特徴とする日本にとって、むしろ進めやすいと思われる。ただしその際、企業主義的な運動に陥らないよう、国際産別組織との連携強化がより一層求められる。

国内と海外のバランスは、どう取るのか？

しかし同時に、こうした状況は、本社労組にとって、国内と海外とのバランスにおいて、難しい舵取りを要求する。例えば、大手完成車メーカーの労組は、国内の雇用維持のため、国内生産台数の目標値を掲げており、それが国内の組合員、自動車産業で働く労働者にとって、切実な問題であることはすでに述べた通りである。だが、各社の世界生産台数が一定のなかで、国内需要の縮小に対して、輸出率の引き上げにより国内生産台数を確保すれば、海外の雇用に影響を及ぼす可能性もある[28]。言い換えると、国内で雇用を確保するために、海外で雇用が喪失されかねない。同様に、海外事業の成長が、企業本体の成長に大きく寄与している場合、本社労組は、本国の組合員にそ

の収益をどれほど還元させるべきなのだろうか。経営側は、すでにこうした議論を始めており、例えば経団連は、国内従業員の貢献を評価しつつも、「企業の売上や生産に占める海外比率が高まるなか、国内従業員だけを対象とした定期昇給制度を維持していくことの合理性」に疑問を呈している[*29]。つまり本国での「賃上げ」交渉一つとっても、本社労組が、自国の雇用慣行や経済状況のみならず、海外拠点で働く労働者との公平性にも配慮しなければならない状況が生まれつつある。

　本社労組には、率先して、海外拠点の労組との連携を強め、こうした議論と向き合っていくことが求められる。それこそが、各国労組が生産、雇用、収益を奪い合う「底辺への競争」を防ぐ道となるだろう。

5　おわりに

　企業の国際化が、本国の雇用を減らすのか、労働条件を引き下げるのかが、長らく重要な問題とされてきた。確かに、このテーマの意義は揺るぎない。だが同時に、そうした雇用と労働条件の変化が、どのようなプロセスで決定されてきたのかも、実は、同じくらい重要なテーマである。雇用と労働条件が守られるにせよ、守られないにせよ、こうした変化は、これまで労使間で協議し、時に交渉し、その方向性が共有されてきた。組合員にマイナスの影響が生じる場合には、労働組合は、経営に対策を取るよう要請してきたし、自身でも対応をとってきた。労働組合は、メンバーシップに限定されるものの、労働者の利益を代表し、その雇用と労働条件を一定程度守ってきた。これが、集団的労使関係の役割だった。

　しかし企業の国際化は、こうした組合機能の低下をもたらす。多国籍企業における生産移転という脅威は、労働運動を委縮させ、生産の分散化は、団体交渉力の減退を引き起こした。すなわち、グローバル化が労働市場にいか

[*28]　実際に、欧州の自動車メーカーでは、そうしたケースも過去に生じてきた（首藤2014）。

[*29]　日本経済団体連合会（2014）『経営労働政策委員会報告2014年版』、71-72頁。

なる影響を及ぼそうとも、その結果に至るプロセスにおいて、質的な変化が生じている。

だが労働組合は、再びその機能を高め、その役割を強化させるために、すでに動き出している。本稿では、企業単位で、国際的なルールづくりが進んでいる実態を紹介した。国際枠組み協定の締結や、労組の国際的ネットワークの構築など、企業の国際化に対応したグローバルな集団的労使関係の萌芽が確認できよう。

そもそも、集団的労使関係は、その範囲の縮小が指摘されてきた。国内で長らく問題となってきたのは、労組が関与したワークルールや雇用慣行に則って働く労働者は減り続け、集団的労使関係の枠外で働く労働者が増え続けていることであった。組合に組織されていない非正規労働者や新たな産業が広がっている。つまり、たとえ労働組合が、組合員の雇用と労働条件を懸命に守っていたとしても、その範囲は徐々に狭まり、組合がまったく関与しない範囲が広がることで、社会全体における労働組合の力は弱まってきた。

グローバル化の進展は、労働組合の機能低下とこうした範囲の縮小を一層加速させている。今、労働組合に求められていることは、自らが守ってきた範囲外の労働者に目を向けることである。これまで集団的労使関係の枠外にいた労働者たちを、いかに自らの「集団」に取り込めるかが問われている。

参考文献

- 天野倫文（2005）『東アジアの国際分業と日本企業―新たな企業成長への展望』有斐閣
- 石田光男・富田義典・三谷直紀（2009）『日本自動車先業の仕事・管理・労使関係―競争力を維持する組織原理』中央経済社
- 伊藤恵子（2013）「企業活動のグローバル化と国内労働市場」『日本政策金融公庫論集』第18号、41-62頁
- 伊吹英子（2003）「経営戦略としての『企業の社会的責任』」『知的資産創造』2003年9月号、54-71頁
- 乾友彦・戸堂康之・Hijzen, Alexander（2008）「グローバル化が国内企業の生産性に与える影響」深尾京司・宮川努編『生産性と日本の経済成長』東京大学出版会
- 禹宗杬（2014）「【自動車】余裕の喪失が現場力を弱めている？」禹宗杬・連合総研編『現場力の再構築へ―発言と効率の視点から』日本経済評論社
- 香川孝三（2010a）「アセアン諸国の労働運動―低い組織率、分立する組織」『世界の労働』60巻7号、14-22頁
- 香川孝三（2010b）「アジアに進出した日本企業における労使紛争」『労働法律旬報』1717号、4-5頁
- 香川孝三（2013）「日系企業の海外進出の拡大と増大する労使紛争」『JCM』2013年秋号、8-21頁
- 清田耕造（2014a）「直接投資は産業の空洞化をもたらすか―1990年代以降の実証研究のサーベイ」『横浜経営研究』34巻4号、205-218頁
- 清田耕造（2014b）「対日直接投資の論点と事実：1990年代以降の実証研究のサーベイ」RIETI policy Discussion Paper Series 14-P-007
- 小松史朗（2005）「トヨタ生産方式における非典型雇用化の含意（上）・（下）」『賃金と社会保障』1401号・17-47頁、1402号・16-29頁
- 斉藤智美（2013）「わが国の自動車産業における国内生産の行方―激しいグローバル生産立地競争の中でサプライヤーが勝ち抜く為に」『Mizuho Industry Focus』135号、みずほ銀行産業調査部
- 首藤若菜（2014）「経営のグローバル化と労使関係―フォルクスワーゲン社の事例を手がかりに」『日本労働研究雑誌』655号、102-109頁
- 高木郁朗（1973）『国際労働運動―ナショナリズムの克服をめざして』日本経済新聞社
- 田中重好・唐燕霞・中村良二（2013）『中国進出日系企業の基礎的研究』JILPT資料シリーズ121号、労働政策研究・研修機構
- 中村吉明・渋谷稔（1994）『研究シリーズ23、空洞化現象とは何か』通商産業省通商産業研究所
- 樋口美雄（2001）『雇用と失業の経済学』日本経済新聞社
- 樋口美雄・松浦寿幸（2003）「企業パネルデータによる雇用効果分析―事業組織の変更と海外直接投資がその後の雇用に与える影響」RIETI policy Discussion Paper Series 03-J-019
- 深尾京司・袁堂軍（2001）『日本の対外直接投資と空洞化』経済産業研究所RIETI

Discussion Paper Series 01-J-003
- 深尾京司（2002）「直接投資と雇用の空洞化」『日本労働研究雑誌』501号、34-37頁
- 藤本隆宏（2012）『ものづくりからの復活―円高・震災に現場は負けない』日本経済新聞出版社
- 若杉隆平（2009）『国際経済学〈第3版〉』岩波書店
- 若杉隆平編（2011）『現代日本企業の国際化―パネルデータの分析』岩波書店

- Bomers, Gerard Bernard Joseph (1976) *Multinational Corporations and Industrial Relations: a comparative study of West Germany and the Netherlands,* Van Gorcum.
- Clausing, Kimberly A., (2000) 'Does Multinational Activity Displace Trade?' *Economic Inquiry,* 38:2, pp.190-205.
- Chaison, Gary (2014) *The Unions' Response to Globalization,* Springer.
- Danlop, John Thomas (1993) *Industrial Relations System: revised edition,* Harvard Business School Press.
- Ietto-Gillies, Grazi, (井上博監訳) (2012)『多国籍企業と国際生産―概念・理念・影響 *(Transnational Corporations and International Production: Concepts, Theories and Effects, 2012)*』同文舘出版
- Hammer Nikolaus, 2005, "International Framework Agreement: global industrial relations between rights and bargaining," *Transfer: European Review of Labour and Research,* 11:4, pp.511-530.
- Head, Keith and John Ries (2001) "Overseas Investment and Firm Exports", Review of International Economics, 9:1, pp.108-122.
- Head, Keith and John Ries (2002) "Offshore Production and Skill Upgrading by Japanese Manufacturing Firms", *Journal of International Economics,* 58:1, pp.81-105.
- Head, Keith and John Ries (2003) "Heterogeneity and the FDI versus Export Decision of Japanese Manufactures", *Journal of the Japanese and International Economies,* 17: 448-467.
- Helfen, Markus and Michael Fichter, 2013 "Building Transnational Union Networks across Global Production Networks: Conceptualizing a New Arena of Labour-Management Relations," *British Journal of Industrial Relations* 51:3, pp.553-576.
- Hijzen, Alexander, Tomohiko Inui and Yasuyuki Todo (2007) "The Effect of Multinational Production on Domestic Performance: Evidence from Japanese Firms", *RIETI Discussion Paper Series* 07-E-006.
- Hijzen, Alexander, Sevastien Jean and Thierry Mayer (2011) "The effects at home of initiating production abroad: evidence from matched French Firms" *Review of World Economics,* 147:3, pp.457-483.
- Kiyota, Kozo, Toshiyuki Matsuura, Shujiro Urata and Yuhong Wei (2008) "Reconsidering the Backward Vertical Linkage of Foreign Affiliates: Evidence from Japanese Multinationals", *World Development,* 36:8, pp.1398-1414.
- Kujawa, Duane (1980) *The Labour Relations of United States Multinationals Abroad: Comparative prospective views,* ILO Research Series No.60.
- Toshiyuki Matsuura, Kazuyuki Motohashi and Kazuo Hayakawa (2008)

"How does FDI in East Asia Affect Performance at Home?: Evidence from Electrical Machinery Manufacturing Firms" *RIETI Discussion Paper Series 08-E-034*.

- Obashi, Ayako, Kazuo Hayakawa, Toshiyuki Matsuura and Kazuyuki Motohashi (2010) "A Two-dimensional Analysis of the Impact of Outward FDI on Performance at Home: Evidence from Japanese Manufacturing Firms", *IDE Discussion Papers*, No. 273.
- ILO (1973) *Multinational Enterprises and Social Policy*, ILO.
- Yamashita, Nobuaki and Kyoji Fukao (2010) "Expasion Abroad and Jobs at Home: Evidence from Japanese Multinational Enterprise"', *Japan and the World Economy*, 22:2, pp.88-97.

7 企業組織のグループ化・ネットワーク化と集団的労使関係

問題提起　企業組織のグループ化・ネットワーク化における集団的労使関係の可能性

春木幸裕　情報産業労働組合連合会　前書記長

1 はじめに

　企業組織におけるグループ化・ネットワーク化の形態は、会社分割・合併買収・株式交換・事業譲渡など様々であるが、グループ化等による度重なる企業再編の中で、集団的労使関係はどのような位置づけと役割を果たしていくのか。また、企業グループの枠組みを超えた集団的労使関係は成立するのか。
　本稿では、情報労連の主要加盟組合における具体的事例をもとに、企業組織のグループ化・ネットワーク化をはじめとする様々な形態の中での集団的労使関係のあり様と役割について触れることにしたい。

2 具体的事例

経験のない「持株会社制度」のなかでの集団的労使関係の機能化

　独占禁止法（昭和22年法律第54号）の第9条で、全面的に禁止されていた「持株会社」が、1997年6月11日の法改正の可決・成立（公布は同年6月18日）を

もって原則解禁となった。

　改正の背景には、急速に進展した企業活動のグローバル化、日本経済における産業の空洞化の懸念などの内外の諸情勢の変化に伴う経済界からの強い規制緩和要請があったとされているが、時を同じくして、独占禁止法第9条の改正を前提とした「NTT再編成法案」(日本電信電話株式会社法の一部を改正する法案)が、同年5月22日に衆議院で、6月13日に参議院で可決・成立し、日本電信電話株式会社は1999年7月に、それまでの1社体制から、純粋持株会社制度のもとで「日本電信電話持株会社」(持株会社)、特殊会社とされた「東西地域会社」(現NTT東日本・NTT西日本)、長距離・国際会社(現NTTコミュニケーションズ)の4社に再編された。

　事実上『NTTの再編成』が決まった1996年12月から再編成が実行される1999年7月の間、NTT労働組合(当時は全電通)は、純粋持株会社方式という新たな制度下における労使関係が我が国初となる重責に鑑み、NTTの再編成後における組合員の雇用と労働条件の継承・確保することを基本方針に、「日本の労働運動の先駆的役割を果たすとの立場で新たな労使関係を確立する」との立場で対応してきた。

　そのうえで、基本的労働条件の統一とグループ各社の自立性に基づく労働条件の確立という、相反する課題に対応していくためにも、単一労働組合を堅持しつつ、『NTTの再編成』後においても、持株会社および再編3社との間で、労使協議の場である経営協議会と団体交渉ルールを確立してきたのである。

　具体的には、労働協約締結権は中央本部が有し、当面の間は、中央本部が各社と労働条件について交渉・決着するとしてきたのである。春闘交渉を例にあげれば、中央本部が、持株会社および再編3社をはじめとする主要グループ会社に要求書を提出し、各社から回答を得るが、実質的交渉・決着は持株会社との交渉・決着をもって、各社とも同様の決着を図るという、いわゆる単一労働組合としての「統一要求・統一決着」の手法であった。

　その後、『NTTの再編成』から3年が経過した2002年には、中央本部のもとに、再編3社および主要グループ会社に対置して設置してきた企業本部の主体性と単一労働組合およびNTTグループとしての統一性の両面を重視しつつ、基本協定・労働関係および労働条件の根幹に関わる協約は中央本部が締結権を有し、事業運営および企業業績等に密接に関わる協約については、要求か

ら協約締結までの権限を企業本部に委譲してきた。

例をあげれば、賃金制度の枠組みや基本賃金（賃金のプラットフォーム）に係わる協約は中央本部が、特別手当や各種手当等については企業本部という区分けのもとに運用してきている現状にある。

言い換えれば、基本的労働条件は統一されていても、特別手当や各種手当等については大きくはないものの違いが生じてきているということではあるが、『NTTの再編成』という大変革においても雇用関係・労働条件をすべて継承し、今なお、統一性をもった労働条件と主要グループ会社・企業本部の主体性に基づく労働条件が両立できていることは、労働組合を組織したうえでの集団的労使関係が機能しているほか何物でもないと考える。

企業・グループの枠組みを超えた集団的労使関係による成果

（1）東北情報インフラユニオン（通建連合加盟）

東北情報インフラユニオンは、情報労連主要加盟組合である通建連合（正式名称：情報通信設備建設労働組合連合会）に加盟する単一組合である。

通建連合は、通信設備工事業に従事する企業別労働組合の連合体であり、16の加盟組織によって構成されているが、その加盟組織形態は、単一組合と協議会が混在するという特殊な形態にある。同時に、労使関係についても、下記のようなパターンに分類される。

①単一組合で、対置する企業と1対1の労使関係を締結
②単一組合として資本関係が伴わない複数企業と労使関係を締結
③単一組合として、資本関係が伴うすべてのグループ会社と労使関係を締結
④複数企業の組織で単一組合を構成するが、単組としては労使関係は締結せず、構成組織（支部）毎に労使関係を締結（通建連合へは単一組合加盟）
⑤資本関係が伴う企業グループのグループ会社個々に単組化し、単組毎に対置するグループ会社と労使関係を締結（通建連合へは協議会加盟）

それぞれ、地域性や企業性等の歴史的経過と変遷の中で培われてきた労使関係であるが、②の労使関係にあるのが「東北情報インフラユニオン」だ。

東北情報インフラユニオンは、2つの企業グループに属する13社と労使関係を締結している。13社のうち、核となる企業（以下、親会社）が2社、残る

11社はこの親会社2社の関連・グループ会社で、ごく小規模の中小零細企業である。

　この13社の労働条件は、実質、東北情報インフラユニオンと親会社2社との交渉でほぼ決まる。親会社2社との決着をもって関連・グループ会社11社と交渉し、同様の決着を迫るという構図だ。

　最近の例では、親会社2社との間で、情報労連として方針提起している「勤務間インターバル」を導入したことをもって、関連・グループ会社10社においても導入を図った。

　また、時間外労働に対する割増賃金についても、中小零細企業の多くが法定に留まっている中で、東北情報インフラユニオンに対置するすべての企業で、法定を上回る割増賃金を締結している。

　このように、親会社と関連・グループ会社の労働者で単一組合を結成し、東北情報インフラユニオンという枠組みでの集団的労使関係によって、親会社と関連グループ会社との労働条件格差を生じさせないことにつなげている。

　また、企業グループ一体となった組合運営は、親会社の組合員が関連・グループ会社に転籍しても、労働組合の移動が伴わないことから、組織率を維持する結果にも結びついているし、当該組合に対する労働組合としての役割を最後まで果たすことにもつながっている。

(2) トーシスグループ労働組合（通建連合加盟）

　東北情報インフラユニオンの事例とは別に、同様の集団的労使関係によって、多くの組合員の雇用を守った歴史的経過も存在する。

　長野・新潟を拠点とするトーシスグループ労働組合は、現在、親会社1社・グループ会社3社の労働者で構成する単一組合だ。

　現在の親会社は、かつて、長野と新潟のそれぞれに拠点を置く別会社であったが、トーシスグループ労働組合も、東北情報インフラユニオンと同様の集団的労使関係をもって、当初から2つの会社の労働条件を限りなく同一にし、賃金もほぼ同一の水準に揃えてきた。

　既に、この2社は合併し、現在の親会社1社となっているが、労働条件がほぼ同一水準であったため、合併後の労働条件の統一も円滑に進み、また、組合員・社員の移動もスムースに行えたことで、整理解雇のような事態は生じ

なかったと聞いている。

　また、その後にも、1社となった親会社の経営状況の悪化を受けて、多くの組合員がグループ企業に転籍する事態に至ったが、トーシスグループ労働組合は、親会社の賃金原資を切り下げ、かつての同僚が多く転籍したグループ企業の賃金原資に充てるとの労使交渉に臨み、転籍する労働条件の低下を最小限に抑え、なおかつ、組合員の雇用を守り抜いた。

中小零細企業組合のハンディを克服する『全統一労働組合』の集団的労使関係

　全統一労働組合（以下、全統一）は、様々な業種の中小零細企業労働組合組織（以下、構成組織）で構成する単一労働組合である。構成組織は単組ではなく、支部・分会という位置づけで、企業間には資本関係も取引関係も存在していない。

　資本関係も取引も伴わない企業別労働組合組織で構成されていることからすれば、本来は連合体では？と見なされるところであろうが、通常、個々の企業別労働組合が有する団体交渉権・スト権・妥結権を、単一労働組合である全統一に集中させたうえで、構成組織全体の労働条件の底上げを図ってきている。

　春闘における要求書も、全統一労働組合中央執行委員長名と支部・分会代表者の連名で提出し、支部・分会交渉にも全統一労働組合中央執行委員長（専従役員）以下、本部役員（支部・分会から選出された非専従役員）が出席することを原則としている。

　全統一労働組合本部役員の出席のもと、各社と交渉するだけでなく、支部・分会の組合役員に対してきめ細かな指導をすることで、集団的労使関係を維持し、中小零細企業労働者の労働条件の引き上げにつなげている。

　全統一労働組合を組織することで、中小零細企業の労働組合では難しいとされる専従役員が配置でき、かつ、その専従役員が集団的労使関係の中心を担うことによって、中小零細企業組織（組合）のハンディを克服してきているのである。

3 おわりに

　3つの具体的事例からすれば、企業組織のグループ化・ネットワーク化によって集団的労使関係の枠組みが左右されることはないとも言えるのではないだろうか。企業がどのような枠組みであろうとも、労働組合を組織し、集団的労使関係のもとに課題を解決していくことは可能であるし、1997年以降進められてきた企業再編制度の法的緩和・整備によって、企業のグループ化・ネットワーク化が日常茶飯事的に行われるようになってきたことと合わせて、集団的労使関係が果たす役割は、より重要度を増してきていたに違いない。

　しかし、度重なるM&A等によって、集団的労使関係が衰退していく実態も存在する。特に、労働組合が組織されている企業と組織されていない企業の合併や外資系企業との国内合併および国外合併といった企業グループ化・ネットワーク化においては、その維持・機能化の難しさが際立っているように思える。そのことが組織率の低下にも表れている。

　拡大・変容し続けていく企業組織のグループ化・ネットワーク化のもとでの集団的労使関係の確立。労働組合の本丸の課題であることは間違いない。

7 企業組織のグループ化・ネットワーク化と集団的労使関係

論文

集団的労使関係の法的基盤としての団体交渉にかかる「使用者」概念

竹内（奥野）寿　早稲田大学法学学術院教授

1 はじめに

　本テーマにかかる問題提起を行う春木論文[*1]では、純粋持株会社化、事業譲渡や会社分割などの企業組織変動等により、複数の企業が企業グループを形成する中で、これらのグループの各企業（事例によっては企業グループの枠を超える各企業）との集団的労使関係がどのように展開しているかについて、いくつかの事例を紹介している。そこでは、一つには、グループ内（ないし労働組合が組織対象とする企業群）で、中核企業（親会社）との間で交渉・妥結した労働条件水準をもって、子会社との交渉を妥結させるという方法をつうじ、親会社の労働条件水準を子会社にも波及させる（子会社における労働条件水準をより高いものとする）取組みがみられる（NTTグループの事例、

[*1] 春木幸裕「問題提起・企業組織のグループ化・ネットワーク化における集団的労使関係の可能性」本書166頁。本稿では、単に、春木論文とする。

及び、東北情報インフラユニオンにかかる事例)。また、構成組織である各企業の労働組合の団体交渉権、スト権、労働協約締結権限を単一労働組合に集中させた上で、当該単一労組本部の役員が各企業との交渉に出席したり、構成組織である各企業の労働組合の役員に対しきめ細かく指導を行ったりすることをつうじて、全体としてより高い労働条件水準の獲得を目指す取組みもみられる(全統一労働組合にかかる事例)。

　これらの取組みは、グループ・ネットワークを構成する複数の企業群の中核をなす企業と交渉・働きかけを行う労働組合の存在と、当該グループ・ネットワークに属する企業の全体を見据えた運動方針が、企業組織のグループ化・ネットワーク化の中で、労働組合にとって重要であることを示していると思われる。また、必ずしも明らかではない点もあるが、これらの取組みにおいては、いずれも、子会社において(あるいは親会社・子会社の双方において)、事実上、親会社における妥結状況に沿う(あるいは、連携する)形で交渉を妥結させるとの姿勢があることを前提に、個々の企業が、自主的に、当該企業の従業員を組織する労働組合(単一労組の構成組織)と団体交渉(ないし労使協議)を行っているものと考えられる。

　春木論文において紹介されているこれらの取組みが労使によって現実に行われることが望ましいのはいうまでもない。また、このような形で労使関係が展開する限りでは、春木論文が述べるとおり、「企業組織のグループ化・ネットワーク化によって集団的労使関係の枠組みが左右されることはない」、「企業がどのような枠組みであろうとも、労働組合を組織し、集団的労使関係のもとに課題を解決していくことは可能」[*2]であろう。

　もっとも、企業組織のグループ化・ネットワーク化の中では、常にこのような、いわば「良好な」形で労使関係が展開するわけではない。特に、企業グループ・ネットワークがすべて組織化されているわけではなく、労働組合が存在していない企業が存在する場合、そうした企業との関係で良好に労使関係を運営していくことは容易でないと考えられる[*3]。

　法的には、こうした場合の重要な問題の一つとして、ある企業(典型的には

....

[*2]　春木論文・本書171頁。

子会社)の従業員を組織している労働組合が、当該子会社と株式所有等の関係にはあるが、雇用主ではない、グループ・ネットワーク内の他の企業(典型的には親会社)との間で団体交渉を求めたとして、当該親会社が当該労働組合に組織される(子会社の)従業員の「使用者」として団体交渉に応じる義務を負う(正当な理由のない交渉拒否が、労働組合法(以下、単に、労組法とする)7条2号により不当労働行為として禁止される)か否かという問題がある。春木論文で紹介されているような、親企業との交渉で得られた労働者にとってより望ましい労働条件水準を子会社の従業員についても及ぼしていくという場合ではなく、子会社で生じた雇用や労働条件等をめぐる紛争(例えば、子会社の閉鎖等を理由とする解雇)の解決を図る場合に、この問題は特に顕在化する[4]。この親会社等の労組法7条の「使用者」性の問題について[5]、筆者はすでに論じたことがある[6]が、改めて、本稿において検討を加えてみたい。

---

[3] 春木論文が「3. おわりに」(本書171頁)でM＆A等に関連して指摘する点も、こうした場合の一つと考えられる。

[4] 呉学殊(2011)『労使関係のフロンティア―労働組合の羅針盤』労働政策研究・研修機構では、紛争事例ではないが、企業グループ内の子会社の人事労務管理について、当該企業グループの中核企業による一元的管理の下、一定の枠づけが行われている事例が報告されている(131頁)。枠内では子会社の自主性が認められているものの、こうした状況は、「使用者」性の問題が顕在化しやすい例の一つと考えられる。同書はこうした事例を含め、企業グループにおける労使関係について、様々なあり方があることを報告している(102-184頁)。

[5] 本稿は労組法7条2号が禁止する団体交渉拒否の不当労働行為との関係で、禁止の名宛人である労組法7条の「使用者」性について検討するものである。このほか、「使用者」性は、同条1号あるいは3号との関係でも問題となるが、これについては、考察の対象外としている。こうした7条各号における「使用者」性の相互の関係につき、7条2号との関係で「使用者」に該当する主体による1号あるいは3号違反の不当労働行為の成否の観点から検討する最近の論稿として、山川隆一(2014)「労組法7条と『部分的使用者』概念」労委労協693号、2頁参照。

2 親会社等の労組法7条の「使用者」性

> 朝日放送事件最高裁判決における
> 労組法7条の「使用者」性の判断基準とその理解

　いかなる主体が労組法7条の「使用者」に該当するかについて、学説は、大別すれば、支配力説（ないし対向関係説）と、労働契約基準説とが対立する状況にある[*7]。

　この問題につき、最高裁は、社外労働者の受入（会社間の請負契約に基づく、社外労働者の労働力利用）にかかる朝日放送事件[*8]において、「使用者」性の判断基準を一般論として説示した。後述するとおり、朝日放送事件最高裁判決が下された以降の時期においては、親会社等の「使用者」性にかかる労働委員会命令、裁判例においても同判決の判断基準を何らかの形で参照（あるいは引用）するものが多く存在していることを踏まえ、以下では、まず、同判決における労組法7条の「使用者」性の判断基準を確認することとしたい。

　同事件は、放送事業等を営む会社（以下、X社とする）が、別会社（3社）と業務請負契約を締結し、テレビ番組制作のためのアシスタント・ディレクター、音響効果、照明のスタッフをそれらの別会社から受け入れていたところ、これらのスタッフの一部を組織する労働組合が、賃上げ、一時金支給、下請会社の従業員の社員化、休憩室の設置等の労働条件の改善等を議題とす

[*6] 竹内（奥野）寿（2010）「企業組織再編と親会社の『使用者』性・団体交渉義務」毛塚勝利＝連合総合生活開発研究所編『企業組織再編における労働者保護』中央経済社、107頁。本稿は、都度の引用は省略しているが、当該論文に相当程度基づきつつ、さらに若干の考察を追加しようとするものである。
　なお、特に、「ネットワーク」化との関係では、業務委託等をつうじて複数の企業が関係を有する事例も検討の対象となりうるが、本稿では、親会社等の事例を検討の対象とすることとし、業務委託等をつうじて複数の企業が関係を有する事例については、検討の対象外とした。さらになお、労組法7条の関係での「使用者」性については、労働者派遣の枠組みの下における派遣先の「使用者」性も問題となるが、これについても、本稿では検討の対象外とした。労働者派遣の枠組みの下における派遣先の「使用者」性についての筆者の検討として、竹内（奥野）寿（2013）「派遣労働者の直接雇用、他の就業機会確保についての団体交渉にかかる派遣先事業主の労組法七条の使用者性」中央労働時報1166号、26頁、竹内（奥野）寿（2014）「判例批評」ジュリスト1474号、131頁参照。

[*7] 2011年ころまでの学説の状況の詳細については、竹内（奥野）寿（2012）「労働組合法7条の使用者（文献研究）」季刊労働法236号、211頁参照。

[*8] 最三小判平成7・2・28民集49巻2号559頁。

る団体交渉をX社に申し入れたが、X社がこれらのスタッフの使用者でないことを理由に、交渉事項のいかんにかかわらず団体交渉を拒否したことが、不当労働行為に該当するか否かが主として争われたものである。この団体交渉拒否の不当労働行為の成否の判断の前提として、X社が労組法7条の「使用者」に該当するか否かが争われた。

後に最高裁に至る取消訴訟の対象となった中央労働委員会命令[*9]は、上記の団体交渉議題のうち、「番組制作業務に関する勤務の割り付けなど就労に係る諸条件」につき、X社は、申立人である労働組合との団体交渉拒否をしてはならない旨判断していた。

この中央労働委員会命令についてX社が提起した取消訴訟において、第一審[*10]は請求を棄却したが、控訴審[*11]は、X社が上記労働組合の組合員らとの関係で「使用者」に該当しないとの理由で、中央労働委員会命令を取り消した。このため、中央労働委員会が上告した。

最高裁は、労組法7条の「使用者」性につき、「労働組合法7条にいう『使用者』の意義について検討するに、一般に使用者とは労働契約上の雇用主をいうものであるが、同条が団結権の侵害に当たる一定の行為を不当労働行為として排除、是正して正常な労使関係を回復することを目的としていることにかんがみると、雇用主以外の事業主であっても、雇用主から労働者の派遣を受けて自己の業務に従事させ、その労働者の基本的な労働条件等について、雇用主と部分的とはいえ同視できる程度に現実的かつ具体的に支配、決定することができる地位にある場合には、その限りにおいて、右事業主は同条の『使用者』に当たるものと解するのが相当である。」との一般論を判示した。その上で、事案の判断として、X社は、別会社の従業員であるスタッフの労働契約上の雇用主には該当しないとしつつ、実質的にみて、別会社から派遣される従業員の、勤務時間の割り振り、労務提供の態様、作業環境等を決定していたとして、「右従業員の基本的な労働条件等について、雇用主である請負三社

[*9] 中労委決昭和61・9・17命令集80集714頁。初審命令は、大阪地労委決昭和53・5・26命令集63集430頁である。
[*10] 東京地判平成2・7・19・労判566号17頁。
[*11] 東京高判平成4・9・16・労判624号64頁。

と部分的とはいえ同視できる程度に現実的かつ具体的に支配、決定することができる地位にあった」として、その限度で、別会社の従業員であるスタッフとの関係で「使用者」に該当すると判断した。

朝日放送事件最高裁判決は、「その労働者の基本的な労働条件等」についての支配、決定を検討するとしているところ、この「基本的な労働条件等」について現実的かつ具体的に支配、決定している場合には、「その限りにおいて」、労組法7条の「使用者」に該当するとしており、また、事案の判断においても、X社が決定している、勤務時間の割り振り、労務提供の態様、作業環境等の事項の限りで「使用者」に該当するとしており、団体交渉が申し入れられている事項ごとに、「部分的使用者」概念を肯定したものと解される[*12]。関連して、「基本的な労働条件」(についての支配、決定)との表現が用いられているが、事案に示されているとおり、必ずしも、賃金、労働時間等の労働契約の本質的な要素をなす労働条件全般にわたって支配、決定していなければならないとするものではないと解される。

また、同判決は、社外労働者の受入にかかる事例について、当該社外労働者の労働力の利用にかかる団体交渉事項につき、X社の「部分的使用者」性が肯定された事例であることに留意する必要があると考えられる[*13]。すなわち、社外労働者の労働力の利用に関しては、通常、雇用主(別会社)が決定するのではなく、労働力を受け入れて利用するX社こそが決定しうるものであり、同判決は、いわば、労働条件についての決定力が、雇用主たる別会社と、労働力受入れ会社であるX社との間で、労働条件ごとに分有されている状況下で、当該分有している限度で「部分的使用者」性を肯定できるとしたものと解される。このことに関連して、親子会社等の事例においては、子会

[*12] 本久洋一(2006)「企業買収と労組法上の使用者性」労働法律旬報1631号14頁、19頁参照。さらに、朝日放送事件最高裁判決につき、団体交渉申入れ事項ごとに「部分的使用者」性を判断するものと理解する近時の論稿として、山川・前掲注5論文17-19頁参照。

[*13] 以下の叙述については、朝日放送事件最高裁判決の判断基準を、「地位設定に基づく使用者性(固有の決定権限、法令による義務づけ)」と、「雇用主の決定権限を侵害するかぎりでの使用者性」とに分けて考察する、本庄淳志(2015)「就業条件をめぐる団交拒否と派遣先の不当労働行為の使用者性」季刊労働法249号、121頁に示唆を得た。なお、注49も参照。

社等が形骸にすぎないといった場合を別として、通常、少なくとも形式的には、上記のような「分有」はなく、子会社の労働者の労働条件については、子会社が全般的に決定する地位にあると思われ、親会社等については、資本関係等に基づく影響力を現実に行使して労働条件にかかる子会社の決定に干渉することが問題になるものと考えられる。朝日放送事件最高裁判決は、事案の判断においてX社が勤務時間の割り振り等について「決定」していたと指摘しているところ、上記のように他の主体による労働条件決定に干渉する場合は、当該決定過程についての「支配」の問題として位置づける余地があると思われる。また、このような「支配」の理解を前提とすれば、「部分的使用者」性は、様々な労働条件のうち特定の労働条件事項についての「使用者」性のみならず、特定の労働条件事項にかかる一定限度での「使用者」性をも念頭に置いているとみる余地があると思われる。親子会社等の「使用者」性についても、基本的には朝日放送事件最高裁判決の射程内であるか否かは議論があるが[14]、射程内であるとする場合、上記のように事案類型の特徴を考慮に入れて判決を理解するべきではないかと思われる。なお、この場合、親会社等の、「支配」に基づく、(上述の意味での)「部分的使用者」性が認められるかについては、同最高裁判決によってはなお明らかにされておらず、更なる検討に残されていることとなると思われる[15]。

朝日放送事件最高裁判決以降の時期の労働委員会命令、裁判例の傾向

　親会社等の「使用者」性が争われている労働委員会命令ないし裁判例にお

---

[14] 議論状況については、竹内（奥野）・前掲注6論文（2010年論文）124-125頁、及び、根本到(2013)「労組法7条の使用者性について―近時の動向と法的課題」労委労協685号、20頁、32-33頁、水町勇一郎(2014)「団体交渉の主体」土田道夫・山川隆一編(2014)『労働法の争点』有斐閣、178頁参照。水町論文は、朝日放送事件最高裁判決につき、「労働契約基本説を基盤としつつ……、支配力説を取り込んだ、折衷的な判断枠組みを採用したもの」(179頁)とする。

[15] なお、こうした他方の主体の労働条件決定への干渉、支配は、社外労働者受入の事例でも生じうると考えられる。その意味では、本文で述べたことは、親会社等の事例に特有のものではないが、多く問題となるのは、親会社等の事例においてであると思われる。

いては、都道府県労働委員会命令を中心に、支配力説を採用するものも存在する。もっとも、朝日放送事件最高裁判決が下された後の時期においては、親会社等の「使用者」性についても、同最高裁判決が労働契約基準説を採用したとの理解を前提に、同判決の判断基準を参照して判断を行うものが多くみられる。

ここでは、こうした労働委員会命令及び裁判例における「使用者」性の判断基準につき、検討することとする。

(1) 都道府県労働委員会命令

都道府県労働委員会命令においては、後に検討する裁判例に比較して、朝日放送事件最高裁判決以降の時期においても支配力説を採用するものが少なからずみられる。例えば、甲府月星商事外2社事件[16]は、労組法7条の「使用者」には、雇用主のほかに、「労働関係上の諸利益について現実かつ具体的な支配力を有する者」も含まれると述べている。また、協立ハイパーツ・住友電装事件[17]も、「労働組合法7条にいう『使用者』は……契約当事者としての使用者に限ると解すべきではなく、労働関係について不当労働行為救済制度の適用を必要とする程度の現実的で具体的な支配力ないし影響力を有する者をも含むと解すべきである」として、同様に支配力説の立場を採用している。さらに、一連の高見澤電機製作所事件にかかる長野県労働委員会命令[18]も、労組法7条の「使用者」には、「労働契約上の使用者又はこれに準ずる者で、現実的に具体的な支配力又は影響力を有する者を含むと解され」るとして、支配力説を採用している[19]。

---

[16] 山梨地労委決平成13・7・23命令集120集162頁。
[17] 宮城県労委決平成19・6・12別冊中労時報1363号44頁。
[18] 富士通・高見澤電機製作所事件・長野県労委決平成17・3・23別冊中労時報1328号42頁、富士通・高見澤電機製作所事件・長野県労委決平成17・3・23別冊中労時報1328号350頁、高見澤電機製作所外2社事件・長野県労委決平成17・9・28別冊中労時報1334号229頁。
[19] このほか、南労会（不誠実団交・団交拒否）事件・大阪地労委平成14・4・25命令集122集632頁も、一般論としては、支配力説を採用している。もっとも、事案の判断においては、「組合員の労働条件を現実的かつ具体的に支配・決定する立場にあるとみることはできない」と、朝日放送事件最高裁判決を踏まえた表現も用いられている。

もっとも、より多数の都道府県労働委員会命令は、朝日放送事件最高裁判決が判示する一般論を踏まえつつ、これを採用ないし修正して採用している。

こうした都道府県労働委員会命令の1つの類型として、朝日放送事件最高裁判決の判断基準を踏まえつつも、「部分的とはいえ」雇用主と同視できるかどうかには言及せず、基本的な労働条件等についての支配、決定の有無を、賃金、労働時間をはじめとする労働条件全般にわたるいわば包括的な支配、決定の有無の観点から検討するものがある。例えば、サンケン電気事件[20]は、後述する高見澤電機製作所外2社事件中央労働委員会命令[21]を引用する形で、こうした判断基準によることを明らかにしている。また、大仁事件[22]も、結論として、実質的に子会社は親会社の一部門にすぎず、当該親会社は子会社の従業員との関係で「使用者」に該当すると判断している点では違いをもたらすものであるか否かは判別し難いものの、一般論としては、「部分的とはいえ」といった修辞を加えず、「A会社がB会社の従業員の労働条件について雇用主であるB会社と同視できる程度に現実的かつ具体的に支配・決定できる場合は、A会社は、B会社の従業員の労働条件について、B会社と並んで労働組合法第7条にいう『使用者』としての地位にある」と述べている[23]。

朝日放送事件最高裁判決を参照するもう1つの類型は、同最高裁判決と同様に、「部分的とはいえ」雇用主と同視できる程度に基本的な労働条件等について支配、決定することができるか否かを検討するものである。例えば、ツムラ化粧品事件[24]は、「労働組合法第7条にいう使用者とは雇用契約関係の直接の当事者である雇用主に限定されるものではなく、親会社が子会社の従業員に対し、その労働条件について現実的かつ具体的に支配決定しているような場合には、その範囲において当該親会社も子会社の従業員の労働組合法上の使

---

[20] 石川県労委平成23・10・18別冊中労時報1447号514頁。
[21] 中労委決平成20・11・12別冊中労時報1396号305頁。
[22] 北海道労委平成21・1・9命令集143集37頁。
[23] なお、同命令は、「A会社は……、B会社と並んで……「使用者」としての地位にある」(傍点筆者) としており、「部分的」というよりはむしろ、「重畳的」に使用者概念を理解する点に特徴がある。
[24] 大阪地労委決平成12・4・11命令集116集629頁。

用者と解するのが相当であり、当該親会社はこの支配決定している労働条件について団交に応じなければならない」として、現実的かつ具体的に支配決定している労働条件の範囲で「使用者」性が認められるとの考え方を提示している。また、近時における、こうした類型の代表例といえる寿工業株式会社事件[*25]は、朝日放送事件最高裁判決を引用した上で、「『雇用主と部分的とはいえ同視できる』者であれば足りるのであるから、同条2号との関係においては、申し入れられた団交事項との関係によってその使用者性を判断すべきである」としており、部分的な「使用者」性について、団体交渉拒否との関係では、団体交渉が申し入れられた事項について検討するべきとの立場を明らかにしている[*26]。同様に、大阪府労委平成25年（不）第32号事件[*27]は、「労働者の基本的な労働条件等について、雇用主と全面的に、若しくは部分的とはいえ同視できる程度に現実的かつ具体的に支配、決定することができる地位にある場合には、全面的に、若しくはその限りにおいて、当該事業主は……［労組法7条の］使用者に当たる」として、基本的な労働条件等の全般にわたって「使用者」性が認められる場合のほか、部分的な「使用者」性が認められる場合もあるとの判断基準を提示している。

　なお、こうした、部分的な「使用者」性を検討する判断方法は、先に紹介した、支配力説を採用する都道府県労働委員会命令においてもみることができる。

(2) 中央労働委員会命令

　中央労働委員会命令においては、大阪証券取引所事件[*28]は、一般論を提示

[*25] 福岡県労委決平成25・3・27命令集未登載（中央労働委員会HP命令・裁判例データベース）。

[*26] なお、同命令は、親会社の部分的な「使用者」性を認めうる事情を認定した上で、補足的な形で、労働組合による団体交渉申入れが子会社の破産手続開始決定後になされており、親会社がその時点において実質的に団体交渉に対応できる唯一の相手方であるとの事情にも言及している。しかし、こうした事情は「使用者」性の判断を左右するものではないと考えられる。

[*27] 大阪府労委決平成27・1・6命令集未登載（中央労働委員会HP命令・裁判例データベース）。

[*28] 中労委決平成15・3・19命令集125集1139頁。

していないものの、当該事件において団体交渉拒否が問題となった団体交渉申入れ事項にかかる証券取引所（本稿にいう親会社等に相当）の関与について判断を行っていた。

もっとも、その後の命令である高見澤電機製作所外2社事件[*29]は、「雇用主以外の者であっても、当該労働者の基本的な労働条件等に対して、雇用主と同視できる程度に現実的かつ具体的な支配力を有しているといえる者は、その限りにおいて同条にいう『使用者』に当たると解される」として、朝日放送事件最高裁判決の判断基準に倣いつつも、「部分的とはいえ」との修辞を除いた形の判断基準を提示し、また、具体的判断においても、親会社等が上記の雇用主と同視できる程度に現実的かつ具体的な支配力を有していたか否かを、（資本関係、役員及び取引関係にかかる支配力の有無の側面から検討することに加え、）業務遂行上の指揮命令を含め、賃金、労働時間等を「基本的な労働条件等」として位置づけた上で、そうした労働契約の本質的要素を構成するという意味で基本的な労働条件の全般にわたる支配力の有無の側面から検討する立場を明らかにしている。

上記の高見澤電機製作所外2社事件以降の中央労働委員会命令では、判断基準の一般論としては、「部分的とはいえ」との修辞を加えないもの[*30]と、加えるもの[*31]とがともに存在している。もっとも、この修辞を加えない命令においても、賃金その他の労働条件にかかる支配、決定の有無の検討に加えて、当該事件において団体交渉拒否が問題となっている団体交渉申入れ事項についても、支配、決定の有無を検討する傾向がみられる[*32]。また、逆に、この修辞を加える命令においても、賃金や労働時間等の労働契約の本質的な要素についての検討も行われている[*33]。この意味では、中央労働委員会命令は、

[*29] 中労委決平成20・11・12別冊中労時報1396号305頁。
[*30] トクヤマエムテック・トクヤマ事件・中労委平成25・7・17別冊中労時報1458号23頁。
[*31] 京都新聞社事件・中労委決平成23・4・6別冊中労時報1413号19頁。
[*32] トクヤマエムテック・トクヤマ事件・中労委平成25・7・17別冊中労時報1458号23頁。一般論は述べていないが、同様に、追加的に、当該事件で問題となっている事項についての支配、決定について検討を加える中央労働委員会命令として、育良精機大阪工場外1社事件・中労委決平成25・9・4命令集未登載（中央労働委員会HP命令・裁判例データベース）参照。

原則的に、賃金や労働時間等の労働契約の本質的な要素を「基本的な労働条件等」と理解した上で、親会社等の労組法7条の「使用者」性を検討しているが、同時に、当該事件において団体交渉拒否が問題となっている団体交渉申入れ事項にかかる「部分的使用者」性を認めうる余地を残す判断を行う傾向にあるということができる*34。

なお、高見澤電機製作所外2社事件にかかる上記引用などに示されているように、中央労働委員会命令においては、親子会社等の事例について、朝日放送事件最高裁判決を参照しつつ、(「支配、決定」の「決定」ではなく、)「支配力」の有無の側面から検討するとしている点にも特徴がある。この点は、中央労働委員会の具体的な判断としてはともかく、先に朝日放送事件最高裁判決についての理解として述べたこととの関係では、親子会社等の事例における特徴（労働条件にかかる子会社の決定への親会社の干渉が問題となる点）を念頭に置いた判断をなす余地を残すものと位置づけることもできよう。

(3) 裁判例

朝日放送最高裁判決以降の時期において、親会社等の労組法7条の「使用者」性が争われた裁判例においては、一方で、「労働者との間に労働契約関係がなくとも、労働者の人事その他労働関係上の諸利益に直接の影響力ないし支配力を及ぼし得るような地位にある者」*35 は労組法7条の「使用者」に含まれる

---

*33 京都新聞社事件・中労委決平成23・4・6別冊中労時報1413号19頁。なお、高見澤電機製作所外2社事件より以前の時期のものであり、また、一般論は述べられていないが、労働組合に対する便宜供与（事務所貸与）にかかる団体交渉申入れとの関係で「使用者」性が争われたスミケイ運輸外1社事件・中労委決平成18・4・19別冊中労時報1349号450頁においても、当該申入れ事項にかかる関与についての検討のほか、就業規則の適用、賃金の決定や業務上の指揮命令にかかる現実的かつ具体的な支配力の有無の検討をつうじて親会社の「使用者」性を否定する判断が下されており、同様の傾向を窺うことができる。

*34 なお、具体的に例示した中央労働委員会命令は、いずれも、結論として「使用者」性を否定しており、実際に、中央労働委員会が、賃金、労働時間等の基本的な労働条件全般についての支配、決定を否定しつつ、部分的に、当該事件において団体交渉拒否が問題となっている団体交渉申入れ事項については「使用者」性を肯定する立場をとるものであるかは明らかではない。本文で「当該事件において団体交渉拒否が問題となっている団体交渉申入れ事項にかかる『部分的使用者』性を認めうる余地を残す」ものであると述べたのは、この趣旨である。

として支配力説を採用した上で、株式の過半数を所有する筆頭株主の地位にある労働組合につき、子会社の従業員の採用につき諾否の自由を有していること、労務担当等の役員を送り込んでいること、子会社の従業員の現実の労務管理にかかる言動を行っていることに加え、筆頭株主として、株主総会決議をつうじて子会社に対する実効的影響力及び支配力を行使できるとして、子会社の従業員との関係で、労組法7条の「使用者」に該当するとしたものもある[*36]。

もっとも、裁判例の大勢（東京高裁・東京地裁の裁判例）は、こうした支配力説の立場を取ることはせず、基本的に、朝日放送事件最高裁判決の判断基準を参照しつつ、独自の修正をも加えて、「使用者」性をかなり厳格に判断する判断基準を採用している。

すなわち、高裁裁判例である高見澤電機製作所外2社事件[*37]東京高裁判決は、「労組法7条所定の使用者とは、労働契約における雇用主ないしは基本的な労働条件等について雇用主と同視できる程度に現実的かつ具体的に支配決定することができる地位にある者をいうと解するのが相当であると判断する（平成7年最判［筆者注：朝日放送事件最高裁判決］参照）」[*38]と述べるとともに、親子会社等の事例では支配力説によるべきである、との控訴人（労働組合側）の主張を排斥している。朝日放送事件最高裁判決を参照しているが、同最高裁判決が「部分的とはいえ」雇用主と同視できる程度に現実的かつ具体的に支配、決定することができるか否かとの判断基準を示していたのとは異なり、こうした部分的な「使用者」性は念頭に置かれていないと解しうる考え方を示している。このことは、後述する団体交渉事項（ごく簡単に言えば、

[*35] 本四海峡バス事件・神戸地判平成14・12・26労旬1577号55頁、60頁。

[*36] 本四海峡バス事件・神戸地判平成14・12・26労旬1577号55頁。同事件控訴審・大阪高判平成15・12・24労旬1577号48頁も、本文で紹介した部分を含め第一審判決を引用し、支持している。なお、同事件にかかる神戸地労委命令（神戸地労委決平成13・8・21労旬1577号63頁）は、労組法7条の「使用者」につき、「原則として労働契約上の雇主を意味するが、労働者の労働条件について現実的かつ具体的な支配力を有する者を含む」として（66頁）、労働契約基準説を基本としつつ支配力に注目する判断基準を示していた（結論は「使用者」性を否定）。

[*37] 東京高判平成24・10・30別冊中労時報1440号47頁。

[*38] 別冊中労時報1440号55頁。

企業組織変動の中での雇用の帰趨等）との関係での主張についての応答として述べられている、「労働者の賃金、労働時間等の基本的な労働条件等に対する支配力がないにもかかわらず、労働者の雇用基盤に関係する労働条件に対する支配力がある場合を想定することができるとする控訴人らの主張の前提自体についても疑問があるところであるが、その点は措くとしても、使用者性の有無の判断に当たっては、あくまでも労働契約における基本的な関係の存在を前提とすると解するのが相当」[*39]であるとして、賃金、労働時間等の労働契約の本質的な要素をなす労働条件全般についての支配、決定力を有することを必要とする説示、換言すれば、ほぼ雇用主そのものであることを要するものと解しうる説示にもうかがうことができる[*40]。

　地裁（東京地裁）裁判例においても、上述した高裁裁判例と同じく、「部分的とはいえ」との表現を含まず、基本的な労働条件等の全般について支配、決定することができる地位にあるか否かを判断基準とするもの[*41]、あるいは、判断基準としては「部分的とはいえ」との表現を含むものの、具体的判断においては基本的な労働条件等の全般についての支配、決定について検討して

---

*39 別冊中労時報1440号56頁。
*40 親子会社の事例とは異なる側面もあるが、同じく高裁裁判例である明治大学事件・東京高判平成25・10・1命令集未登載（中央労働委員会HP命令・裁判例データベース）は、労組法7条の「使用者」性の判断基準について、「部分的とはいえ」との表現を含む形で朝日放送事件最高裁判決を参照している点では違いがあるものの、「使用者」性の判断基準についての説示における具体例として、親会社の事例につき、株式所有等により「その子会社の業務運営や事業の方法等を決定する株主総会等の意思決定機関を支配しており、親会社と子会社従業員との間において、実質的に従業員の労務提供とそれに対する同人への賃金支払いという関係が成立しているといえるような場合には、その親会社が、子会社の労働者の基本的な労働条件等について、子会社と同視できる程度に『現実的かつ具体的に支配、決定することができる地位にある』」と判示している。株式所有等により株主総会等の意思決定機関を支配しているか否かに言及しているが、判断の中核は、実質的に労務提供とそれに対する報酬（賃金）支払いの関係、すなわち、労働契約の本質的な要素が、親会社と、子会社の労働者との間に認められるかという部分であると考えられる。この点では、同判決は、高見澤電機製作所外2社事件東京高裁判決と同様に、親会社等が労組法7条の「使用者」に該当すると認められるためには、基本的な労働条件等の全般についての支配、決定を行っていることを必要とする立場を取るものと解される。
*41 大阪証券取引所事件・東京地判平成16・5・17労判876号5頁、シマダヤ事件・東京地判平成18・3・27労判917号67頁、高見澤電機製作所外2社事件・東京地判平成23・5・12別冊中労時報1412号14頁。

判断を行うもの[*42]によって占められている。

　なお、このように、裁判例においては、基本的な労働条件等についての支配、決定を、労働条件等の一部についての支配、決定として理解するのではなく、労働条件等の全般についての支配、決定として理解する傾向があるが、そうした理解に立ったうえで、事案の具体的判断においては、補足的ないし追加的に、当該事件において労働組合により団体交渉が申し入れられている事項についての支配力、決定力の程度について検討を加えているものもあり、部分的な「使用者」性の議論を一定程度意識しているとも解しうる側面もみられる[*43]。

親会社等の事例における「使用者」性判断のあり方

　親子会社等の事例における「使用者」性について、最高裁が正面から判断を行った事例はいまだ存在しないところ、どのようにして「使用者」性を判断すべきであり、労働委員会命令や、裁判例の傾向についてはどのように評価すべきか。

　第1に、団体交渉拒否との関係における、親会社等の「使用者」性は、団体交渉が申し入れられている事項に照らし、「部分的」に判断されるべきである。すでに検討したとおり、朝日放送事件最高裁判決は、「基本的な労働条件等」

[*42] トクヤマエムテック・トクヤマ事件・東京地判平成27・2・27別冊中労時報1481号17頁。なお、ブライト証券他事件・東京地判平成17・12・7労経速1929号3頁は、結論としては、持株会社たる親会社は、雇用主である子会社による基本的な労働条件等の支配、決定と同視しうる程度の支配力、決定力は有していたとはいえないとして親会社の「使用者」性を否定しているが、「部分的とはいえ」との表現を含む判断基準を示したうえで、事案の具体的判断において、親会社が「基本的な労働条件の一部」（13頁）としての賃金、人事にある程度重大な影響力を有していた旨を指摘しており、部分的な「使用者」性を肯定する余地を残しているとも考えられる。もっとも、賃金、人事は、労働条件の中でも中核的なものであるということもでき、その意味では、本文で述べた裁判例と基本的には同様の傾向にあるということも可能と思われる。

[*43] 高見澤電機製作所外2社事件・東京高判平成24・10・30別冊中労時報1440号47頁、トクヤマエムテック・トクヤマ事件・東京地判平成27・2・27別冊中労時報1481号17頁。もっとも、これらの裁判例は、結論として「使用者」性を否定しているため、基本的な労働条件の全般について親会社等による支配、決定があったとはいえない場合でもなお、団体交渉が申し入れられている事項について部分的に「使用者」性を認める趣旨のものであるか否かは明らかではない。

を、賃金、労働時間など、労働契約の本質的な要素をなす労働条件全般にわたるものとは捉えず、団体交渉申入れ事項との関係（ないし限度）で部分的な「使用者」性を認めることを肯定しているものと解される上、団体交渉をつうじた労働条件対等決定のためには、実質的に当該特定の労働条件を支配、決定する主体に団体交渉を行わせることが求められるからである[*44]。

　この点、特に、中央労働委員会命令及び裁判例においては、労働契約の本質的な要素をなす労働条件全般にわたる支配力、決定力の有無に照らして親会社等の「使用者」性を検討する傾向がみられるが、適切ではない。近時の中央労働委員会命令及び裁判例の中には、補足的に団体交渉申入れ事項との関係での「使用者」性を検討するものも少なくないが、そうした検討にこそ焦点をあてるべきである。また、労働条件全般にわたる支配力、決定力の有無を検討する傾向は、子会社の閉鎖等に伴う雇用保障等の問題が団体交渉申入れ事項となっている場合を特に念頭に置き、親会社等と子会社の労働者との間で、労務提供と賃金支払いに相当する関係が認められることを必要としているものと考えられるが[*45]、こうした申入れ事項についても、個々の事案における判断となるが、親会社等による雇用継続そのものの要求のほか、他の善後策などにつき検討を要求する趣旨が含まれていることも考えられ[*46]、そうした善後策等との関係で、別途、親会社等による、子会社の閉鎖等への関与の状況を踏まえて部分的な「使用者」性を肯定する余地がないかが検討される必要があろう。換言すれば、雇用保障等を議題とする団体交渉申入れであるからといって、「使用者」性の判断にあたり、一律に、自ら雇用する責任を負うべき主体であることを求めるべきではない。

　第2に、団体交渉申入れ事項との関係で親会社等の部分的な「使用者」性を検討するにあたっては、通常、社外労働者受入れの事例では、雇用主とそれ以外の主体とが、それぞれどの労働条件事項について決定権限を有している

[*44]　水町勇一郎（2012）「判例批評」ジュリスト1447号、119頁、122頁。
[*45]　こうした考え方を示唆する裁判例として、例えば、高見澤電機製作所外2社事件・東京高判平成24・10・30別冊中労時報1440号47頁参照。
[*46]　「部分的使用者」性の検討にあたって、団体交渉申入れの趣旨についての柔軟な解釈が求められることがあることを指摘するものとして、山川・前掲注5論文、19頁参照。

か(どのように労働条件の決定権限を「分有」しているか)を念頭に置き、部分的な「使用者」性を判断するのとは異なり、本来子会社には雇用主として労働条件全般を決定する権限がある状況下で、当該子会社の権限が親会社によりどのように関与を受け、あるいは、干渉されているか、という、子会社の決定権限に対する親会社等の支配力の行使の有無及び程度が問題となる点に十分注意がなされる必要があると考える。親会社等の事例につき、社外労働者受入れの事例と同様に、ある労働条件事項について、いずれの主体が最終的に決定しているかに注目して判断を行っていると位置づけうる労働委員会命令や裁判例が少なからずみられるところ[*47]、こうした検討は、子会社が実質的に親会社等の一部門にすぎないという場合については意味を有すると思われるが、上述した親会社等の事例における特徴を十分適切にとらえることができていないという問題があると考えられる[*48]。既に述べたとおり、親子会社等の事例における判断基準として、(決定とは述べず)「支配力」の現実的な行使に着目する中央労働委員会命令の傾向は、上記のような親子会社等の事例の特徴を意識しているといいうる側面があるが、その上で、少なくとも形式上は子会社が決定することとされている特定の事項にかかる具体的な支配力の行使の有無や程度を踏まえ、部分的な「使用者」性を検討する必要

[*47] 例えば、サンケン電気事件・石川県労委平成23・10・18別冊中労時報1447号514頁、大阪証券取引所事件・東京地判平成16・5・17労判876号5頁参照。このほか、注48に挙げる命令・裁判例や、トクヤマエムテック・トクヤマ事件・中労委決平成25・7・17別冊中労時報1458号23頁、京都新聞社事件・中労委決平成23・4・6別冊中労時報1413号19頁、トクヤマエムテック・トクヤマ事件・東京地判平成27・2・27別冊中労時報1481号17頁も、こうした立場に与するものと思われる。

[*48] こうした命令・裁判例においては、親会社の労働条件等への関与が一定程度認められるとしても、「グループの経営戦略的観点から子会社に対して行う管理・監督の域を超えてのもの」ではないと評価されることも少なくない(例えば、引用にかかる高見澤電機製作所外2社事件・中労委決平成20・11・12別冊中労時報1396号305頁のほか、ブライト証券他事件・東京地判平成17・12・7労経速1929号3頁、高見澤電機製作所外2社事件・東京地判平成23・5・12別冊中労時報1412号14頁、高見澤電機製作所2社事件・東京高判平成24・10・30別冊中労時報1440号47頁参照)。結論としてそうした評価となることもあろうが、最終的決定のみならず、支配力の行使の側面をも検討するという点では、そうした程度と評価できる支配力の行使に止まるかどうかは、慎重に吟味がなされる必要があると考えられる。

がある*49。こうした検討からは、例えば、雇用の帰趨に重大な影響を及ぼす事業の廃止を決定している場合*50、賃金決定について親会社の承認を必要としている場合*51には、雇用・賃金に関する子会社の判断に一定の枠をはめているという意味で、設けられた枠の範囲を超える要求等が団体交渉の議題となっている場合には、親会社等の現実的な支配力の行使があるとして、その限度で「使用者」に該当すると判断することとなると思われる*52。

3 おわりに

　本稿において検討したように、親子会社等の事例にかかる朝日放送事件最高裁判決以降の、とりわけ近時の、労働委員会命令（特に中央労働委員会命令）及び裁判例は、基本的に、賃金や労働時間をはじめとする労働条件等全般についての（決定ないし）支配力を検討する立場を採用している。しかしながら、こうした立場は、少なくとも形式上は子会社が決定することとされている労働条件事項について、親会社等が干渉するといった、親子会社等の事例の特徴を適切に踏まえた判断基準となっているとは言い難い。朝日放送事件最高裁判決が示す判断基準の理解にはなお様々に議論があるものの、本稿で述べたような親子会社等の事例の特徴を踏まえた判断をなすことを除外するものではないと解する余地があることを踏まえ、同最高裁判決の判断基準を参照して判断を行うにあたっても、そうした親子会社等の事例の特徴を

---

*49 既に述べたように（注15）、社外労働者の受入れ類型においても、専属的な業務委託関係等をつうじて、本来の雇用主が決定するはずの労働条件等についての支配力が問題となる場合がありうる。この意味で、社外労働者の受入れ事例と親子会社の事例とは、典型的には異なっているといえるものの（それゆえ、原則として、その違いに応じた検討が求められるが）、厳格に判断基準を別にする2つの全く異なる類型であるとまではいえないのではないかと思われる。

*50 例えば、寿工業株式会社事件・福岡県労委決平成25・3・27命令集未登載（中央労働委員会HP命令・裁判例データベース）参照。

*51 例えば、ブライト証券他事件・東京地判平成17・12・7労経速1929号3頁参照。

*52 なお、こうした関与の程度を踏まえた意味での部分的「使用者」性を肯定する場合、当該部分的な「使用者」としての責任の内容については、一定の限界が生じると考えられる。この詳細については、竹内（奥野）・前掲注6論文（2010年論文）130-132頁参照。

踏まえた判断がなされるべきである。

　労組法7条の「使用者」概念は、団体交渉についていえば、これに該当する主体につき、正当な理由のない団体交渉拒否を不当労働行為の一つとする形で団体交渉義務を設定し、集団的労使関係が展開するための重要な法的基盤を提供するものである。労働条件の労使対等決定を実質的に実現する観点から、この法的基盤のあり方について一層考察が深められる必要がある。

8 M&A等による企業再編と集団的労使関係

問題提起

就業形態の変容と集団的労使関係

小畑 明　運輸労連　中央書記長

1 運輸労連の概要

○**運輸労連の歴史**

1968年11月に結成大会。

全国運輸（全日通）と全ト労連（トナミ運輸・名鉄運輸・ヤマト運輸、他）が統合。運輸産業に働く労働者の労働条件の改善、運輸政策の確立をめざす。

○**組織の現状（2015.6.4現在）**

　　加盟組合数　　　508組合
　　加盟人員　　　108,145名

○**構成比**

　　301人以上………　22組合　　4.3%
　　300人以下………486組合　　95.7%
　　（30人以下………277組合　　54.5%）
　　（10人以下………127組合　　25.0%）

＊300人以下の「中小企業」が96%
＊300人の10分の1の30人以下が、全体の過半数。
＊10人以下の企業が全体の約4分の1。

運輸労連の定期大会の回数は、2015年7月で48回を数えるが、加盟組合

はポツダム組合が多いので60回以上が多い。これは路線闘争の結果、「通運」中心の「全国運輸」と、「路線・区域」中心の「全ト労連」が、1968年に統合したためである。結成当時、運輸労連は労働4団体に所属しない純中立組合であったが、最大組合の全日通労組が産別扱いで総評加盟していたという経緯がある。

2 偽装雇用の実態（首都圏A社の事例）

　従業員数は約120名、年間売上は約20億円の運送会社。経営悪化を理由に「給与」を基本給のみとし、残額については各人と業務委託契約を結び「委託料」とした。狙いは従業員を個人事業主にし、社会保険料の会社負担分を軽減すること。

　会社は当初、「現行の給与支給額は100％保障する」といっていたが、「給与の改定」を行い最低賃金の「時給707円」とした。さらに、委託料を構成する従来の諸種の手当をカット。加えて、事故を起した場合の車両損害を、過失割合によって最大100％従業員に負担させる提案や制服代を個人負担させるなどした。仕事を「委託」しているのだから、経費は本人持ちという理由である。「受け入れられなければ会社が倒産する」、「労働条件変更が飲めなければ辞めてほしい」というのが会社の言い分であり、次に来た提案は基本給部分を含めた給与全額の委託であった。「試験的な導入」だとして実施したが、支払額があまりに減少し、ひと月後に撤回された。

　結果的にこの会社は営業譲渡により消滅し、多くの失業者を出した。雇用保険の基本手当は「給料」が基本給（時給707円）のみに減額されていたため、生活できる金額にならなかった。

　業務委託契約書には、コンサルタントの指導により「雇用条件の変更に伴う一切の不利益に関して、在職中も退職後も、申立、請求、苦情などをしない」との文言が記載されていた。さらにこのコンサルタントは、業務委託制の導入に伴い従業員が確定申告をする際の手続きを、1人あたり2万円で請け負っていた。

● **この事例の問題点は次の通りである。**
①個人事業主にされれば社会保険を脱退し、国民健康保険・国民年金に加入せざるを得ず、労働者の保険料負担が増大する。
②労災保険がなくなり事故にあっても救済がない。
③失業しても雇用保険が適用されない。
④労基法の解雇制限が適用されず、解雇予告手当もない。形式上、従業員ではないので「解雇」ではなく、単なる「解約」で処理されてしまう。
⑤最低賃金の適用がない。賃確法による未払賃金の立て替えも受けられない。
⑥「賃金」ではなく「委託費」となるので、他の取引業者と同様の支払期日（月末締めの翌々月払いなど）にされてしまう。
⑦休日や労働時間の制限がなく、残業手当も割増賃金もない。
⑧有給休暇や企業内の福利厚生も享受できない、等々。

● **この事例に対する産別の取り組み**

①社会保険に加入させる運動の展開

　そもそも強制適用事業所であり、社会保険未加入はあり得ないが、現実には17.0％の事業所が社会保険に加入していない[*1]。運輸労連調査でも、国民健康保険・国民年金に加入、あるいは切り替えられたドライバーが多数存在する[*2]。社会保険料を運賃ダンピングの原資にして荷物を奪い、競争に生き残ろうとしている。
⇒社保加入イコール雇用労働者となることから、社保加入を要件としている「Gマーク（安全性優良事業所認定）」の取得を推進する。

②ILO153号条約の批准と「改善基準告示」の法制化

　1979年にILO第153号条約（路面運送における労働時間及び休息期間に関する条約）が成立したとき、日本政府は「条約の内容が一人親方や自家用車の運転手も対象になっており、日本の法体系に馴染まない」として批准を拒否。しかし、自動車運転者の労働時間改善の必要性そのものは認めたことから、「自

[*1] 全国貨物自動車運送適正化事業実施機関調べ（2013年度）
[*2] 運輸労連『トラック運転者7,864人の証言』（2014年5月）によると、国民健保加入13.5％、国民年金加入12.5％となっている。

動車運転者の労働時間の改善基準」を通達した。その後、「改善基準告示」は局長通達から大臣告示になり現在にいたっている。
⇒この「告示」があるため、自動車運転業務は36協定の限度基準の適用除外になっている。現在の「告示」は、年間3,516時間の拘束時間を容認してので、拘束時間を短縮した上での、早期の法制化を求めている。

　上記の事例は2003年に筆者が担当したもので、新自由主義、市場原理主義が猖獗を極めていた時代の象徴的な事案である。それまで運送業の請負問題は、「名義貸し」や「白ナンバー」だったが、従業員を自営業者にして、会社が使用者責任を免れるという新たな局面に踏み込んだ事例であった。
　従業員を自営業者に仕立てることが、当時、世界的に広がっており、それを規制するため、2006年にILO198号雇用関係勧告が成立した。このときに使われた言葉が「偽装雇用」で、当時、運輸労連では、この事例を、従業員なのに請負という形を偽装しているということで「偽装請負」といっていたが、請負と称して製造現場に労働者派遣をしていた実態を、マスコミが大々的に「偽装請負」キャンペーンとして報道していたこともあり、言葉の整理が必要になったことから、ILOにならって「偽装雇用」と呼んでいる。
　事例紹介した内容は特に悪質で、社会保険さえ脱退して運賃ダンピングの原資にする経営者に対し、違法性が高くても、人件費が節約できることからコンサルタント契約をする企業がかなりあった。しかも、これを導入した会社からコンサルタント料を取るだけでなく、自営業者にした、そこの従業員が、確定申告をする時の手続きを請け負って、手数料を取っていたという事例である。
　さすがに現在は、導入した会社自身が「こうしたやり方では会社経営が維持できない」ということに気づき、だいぶ減ってはきているが、今でも完全になくなったわけではない。

3 M&Aの実態と対策

【労使交渉のあり方に影響を与えるパターン】
①運輸労連大手＋交通労連大手（1企業グループに2産別が並立）

②運輸労連大手の子会社＋交通労連大手の子会社（運輸系の方が解散し交通労連に統合）
③運輸労連大手＋産別未加盟大手（不当労働行為の頻発）
④運輸労連大手＋他労働団体加盟大手（事業持株会社で新規採用し、事業会社各社に出向）

【企業の分社化と組合の労連化】
⑤分社化に対し、労連として対応するケース
⑥企業は分社化しているが、組合は1つで対応（本部―支部）するケース

　会社法の相次ぐ改正により、会社分割、事業譲渡等が容易になり、持ち株会社によるグループ経営が進展している。それにより、法人を単位とする伝統的な集団的労使関係で対応できないケースが見られるようになった。ホールディング傘下の事業会社の団体交渉で、交渉相手に実質的な決定権がなく、これまでのような交渉ができなくなっていることが少なくない。上記のケースでより深刻なのは③と④である。

　③は、産別未加盟大手企業と運輸労連加盟の企業が統合したケースである。統合先の産別未加盟大手には、一応企業内労働組合は存在している。しかし、万単位の組合員規模であるにもかかわらず、組合専従者は1人もおらず、組合事務所もない。機関誌の定期発行もなく、組合の会議に非組合員である会社幹部が同席するという。

　このような企業文化の中で、統合された運輸労連加盟企業の組合は、統合先の企業から「組合費が高い。従業員の可処分所得が減るではないか」、「専従者を置くという文化は当社にはない。従業員なのだから会社の仕事をすべきだ」、「組合事務所を会社の外に構えることはいかがなものか」等々、支配・介入ともいうべき不当労働行為的発言を繰り返している。「いうことを聞かなければ、そのような組合のある会社などファンドに売り払う」との恫喝まで行う始末である。

　④は、事業会社の新規採用を認めず、ホールディングで一括採用し、事業会社に出向させるという手法で、運輸労連に加盟する事業会社の組合員を減少させ、弱体化を図るというものである。出向者を組織化することはできるが、これまでのユニオンショップ協定を破棄した上での対応であるため、組合活動

の妨害が目的であることは明らかである。

⑤および⑥については、グループ経営を進める企業に対する労働組合の対応ということになる。企業の分社化に対して労働組合がそれに合わせ分離・独立で対応することは、法人の枠組みに対応しており、自然な流れではある。しかし、企業が選択と集中を図りグループの結束を高め、経営のスピード感を強めるのに対抗し、労働組合がグループ労連化を進めるとともに、意思決定力を強化しなければ、行き着くところは労働組合の果てしない細分化ということになりかねない。それを防ぐ方途の1つが⑥であろう。ただし、これは当該労使関係によって様々であり、一概にどちらがよいといえるものではない。

こうした状況を踏まえ、産別として「企業組織再編に関する研究会」を立ち上げ、一定の方向性を示すための議論を深めているところである。

4 現行の労働組合法に対する課題として

運輸産業は、1990年の規制緩和により参入規制が撤廃された。これにより、事業者数が4万社から6万社へ1.5倍に増加し、この間、国内貨物総輸送量は68億トンから48億トンへ3割近く減少している。いわば過当競争の状態にあり、そのしわ寄せが労働条件に影響している。運賃が許可制から届出制へ変更されたことから、「賃金を引き下げる」、「残業代を払わない」、「高速道路料金を運転手個人に負担させる」、「社会保険に加入しない」というような行為が横行し、そうして捻出した原資でダンピングを行い、不当に安価な運賃で荷物を運ぶという実態がある。

労働組合法18条の労働協約の地域的拡張は、一定地域における支配的な労働協約の労働条件を、その地域の同種労働者の公正労働基準とみなすことによって、労働条件切り下げ競争を排除することが、その立法趣旨である[3]。

ほとんど唯一といっていい労働協約の地域的拡張が、愛知・尾西地区において実現している。繊維業における年間休日に関する協定であり、その申立書には、「労働集約的な厳しい作業環境の中で、幾分でも人間らしい環境作り

---

[3] 菅野和夫（2012）『労働法第10版』弘文堂

をするためにも、…格別の配慮をするよう求める」との理由書が付されていた[*4]。まさに、運輸産業と共通する問題意識であり、これを範として、運輸労連としても地域的拡張の適用をめざしている。しかし、「一の地域において従業する同種の労働者の大部分が一の労働協約の適用を受けるに至った」（18条1項）こと、という要件が厳格であるため、実現は非常に困難な状況である。

フランス法における産業別労働協約の拡張適用制度は、組合員のみならず協約に署名した使用者ないし使用者団体の構成員に雇用されるすべての労働者に適用される。これによって労働組合の組織率が約8％であるにもかかわらず、労働協約の適用率が90％以上となっている[*5]。運動論としての取り組みに加え、公正競争の実現のために、日本においても労働協約の拡張適用について、その要件を緩和するなどの法改正を期待したい。

[*4] 古川景一・川口美貴（2011）『労働協約と地域的拡張適用―UIゼンセン同盟の実践と理論的考察―』信山社

[*5] 細川良（2014）「フランスにおける産業別労働協約システムの基本構造とその現状」『ビジネス・レーバー・トレンド』2014年10月号

8 M&A等による企業再編と集団的労使関係

問題提起　M&A等による企業再編と集団的労使関係

工藤智司　日本基幹産業労働組合連合会　中央執行委員長

1 企業の統廃合加速

　近年、M&A等による企業再編が幅広く行われている。経済がますますグローバル化する中でM&A等は今後も国境を越えて大規模に発生するであろう。
　それだけグローバル経済が加速しているのであろう。産業企業は生き残りをかけている。これは特定の産業のみで行われているのではなくすべての産業で行われているといっても過言では無い。政府の進めるTPPをはじめとした経済連携協定の加速も企業統廃合に追い風となっている。
　基幹労連は2003年に結成されたが、その当時から10年たった2013年時点で見ても多くの企業合併が行われている。たとえば、旧川崎製鉄と日本鋼管が合併しJFEスチールが誕生したし、旧新日鐵と住友製鉄が合併し新日鐵住金が結成された。鉄鋼は10年前に不変と言われた6社体制が新たな体制となった。
　一方で意思決定のスピードアップ、事業単位の統合固締まりを狙い企業の分社統合も加速している。IHI造船部門とユニバーサル造船が統合したジャパンマリンユナイテッドの結成や三菱重工と日立製作所の火力部門統合が統合し三菱日立パワーシステム社の設立などである。さらに海外資本の流入も行われ

ている。
　このように、いわゆる企業単位の統合からある特定の事業単位の統合まで様々な統合が行われている。その中で海外資本も流入し様々な事業運営が行われている。
　労働組合もこれにあわせ組合としての組織統合や組織分離を行っている。労働条件の統一・新たな就業規則の制定・新組合結成による規約等の制定など、まるで新組合結成が盛んであった時期と同じような活動が行われている。しかも極めて速いスピードで。

2 企業統廃合による様々な変化

　企業統合にあわせ組合が統合する場合様々な問題が起こる。まずは就業規則の統一が第一に行われ、次に集団的労使関係の再構築がポイントとなる。いわゆる春闘を例にとると経営協議会方式をとる場合と団体交渉形式をとる場合などがある。
　組織形態を見ても全国組織の場合、地域に力点を置いた組織と中央に力点を置いた組織で運用が異なる。前者は例えば地域拠点（支部・単組）に法人格を持ち中央はその調整役として存在する。ほとんどの事項を事業所単位に協議決定し統一的な課題を中央で協議する。製品が様々である場合はこの形が多い。一方で、中央組織が全体をまとめ、資金・組織運営を含めて中央集権的に活動を行っている組織がある。この場合、似通った製品を製造する企業でこの運営を行う組織が多い。
　いずれの場合においても統合する場合、事業所単位で協議・決定する事項と中央で協議・決定する事項を明確に定めていかなければならない。これは組合文化・組合の成り立ちに大きく連動する為調整が必要となる。さらに、組合費の在り方、組合員範囲の在り方等組合の運営そのものにかかわる課題を一から再整理する必要がある。

3 製造業からみた非正規労働者の拡大の懸念

　集団的労使関係を考えた場合、近年の製造現場では非正規労働者の拡大も

懸念される。これもグローバル経済の真っただ中で企業が生き残りをかけた戦略のひとつであるが、結果として企業の競争力強化へはつながらないのではないかと思う。なぜなら最大のポイントは製造業においては基本的に技術技能の伝承につながらないと思われる点にある。

　集団的労使関係を論ずる場合、製造業での技術技能の伝承と競争力強化は極めて大切である。日本の製造業を支えてきたのは間違い無く優秀な技術・技能であったが派遣労働が増え、現場での技術技能の伝承が問題となっている。第1に、技術技能は3年や5年で身に付くものでは無い、という事。第2に班単位で作業をする事の多い日本の製造現場で頻繁に人が変わる事で現場力が落ちるという事。第3に、まだまだ日本の生産現場ではすり合わせの技術、すなわち現場での調整が多く人間関係が重要となる。長期的視点に立つと製造業の弱体化を招く。さらに集団的労使関係の観点から非正規労働者の組織化を行っていかなければならず、企業の再編が行われた場合、真っ先に合理化の対象となる。可能な限り組織化を進めていかなければならず、かつ、全体としての数を減らしていかなければならない。日本国の最大の問題は非正規雇用の拡大とそれに伴う不安定雇用・低所得者層の拡大である事を付言する。

4 集団的労使関係を論ずる上で

　技術・ビジネスのスピードは速く、日進月歩で進んでいる。グローバル経済化における組合組織として雇用と生活を守るため、従来にない組織決定のスピードが求められている。さらに、組織の統合時の対応、継承、点検が求められている。製造業における非正規雇用は長期的に見て問題である中で組織化の推進と具体的な、集団的労使関係のあり方を模索する必要がある事をこれまで述べてきた。

　日本国では技術・技能の習得を主に企業が行っている。製造現場に配属される前に企業は一定期間技術や技能の教育を行う。製造現場での安全は極めて大切であり安全を意識した各種研修を行うと共に会社のルールを習い、さらに技能を磨く。研修期間が終了すると現場に配属になり作業を行うが、ここでも教育的見地から様々な指導が行われる。ある一定レベルの班単位の作業も多い。

5 日本的労使関係の再構築と生産性運動の徹底

グローバルレベルでのM&A等による企業再編と集団的労使関係を論ずる上でポイントとなる点は
①日本型の雇用の考え方をどのように深化させていくか
②生産性運動を基軸に据えうるか
の2点が極めて重要になると思う。

日本型雇用の考え方

日本では「終身雇用」「年功序列」「企業内組合」が三種の神器として言われてきたが、近年のグローバルレベルでのM&A等ではこれが崩れている。先に述べた、「非正規労働」を前提とした場合、「終身雇用」のシステムそのものが崩壊し、この中で集団的労使関係を構築する事が求められる。これは社会不安を引き起こす。製造業の視点から見て、ものづくりの現場から見ても非正規労働者の拡大は何らプラスの影響を与えない。また、社会的側面から見ても非正規労働者の拡大による終身雇用制度の崩壊は低所得者層を拡大させることになる。したがって、終身雇用を前提としつつ「非正規労働」を見据えた集団的労使関係を組み立てる必要がある。

さらに、年功序列であるが「技能レベルは経験により上達する」という概念を前提とした企業運営が成り立つかどうかであると思う。少なくともある一定期間は年功的要素を踏まえた処遇体系が必要になる事は事実である。次に「企業内組合」であるが、企業労使で決めなければならない事とナショナルセンター・産別が決めなければならない事がほぼ明確になってきたのではないか。個別企業の労働条件は個別企業の労使関係のもとに決定するとして、産別は産業政策に特化していく、ナショナルセンターは働く者すべての最低の基準を整えていく。これを進化していかなければならないのだと思う。いずれにせよ労働組合は組織化をもっと強力に推し進めていかなければならない。

生産性運動を基軸に据えうるか

日本の製造業にとって生産性運動は極めて重要であり大きな意味を持つ。言わずもがなであるが「雇用の維持拡大」「労使の協力と協議」「成果の公正な分配」である。「生産性の向上」と「生産性運動の推進」は似て非なるものであ

る。生産性の向上は各々の企業が毎日のようにあらゆる現場で行っている活動であり、今後も特に製造業は徹底して推進していかなければならない。一方で生産性運動は今日的視点で見ても重要であり企業のM&Aが行われたとしても「生産性運動の三原則」を基軸に労使協議が行われるなら集団的労使関係は担保される。

何のためのM&Aであるか

　最後に企業はなぜM&Aを行うのか。企業経営者は利益の拡大を目指して頂かなければならない。生産性三原則に従えば雇用を守るために行う企業統合もあると思う。これはより良い世界や技術の進歩さらに人々の生活をさらによくする為である。プラスの側面マイナスの側面いろいろあると思う。異なる文化の融合は必ず新しい文化を生むのと同様に集団的労使関係の統合は新たな労使関係を生む。

　ベースに日本的な雇用環境と生産性運動の推進を置くことが重要ではないかと思う。

8 M&A等による企業再編と集団的労使関係

論文 企業組織再編への労働組合の対応と課題

呉 学殊 労働政策研究・研修機構 主任研究員

1 はじめに

　日本における企業組織の再編（事業部門の縮小等を含む）は、2000年直前に活発に行われた後、少しずつ減少している。厚生労働省の「労働組合活動等に関する実態調査」によれば、「過去3年間、組合員が所属する事業所において企業組織の再編が実施された」と答える労働組合の割合は、2000年45.7％、2005年42.2％、2010年37.9％、そして2013年31.5％と減り続けている。労働組合が、企業組織の再編に「関与した」と答えた割合はそれぞれ82.2％、87.6％、85.8％、そして66.5％であった。最近、その割合が急減しており[*1]、懸念されるところである。
　本稿は、基幹労連と運輸労連に加盟しているそれぞれの2つの組合とUAゼ

[*1] 企業組織再編に対する労働組合の対応及び労使関係の変化について、呉学殊（2013）『労使関係のフロンティア—労働組合の羅針盤〈増補版〉』労働政策研究・研修機構を参照されたい。

ンセン加盟の1つの組合を対象に、企業組織の再編とそれへの対応について事例調査に基づいて書くものである。基幹労連加盟組合の場合、会社及び組合統合のプロセス、運輸労連加盟組合の場合、不当労働行為への超克と課題、そしてUAゼンセン加盟組合の場合、組織化にスポットライトを当てて、今後、労働組合が企業組織再編をめぐる対応力を高めるための示唆と課題を明らかにすることが目的である。

2 企業組織再編の効果発揮に向けた組合対応
基幹労連加盟組合の事例

JFEスチール労連[*2]

(1) 会社および労働組合の概要

　JFEスチールは、2002年9月に、製鉄業界第2位のNKKと第3位の川崎製鉄の株式移転・経営統合により発足したJFEホールディングの事業会社として、2003年4月に日本最大級の製鉄会社として発足した[*3]。

　同社は、2015年現在、東日本製鉄所(千葉地区、京浜地区)、西日本製鉄所(倉敷地区、福山地区)、知多製造所等の事業所を有している。同社の従業員数は、2014年3月現在、1万3,770人である[*4]。2013年度のJFEスチールの売上高は、2兆6,916億円[*5]である。

　JFEスチール労連は、2003年9月に旧NKK労連と旧川鉄労連が統合して発足した組合であり、本社、千葉(阪神支部を含む)、京浜、知多、倉敷、福山

[*2] 同労連及びJFE労働組合協議会に対するヒアリングは、2015年6月10日と11日、操谷孝一基幹労連副委員長(会社統合時、川鉄労連の書記長、その後JFE労連委員長歴任)、6月17日、同副委員長、和田口具視JFEスチール労連委員長、田中洋司書記長に対して行った。ご協力頂いた皆様にこの場を借りて感謝申し上げる。
[*3] JFEホールディングスの事業会社は、JFEスチールのほかに、JFEエンジニアリング、JFE都市開発、JFE技研、川崎マイクロエレクトロニクスがある。
[*4] JFE有価証券報告書。
[*5] JFEグループ『CSR報告書2014』。JFEグループの売上高は2013年度3兆6,669億円であり、JFEスチールが、同グループの売上高に占める割合は73.4%である。ちなみに、2014年度同グループの売上高は3兆8,504億円であった(JFEホールディングス『有価証券報告書』)。

の6つの組合によって構成されており、組合員数は2015年現在、1万5,149人である。同労連は、2003年11月に結成されたJFEグループ企業労働組合ならびに関連労働組合で構成するJFE労働組合協議会の中核組合である。

(2) 企業組織再編の背景

2003年4月、NKKと川崎製鉄の経営統合は、大きく2つの背景がある。

日本の鉄鋼業は、1965年～70年の高度成長期をピークに1971年のニクソンショック、1973年、79年と二度にわたるオイルショック、1985年のプラザ合意による世界的な円高の定着により輸出競争力が急激に低下した。さらに1990年のバブル経済の崩壊は日本鉄鋼産業に深刻な影響を与えた。

そうした状況のなかで、1つが国内要因である。ルノーの傘下に入った日産がゴーン社長のリーダーシップの下99年10月から購買コストの削減を図るために、鋼板の調達先を絞り込んだ。その結果、新日鉄がシェアを大幅に伸ばし、NKKはシェアを減らした。また、建設需要の減退・製造業空洞化等により、国内の鉄鋼需要にかげりが見える中、顧客ニーズへの対応力強化等を図るためには、スケールメリットを求めていくことが必要であった。

もう1つは、国際的要因である。鉄鋼の原料となる鉄鉱石・原料炭事業の会社が世界的に再編されて上位3大企業グループがその事業の75%のシェアを確保しており、鉄鋼の最大需要産業である自動車でも上位6大企業グループが世界の80%のシェアを占めるなど、国際的に寡占化が進んできた。こうした寡占化への対応にもスケールメリットの発揮が求められている中、川崎製鉄は、提携先を模索しなければならない状況にあった。

こうした大きな環境変化のなかで業界再編の必要性を強く感じていた両社社長は、NKKと川崎製鉄は両社の品種構成が似ていることによる統合メリットを極大化することが出来る。そして、両社の持つ4つの製鉄所がそれぞれ近接しており、世界的にも最も競争力のある巨大製鉄所であることから、大きな統合効果が得られると考え、NKKと川崎製鉄との統合を選択した。そういう意味で、消極的より積極的な統合であった。実際、統合前に両社の経営業績はよかった。

経営統合に伴い、重複設備の集約と存続設備の最大限の活用によるコスト低減を目的として、NKKと川崎製鉄合わせて11基の高炉が稼動していたが、倉敷地区第1高炉、千葉地区第5高炉の2基を休止し9基体制とした。圧延ライ

ンではグループを含めた15設備を休止した。

その要員の措置は、製鉄所内の再配置で対応する[*6]との方針が明言された。また、従業員全員の雇用の場を確保することを大前提とする会社の意思表明がなされた。

再編の結果、効率的な生産体制の構築、投資効率の高いところへの集中投資等が実現された。また、統合の後、中国等での鉄鋼需要が伸びたことなど統合の効果と外部環境の好転により、売上高と収益が大きく増加した[*7]。それに伴い、2005年から2009年までの年間一時金基準財源が200万円を超えた[*8]。経営統合は、成功したといってよかろう。その後リーマンショックやヨーロッパの金融危機などにより一時企業業績が急減したが、コスト削減をはじめとした収益改善策の展開によって企業業績は改善してきている。

組合員数は、統合直後の2003年9月、約2万3,000人であったが、その後の出向者数などの減少により、2015年5月には約1万4,900人となった。

会社は、両社間の早期融合が重要と考えて、統合効果の早期発現に向けて、東西製鉄所の約20名の製造部長について、地区間交流人事を2003年4月の経営統合と同時に行った。

両地区の設備や操業技術を比較し、優れている点を積極的に取り入れることで、生産性の向上を図った。

2015年現在、「旧2社の区分はほとんどなくなり、統合前のことは意識していない」といわれるほど、融合されているといえよう。

(3) 経営統合と労働条件統合に対する労働組合の対応

両社が2000年4月「4製鉄所間の協力に関する検討開始」に合意し、製鉄所

[*6] 配転は約1,000人であったが、技能労働者の場合、製鉄所内に限り、事務・技術職の労働者は旧2社間の異動となった。
[*7] 経常利益をみてみると、2003年度1,560億円、04年度3,416億円、05年度4,045億円、06年度4,075億円、07年度4,014億円、08年度3,351億円、09年度170億円、10年度747億円、11年度▲170億円、12年度▲326億円、そして13年度1,262億円であった。統合前の各社は、「四桁の経常利益って夢の数字であった」という。
[*8] 39歳勤続年数21年の平均年間一時金は、2005年度235万円、06年度258万円、07年度242万円、08年度240万円、そして09年度221万円であった。一時金は、組合の要求により、業績に連動する業績連動方式によってその額が決まっている。

運営の効率化を推進するために、物流・補修・購買の各関連分野での協力*9を進めていたなかで、製鉄所間協力の発表から1年後の2001年4月に機が熟したと判断した両社長は対等な立場での全面的な経営統合を行うことについて基本合意した。

労働組合は、会社から経営統合に関して最初の説明を受けたときに、「驚き」であり、「いよいよそこまでしないといけない状況」(旧川鉄労連の書記長)になったと思った。組合は、誰よりも先に経営統合の説明を受けて、「経営統合に向けた基本合意は世界規模で進む構造変化に対応して将来に向けた経営基盤を構築するためのもの」と受け止め、「基本的に組合員の雇用と生活の基盤確保につながるものとして理解できる」との判断を示して、経営統合を受け入れた。

労使は、四半期ごとに開催されてきた労使経営審議会のほかに、「経営統合に関する臨時労使経営審議会」を設置し、労働条件などについて議論を深めていった。その場で、会社は、「統合を理由に全体的な労働条件を下げる考えはないが、あくまで調整であって、全て有利な条件にそろえることはできない」との見解が表明されたが、組合は、「トータルとして不利益にならない」を基本的な考え方におき、「組合員の活力・モラールを損なわず、生活への影響に十分な配慮が行われているか」を重要な判断要素として対処していくことを確認した。

また、「組合員一人ひとりの名目賃金が統合前に比べて下がらないこと」。こうした労使の考え方を前提に、人事・賃金制度などの改訂を進めていったが、その際に、労使は、「あらかじめ旧会社において改訂した両社の労働条件を新事業会社に包括的に承継する」ことにした。すなわち、両社は、統合後会社の人事・賃金制度のあり方にあわせて、統合前に制度を改訂して労働契約承継法に基づき、親会社に持ち込むことにした。労使は、2002年7月に社員制度ならびに基本的な賃金制度に関する労使協議を進め、同年10月には手当

---

*9 例えば、近接製鉄所の間で、共同調達、共通のストック部品の共有化、在庫の適切化等を行っていた。補修機具の中には高額のものがあるが、いつも使うものではない。製鉄所それぞれ購入するより、1台購入して必要な時に両製鉄所が使うようにした。

等未整理の賃金制度と福利厚生・出向制度・海外勤務制度・60歳以降就労制度・旅費等を協議するという2段階に分けて協議した。労使協議は、統合前の各社ごとに行うこともあれば、両社合同で行うこともあった。

　人事・賃金制度の統合には、大きな問題がなかった。それは、両社の組合が同じ鉄鋼労連（後の基幹労連）という産業別労働組合に属し、長い間、産別の統一闘争に参加してきたので、制度の内容もまた労働条件の水準もそれほど違わなかったからである。会社も「諸制度の内容におおむね両社共通の部分が多い」とみて、「基本的労働条件については統合を理由に切り下げるつもりはない」、また、「両社の現行制度の趣旨を最大限に生かしつつ、わかりやすくシンプルな制度、トータルとして可能な限り現行労働条件の維持[10]が図れる制度とすることを念頭に」新制度を企画し、組合に申し入れた。職能資格制度は、両社の既存制度・名称をそれぞれ持ち込み融合した[11]。それには、「労働条件等の新しい諸制度は、新会社の求心力や従業員の早期融合という観点から、両社それぞれの歴史を尊重しつつ」という考え方も反映されているといえよう。

　退職金、交代勤務手当、呼出手当等のいくつかの手当、リフレッシュ休暇、社宅・寮等の福利厚生では両社間の違いがあるところもあったが、良い所にあわせて調整を行った。

　一方、労働組合の組織統合についてみてみると次のとおりである。両労連（NKK労連、川鉄労連）は、2001年10月「組織統合推進検討委員会」を設置した。同委員会は、2001年10月から会議を重ねて、組織統合に向けての基本理念、新組織のあり方、統合時期等を定める答申を、2002年7月、提出した。同委員会の答申を受けて、2002年10月「統合準備委員会」と準備委員会の下部機構として「統合作業委員会」を発足させた。準備委員会は、2002年10月から2003年5月までに6回委員会を開催して統合に向けた検討を進めて、2003

---

[10] 全体的だけでなく従業員個々人の水準も維持される。会社は、「経営統合前後での各人の水準を維持する」とそれを表明している。
[11] 技能職の組合員に適用される職能資格制度として下位資格から、旧NKKは、執務職3級、2級、1級、基幹職3級、2級、1級であり、旧川鉄は、執務4級、3級、2級、1級、主務2級、1級であったが、新制度では、執務2級、1級、基幹1級、主務2級、1級となっている。旧両社の資格名をそれぞれ引き継ぎ融合させた。

年5月、「JFE組合組織結成に関する最終答申(案)」を両労連に提出した。

そこには新労連の名称・綱領・規約・規定、第1期労連の役員・職員体制、財政などが示されていた。両労連は、答申(案)に基づいて、同年8月、臨時大会を開き、新労連への発展的移行を決定した。その結果、同年9月、旧労連が統合してつくったJFEスチール労連が船出をした。

労使は、労働協約・諸協定の統合については、会社統合以降、行うことにした。その結果、労使は、2003年4月に統一労働協約締結に向けた「労使検討委員会」を設置し、話し合いを進めた。会社は、それを踏まえて、同年7月、組織統合前の両労連に「労働協約および付属協定の締結」を申し入れた。両労連は、8月、それぞれ臨時大会を開き、会社の申し入れ内容を確認し、了承することにした。それを受けて、労使は、9月、統一労働協約・付属協定を締結・発効させた。

統一労働協約交渉の際に、労働組合は、両労連の2つの中でもっとよい内容を統一協約に引き継ぐことにした。その結果、組合活動に関する協定内容においては、NKKが川鉄より組合の権利をもっと尊重していたので、債務的部分の多くはNKKから持ち込まれた。

また、単組レベルの労働協約・協定を無理矢理に統一しようとしなかった。それは、両社それぞれが長い歴史のなかで構築した労使間対応体制（労使審議会、労使協議会、団体交渉、安全衛生委員会など）の運営要領と組織体制の違い、さらには稼働体制や要員改正移動提案などの労使間手続きについても、単組において本部と支部の役割やその機関手続きの違いがあり、この対応体制や組織体制・手続き要領については、全体統一とせず単組ごとに事業所・単組協定とすることが望ましいとの判断をしたからである。

(4) 組織再編後の集団的労使関係

組織再編後の集団的労使関係は、労働組合が、統一労働協約の改訂の際に、「いいとこどり」をした結果、権利の強化が図られる形で次のように再編された。第1に、ユニオン・ショップ協定の内容の強化である。現在、「会社は、組合から除名された者を解雇する。ただし、解雇について会社が異議を認めた場合には、組合と協議する」となっているが、これは旧NKKのものを引き継いだ。旧川鉄の場合、「除名されまたは組合を脱退した者の取扱に関しては

協議する」となっていた。

　第2に、「労使経営審議会」の毎回社長出席である。「労使経営審議会」は、会社経営ならびに労使の課題についての意思疎通*12を図ることを目的としており、旧両社で四半期ごと行われていた。NKKの場合、社長は年1回出席していたが、川鉄の場合、毎回出席していた。統合後は、川鉄のいいところをとり、社長が毎回出席するようになった。

　第3に、人事の基準方針、賃金、退職金、労働時間、福利厚生等の労働条件および協定の改廃に関する協議の場である「労使協議会」の場合、旧2社間の違いはなかったので、両社のものをそのまま引き継いだが、統合により事業所が多くなることを踏まえて、2つ以上の製鉄所・単組にまたがる労働条件の協議は、中央労使協議会で行うことに整理した。

　第4に、団体交渉である。団交の入り口は旧川鉄、手続きは旧NKKのものを引き継いだ。旧NKKでは団交の入り口要件はなかったが、旧川鉄では、「労使協議会において交渉しても解決できないと認めたときに限り団交において解決をはかる」という要件をおいた。新協約では、川鉄の団交入り口要件を引き継いだが、団交手続きに関する規定は、旧川鉄より厳しくない内容の旧NKKのものを採択した。「交渉は会社と組合いずれか一方の申し入れにより開催する」、「交渉は、会社と組合が対等の立場に立ち、誠意をもって行うことを要する」がそうであるが、旧川鉄では、「交渉を文書による開催申し入れと10日以内に開催」、「交渉は就業時間内においてのみ行い」、「誠意をもって紳士的かつ平和的に行うことを要する」という規定があった。団交応諾義務も「正当な理由がない限り双方とも受諾しなければならない」と、旧NKKのものを引き継いだ。

　なお、JFEスチールでは、製鉄所が大きく東日本製鉄所と西日本製鉄所があり、前者には千葉地区と京浜地区、後者には倉敷地区と福山地区がある。地区ごとに単組が存在し、製鉄所にあわせた組合の統合は行っていない。そ

---

*12 付議事項は、経営に関する事項、生産および販売、設備計画、会社組織の制定・改廃、要員・在籍、業務計画の変更による組合員の異動、労使の課題、CSR等である。

れは、各単組の伝統や地域での役割等を尊重した結果である。そのため、製鉄所の労使関係は、製鉄所の所長と各地区の単組との間に形成されている。

労使経営審議会の毎回社長出席、団交手続きの厳しくない要件等、全体的に旧両社のものの中で、労働組合の求める内容が多く含まれる形で統一労働協約が締結されて、組織再編後の集団的労使関係が形作られたといってよかろう。その結果、労使コミュニケーションのいっそうの円滑化が図られる可能性が高まったのである。

(5) 組合対応の効果と示唆

労働組合は、「旧2社の経営統合に向けた基本合意は世界規模で進む構造変化に対応して将来に向けた経営基盤を構築するためのもの」と受け止め、「基本的に組合員の雇用と生活の基盤確保につながるものとして理解できる」との判断を示して、経営統合を認めた。経営統合と鉄鋼需要の増加により、「以前はみたことのない四桁億円」の経常利益を上げることができ、また、5年間、年間200万円以上の一時金基準額を確保することができた。それを見る限り、経営統合は成功したといってよく、経営統合を認めた組合の判断は正しかったといえよう。

また、組合は、全従業員の雇用確保という会社の基本方針を確認し、労働条件の面でも前記のとおり、「トータルとして不利益にならない」を基本的な考え方におき、「組合員の活力・モラールを損なわず、生活への影響に十分な配慮が行われているか」を重要な判断要素として対処していくことを確認するとともに、「組合員一人ひとりの名目賃金が統合前に比べて下がらないこと」も掲げて、実際、実現した。

以上のように、経営統合の成功的実現と統合後の実績向上、全従業員の雇用確保、労働条件の維持・向上は、折しも東アジアを中心とする鉄鋼需要の盛り上がりが業績改善に拍車をかけた面が多々あるが、両社対等の立場での統合、前向きな統合、それによるシナジー効果に加え、組合の時機を捉えた冷静な対応も見逃すことができない。

第1に、経営統合が将来に向けた経営基盤の構築であり、組合員の雇用と生活の基盤確保と判断し、労働組合がそれを迅速に認めたことである。日々の組合活動の中で、世界や日本の業界の動向や企業経営の方向性について情報

をキャッチし、判断力を高めたことの結果といえよう。

　第2に、緊密な労使・労労コミュニケーションである。何よりも会社が最も重要な情報を誰よりも先に組合の3役に説明したのは組合の存在を重く認めた結果であり、日常的に労使の信頼関係に基づいたコミュニケーションの結果でもある。組合幹部は、統合相手の組合幹部と積極的にかつ意図的にコミュニケーションをとりその回数を増やして旧両社組合間の壁を無くす努力を尽くした。その結果、「過去はない」という思いができて、統合会社での一体感を高めることができた。

　第3に、産別を中心に統一労働運動の効果も見逃すことができない。経営統合に伴う両社の人事・賃金制度や労働協約・協定の統合は大きな問題がなくスムーズに行われたが、それは両社の制度・協約がほぼ同じであったからである。それは、両社の組合が鉄鋼労連（現・基幹労連）という同じ産業別労働組合に属し、長年、統一労働運動を行い、制度の内容も労働条件の水準もそろえてきたからである。同じ産別の統一労働運動への参加という共通基盤が両社の成功的経営統合に寄与したといって過言ではない。賃金制度や労働協約の統合の際に、労働組合は「いいとこどり」（労使関係における組合側権利の後退回避にこだわった対応）をしたが、その結果、労使経営審議会における毎回社長出席等の労使関係の進展につながっている。

　第4に、単組の伝統と多様性の尊重である。従来、製鉄所ごとに単組があり、独自の労働協約・協定を事業所と結び、また、当該地域での活動等を進めてきたので、単組ごとの組合運動の伝統や慣行がある。単組を束ねる労連は、単組の伝統や慣行を認めて、全単組の統一的な協約・協定をつくらずに、単組の多様性を尊重した。また、会社も、統合後の東・西日本製鉄所にはそれぞれ2つの単組があったが、その統合を求めずに各単組と労使関係を形成している。それが経営統合や統合後の円満な労使関係の維持に寄与したとみられる。

　第5に、両社統合は、両社の多くの子会社の統合をもたらしたが、その中では組合のない子会社と有組合子会社が統合することもあった。JFEスチール労連は、JFE労働組合協議会の中核組合として、その統合を機に、無組合子会社労働者の組織化に取り組み、4年間、約1300人[*13]を組合員の仲間として迎え入れた。こうした成果は、子会社社長の組合結成への理解や同協議会と親会社や子会社とのコミュニケーションの円滑化が図られたことに負うとこ

ろが大きく寄与したものであるが、経営統合の際、グループ子会社労働者の組織化方針を掲げることが重要であり、また、それを実現できるように、親会社や子会社との緊密なコミュニケーションの日常的な構築が肝要である。

ジャパンマリンユナイテッド労連[*14]

(1) 会社および労働組合の概要

　JMU（ジャパンマリンユナイテッド：Japan Marine United）株式会社（以下、「JMU」という）は、2013年1月[*15]、IHIマリンユナイテッド（株）とユニバーサル造船（株）との統合によって設立された。同社は、商船事業、艦船事業、海洋・エンジニアリング事業、そして船舶の保守やメンテナンスなどのサービスを提供するライフサイクル事業を中心に事業を展開している日本のトップクラスの造船会社である。

　同社の従業員数は2013年統合時点で5,570人であり、2014年5月現在、約5,600人である。同社には、本社（東京）と事業所が東から横浜[*16]、津、舞鶴、因島、呉、有明という6つの地域に所在している[*17]。

　一方、同社の労働組合についてみてみると、企業内労働組合としてジャパンマリンユナイテッド労働組合連合会（略称、「Jマリン労連」）があり、会社設立直後の2013年1月11日に結成された。Jマリン労連は、上部団体として基幹労連、金属労協（JCM）、そして連合に加盟している。組合員数は約5,300人である。

[*13] 呉学殊（2013）『労使関係のフロンティア―労働組合の羅針盤〈増補版〉』労働政策研究・研修機構。
[*14] 執筆のためには同労連の山田由紀夫委員長に2015年1月21日（水）と2月20日（木）、2回にわたってヒアリング調査を行った。ご多忙のところ、ご協力くださった委員長にこの場を借りて心より感謝申し上げる。
[*15] 会社統合は、当初2012年10月を予定していたが、海外における競争法上の審査・承認手続が長引いた影響で3か月延期された。
[*16] 横浜事業所は、磯子工場、鶴見工場によって構成されている。
[*17] 同社の資本金は、250億円であるが、出資比率をみると、JFEホールディングスが45.93％、IHIが45.93％と同率であり、日立造船が残りの8.15％を有している。業績は、2013年度は、売上高2,844億円、経常利益62億円、当期純利益72億円であった。2014年度第3四半期は、売上高2,140億円、営業利益106億円、経常利益68億円、当期純利益39億円である。なお、2014年度年間業績見通しについては、外国為替相場変動によっては、相当の影響が想定されるため、表明を見合わせている。

(2) 企業組織再編の背景と労働組合の対応

　旧2社の統合は、設計能力の結集により開発力を強化し、各造船所の特性を最大限活かした最適生産体制を追求するためであった。具体的に統合により、商品のラインアップの拡充、造船所毎の船種集約による生産性の向上、省エネ・環境対応技術の集積による新商品開発のスピードアップ、規模拡大によるロット受注対応力の強化、資機材調達力の拡大、管理部門の統合による効率化等のシナジー効果が期待された[18]。

　顧客の多様なニーズ、短納期化、大口発注への対応を高めていくためには、開発力の向上が求められるが、「売上高の1％が研究開発にかかる」といわれる造船業界では規模を拡大することが有利である。実際、統合後の2014年9月10日現在、大型LNG運搬船、メガコンテナ船、自動車運搬船の受注にこぎ着けたという。

　両社の統合により、新造船竣工量の合計値（2011年の竣工実績）は347万総トン[19]となり、国内2位、世界的には8位となると予想された[20]。

　両社の統合は、2012年1月30日に公表されたが、労働組合は、上記の効果を期待し、それを受け入れることにした。統合により経営安定が図られ労働条件の維持・向上につながると判断したからである。両社の労働組合[21]は、会社の統合にあわせて組合組織の統合に向けて、2012年9月の定期大会でそれぞれ「新組織結成準備委員会」の設置を確認した。同委員会[22]は、同年10月に3回にわたる検討・論議を経て、11月「活力ある新組織の結成に向けて：新組織結成準備委員会報告書」を刊行した[23]。そこには、新組織の綱領・規約・規定、大会代議員・中央委員の選出基準、それに第1期役員推薦候補者等が示

- [18] JFEホールディングスとIHI「ユニバーサル造船とIHIマリンユナイテッドの経営統合（合併）に関する合併契約の締結等についてのお知らせ」（2012年8月27日）。
- [19] ユニバーサル造船が218.3万総トン、IHIマリンユナイテッドが128.2万総トンであった。
- [20] 国土交通省の報道・広報（2012年8月31日）
- [21] 労働組合は、ユニバーサル造船労働組合連合会とIHI労働組合連合会である。統合会社のIHIマリンユナイテッドにも労働組合があったが、IHI労働組合連合会の支部としての運営であったので、IHI労働組合連合会本部が統合に向けて動いた。もちろん、準備委員会のメンバーには当該支部の幹部も含まれていた。
- [22] 委員数は各組合とも6人であった。

されていた。

　労働組合の統合は、上部団体が同じであり、以前から同様の理念のもとに運動を展開してきた歴史があったのでスムーズに進められた。両組合とも会社の生産性向上運動に協力し、利益の分配では会社と対立するという姿勢を貫き、協調的労使関係を築き上げてきたからである。しかし、若干大変だったこともないわけではなかった。第1に、組合費であった。統合前の両組合では組合費が異なっていた。一方の組合は賃金の1.45％、他方の組合は賃金の2.0％であった。組合費の統一化は、組合費の値上げとなる組合員の理解を得るためには時間をかけなければならないことから、従来のままにした。今でも組合費は異なる。ただし、連合会費（上納金）は一律にした。組合の組織は、前記の会社の6つの事業所それぞれに対応する単位組合を作り、Jマリン労連には連合会会費として組合員1人当たり2,300円を年14回納入することにした。その金額策定の際には、労連の専従者数は組合員1,000人に1人の割合とし、それに対応できるようにした[24]。組合費の相違から統合の際に単一組織として出帆させることができなかったが、中長期的には組合費の一本化を図って単一組織化を目指していきたいと考えている。それは、足並みを揃えた活動を進めて、組織を強化・発展させることをめざしているからである。

　第2に、拠出金である。一方の組合は専従者の組合業務上の災害等の補償に対応するために一定の金額の特別会計[25]を持っていたが、他方の組合は同じ用途の特別会計が本部一元管理であった。統合の際に、両方の組合から組合員数に応じた拠出金を支出することに合意したが、金額の算定等に組織内で理解を図るのに若干時間がかかった。

　第3に、共済制度の統一化である。両組合は、それぞれの共済制度を持っていたが、一定期間（2014年3月）までは旧ユニバーサル造船労連の制度で運営

---

[23] このように統合の準備がスピーディーにできたのは、旧ユニバーサル造船が2002年日立造船と日本鋼管の船舶部門の統合によって設立されたのに合わせて組合も統合した経験が活かされたからでもある。基本的にユニバーサル造船労働組合連合会が統合のたたき台を出し、IHI労働組合連合会がそれにのる形で統合の準備が進められた。

[24] 単組は、組合員数の少ない因島労組を除き、1〜3名の専従者を有している。

[25] 「犠牲者救済基金」。

し、2014年4月からは給付内容を充実させて、会費を月500円とする新しい共済制度[26]に移行した。

　両社の労使は、会社と組合の統合にあわせて、労働協約・協定、賃金・人事制度の統一化を図るために、それぞれから委員を出し4者で委員会を2012年3月に設置し、10か月かけて検討・協議を行った。その際、組合は、賃金水準の高いところを極力下げることのないように主張したが、会社は厳しい経営環境下にある造船事業が安定した処遇水準を維持していくために経営の成り立つ水準にすべきだとの主張を行った。結局、労使が歩み寄ることにしたが、その結果生じた減給対象の組合員[27]には何年間にわたって「暫定給」を支給し、その間、昇給していくことにより、実際は賃金を減らさずに済むようにした。

　なお、労働協約・協定は、会社とJマリン労連が締結したもので、各単組に同一内容が適用されているので、単組間の違いはない。例えば、ユニオンショップの内容も、「社員は、幹部職以上の社員、現業部門のチーム長等に該当する者を除きすべて組合員とする」となっており、どの単組も同じである。ただし、主要労働条件以外に事業所と単組において必要な協定は結ばれている。

　組合の統合後、まだ、2年しか経っていないので、統合による効果を挙げるのが時期尚早であるが、まず、いえるのは組合員間の仲間意識が高まったことである。例えば、統合前のIHI労働組合連合会には、造船だけではなく、航空・宇宙などの多様な分野があり、事業環境も異なるので組合員間に仕事上での共通意識が図りにくいという傾向にあったが、同じ造船部門の統合により他の組合員との仲間意識がすぐできて高まったという。また、安全衛生対策においても、それぞれの良い所を取り入れて相乗効果をあげることができる。会社統合により、組合員から他の工場を見学したいという要望があり、各種会議や研修会は事業所で開催し、終了後に現場視察する機会を設けた。その際、現場の作業の際に使われているホース類を地上に放って置くとそれ

---

[26] 共済会費は、組合員1人当たり毎月500円である。そのほか、上部団体の基幹労連の共済会費は毎月130円である。

[27] 2万円以上の減給は行われないようにしたという。

に引っかかり転倒して怪我をする可能性があるため、頭上にホース通路をつくったことをみて、それを自分の工場でも実現し、安全衛生対策を強化したことがある。そのほか、梯子の角度の統一、踏み台への手すりの取り付け、整理整頓への工夫等も挙げられる。

(3) 企業組織再編後の集団的労使関係

両社統合後の労使関係について見てみる。統合前の2社間の労使関係は大きな違いがなく、同じような仕組みであった。「横並びで比べてどうしようか」という感じで2社の労働協約をほぼ踏襲した。ただし、用語はいままで使ったことがないものにしたが、それは、前の会社のものを引き継がず、新しいものを作ろうという意味合いを込めたかったからである。

統合後の集団的労使関係は、公式的に3つの話し合い場によって成り立っている。経営協議会、労働協議会、安全衛生協議会である。

①経営協議会

まず、経営協議会[28]は、労使が経営上の諸施策に関する隔意のない意見交換の場として毎年5月と11月、2回開かれる。5月は、会社が事業運営方針を中心に説明を行い、それに対して組合が意見を述べる。11月は、9月末の中間決算を受けて、会社の説明を聞き、組合は、会社の事業運営がうまく行っているか、課題が残っていないかなどを確認している。組合は、その経営協議会に備えて、各事業所を回って事業所の会社側の幹部と職場の組合員代表と懇談会を開催して労使から生の声を集約して協議会の場で意見開陳している。2014年度、組合は人手不足の解消について会社の対応を次のように求めた。東京オリンピックや東日本大震災復興事業の影響により、人手不足[29]が発生しているが、それを解消するために、中途採用を早期に行うこと、60歳以降の再雇用者がモチベーションアップとなるように処遇改善を行うこと[30]、さ

---

[28] 旧ユニバーサルでは、「中央経営審議会」と呼ばれていた。
[29] 下請企業のなかでは溶接、塗装等の労働力が不足しているという。
[30] 現在、報酬比例の年金を受給していることもあって賃金が低い水準に抑えられている。年金受給年齢を65歳に延長し、その間、賃金で生活できるようにすべきだという考え方に基づく要求である。

らには、65歳定年に向けた労使の検討の場を設置することなどの意見であった。このように、経営協議会では、組合が、会社から経営方針や経営業績についての説明を受けて、労使からの生の声に基づいて、経営をチェックするとともに提言を行っているのである。

②労働協議会

　組合は、労働協議会・団体交渉[*31]には、生産性向上3原則を貫く考え方で臨む。すなわち、生産性向上に協力し[*32]、利益分配には対立という考え方に立って公正さを求めて、事前協議を重んじている。労使とも、利益は株主、社員、内部留保に均等に配分するという共通認識を持っている。組合は、それが実行されているかどうかをチェックしている。

　組合は、2014年度春闘の際に、会社の厳しい経営状況を踏まえて、3,500円の賃上げ要求に対する有額回答を引き出すことが出来なかったものの、「賃金改善については一定水準以上の利益が確保できた場合は特別一時金（2014年度は1万6,000円、2015年度は3万2,000円を限度）を支給する」との会社回答を引き出した。それは、同社の親会社が1,000円の回答を出したことを踏まえて、一定水準以上の利益が確保できた場合、その分を一時金として支払うことを求めるものであった。

　また、上記の生産性向上3原則に基づき、会社の利益を公正に組合員に配分できるように、一時金の配分も「業績連動方式」に基づいて行われるようにした。企業の業績を反映して一時金が決まり、利益の公正な配分システムを構築している。その結果、子会社だから親会社に不当に利益が吸い上げられることはない。

[*31] Jマリン労連では、春闘を労働協議会で行っている。労使が「労働協議会において協議の限りを尽くしてもなお意見の一致が見られない場合は、いずれの一方が申し出ることにより、団体交渉に移行することが出来る」とされている。今まで団交に移行したことはないという。

[*32] 無駄を無くすために知恵を出していきましょう。溶接のひずみ、最初からひずまないように工夫しよう。職人だから知恵が出るはずだ。チームで作業の能率向上を考えてほしい。上下関係、職場のなかでのコミュニケーションの円滑化、設計と現場。現場で設計のミスを直すのが大変だから、設計の間でも密にコミュニケーションをとるように働きかける。

③安全衛生協議会

　労使が、年2回、安全衛生に関する管理方針・管理目標や具体的な施策について協議し決定する。2013年、組合が創案し、最初の中央安全衛生協議会の際に、次のような「安全五原則」が決定されて職場で実行されている[*33]。すなわち、「①安全はすべてに優先する。②危険な作業はしない、させない。③災害要因の先取り、④ルールを守る、守らせる。⑤自ら努力する。」造船業では、統括安全管理を実施しており、元請は当該事業所に発生する安全問題に対しては全部の責任を負うことになって、会社も安全には厳しく対応しているが、組合の取組も極めて重要である。

④労使連絡会

　以上の労使の話し合いの場以外に、「労使連絡会」がある。年間4〜5回開催されているが、そこに参加しているのは、組合の3役と会社の取締役クラスである。組合は、会社からの受注動向や操業状況、新年度の経営諸施策の考え方などを受けて、忌憚のない意見交換をする。その内容は、一般の組合員に伝えるのには工夫をしなければならない。組合は、労使連絡会の経過を中央執行委員会で口頭報告し、中央執行委員は一週間以内にそれぞれの単組で執行委員会を開き、口頭でその内容を説明して理解を求めている。

（4）組合対応の効果と示唆

　労働組合は、経営統合が事業の安定、拡大に資するものであれば、それを認め、協力すべきだという基本的な考え方に立って、経営統合に協力した。その結果、統合後間もないが、企業は、顧客の多様なニーズ、短納期化、大型発注への対応力を高めて、統合後、大きな受注に成功した。組合は、会社事業の安定・拡大により、組合員の労働条件の維持・向上がはかられると期待している。会社の経営統合と組合組織の統合により、次のような効果を挙げることができる。

　第1に、労働組合は、経営統合による事業所範囲の広域化で多くの地域での変化を敏感にキャッチし、会社の経営や人事労務対策に提言を行うことがで

[*33] 朝礼の際に、安全五原則を唱和するように、現場の目立つところに掲げられている。

きる。例えば、人手不足の実態をキャッチし、経営協議会でその解消策を求めた。

　第2に、組合員間の仲間意識の向上をみることができた。統合前の会社では、造船部門だけではなく航空等多くの部門をもち、組合員間の仕事が異なって、一体感を持ちにくい側面があった。しかし、両社の造船部門の統合により、同種の仕事を通じて、組合員間の仲間意識が高まった。組合は、さらに仲間意識の向上を図るために、「顔、心、力あわせてコミュニケーション」を充実させ、お互いに腹を割って話が出来る関係づくりに努めたが、それも仲間意識の向上に資した。

　第3に、統合のシナジー効果の1つとして安全衛生対策の強化を挙げることができる。

　第4に、過去を引きずらないように、統一労働協約・協定の締結の際に新用語を使用するという工夫も行った。統一労働協約締結や労働条件の統合がスムーズに行われたのは、旧両社の組合が同じ産別である基幹労連で長い間統一労働運動に参加して、協約の内容も労働条件の水準もほぼ同じであったからである。会社の経営や組合組織のスムーズな統合には、同じ産別の統一運動に参加する組合が望ましい。

　第5に、労働条件の安定化や労働条件改善策をはかることができる。統合により経営規模が大きくなり、また、マーケットでの競争力も上がって、経営は以前より安定することになった。それに伴い、労働条件の安定化の可能性も高まった。組合の交渉により、企業業績の好転の際には、賃金のアップや業績連動方式による一時金のアップができるようにした。

小括

　基幹労連加盟のJFEスチール労連とジャパンマリンユナイテッド労連がそれぞれの企業組織再編にどのように対応してきたのかについて考察した。ここでは簡単な比較をしてみることにする。

　まず、第1に、企業組織再編は、JFEスチールの場合、製鉄業界の第2位の旧NKKと第3位の旧川鉄の株主移転・経営統合によるJFEホールディングスの製鉄部門の子会社として設立された。ほぼ対等な経営統合であった。JMUの場合も、IHIマリンユナイテッドとユニバーサル造船の経営統合によって設

立されたが、同社の主要株主は、JFEホールディングスとIHIとそれぞれが株の45.93%を所有している。対等な経営統合である。対等な経営統合という面では共通している。違いは、両社とも子会社であるが、JFEスチールは1つの親会社を有し、JMUは、主要な2つの親会社を有している。前者は、事実上、親会社といってよい。

第2に、経営統合の時点は、JFEスチールが2003年、JMUが2013年と10年の違いがある。そのために、経営統合の効果を比較することは難しいが、JFEスチールは、統合後、想像もできない四桁億円の利益をあげ、JMUも利益を出している。JMUは、メガコンテナ船等の大きな受注を確保した。経営統合の効果といえよう。

第3に、労働組合は、両方とも経営統合の必要性・効果等を考慮し、積極的に認めた。経営統合に伴う賃金などの労働条件や労働協約・協定の統合には大きな問題が生じなかった。それは、統合前の組合が同じ産別である基幹労連に属して、長い間産別統一闘争に参加した結果、ほぼ同様の人事・賃金制度や労働協約・協定をもっていたからである。そのために、基本的に大きな変更を伴わずに統合を果たすことができた。JFE労連の場合、「いいとこどり」をして労働組合に有利な内容を多く引き継ぎ、JMU労連の場合、旧ユニバーサル造船のものを多く引き継いだ。経営統合に伴う雇用の減はなかったことも共通している。

第4に、労働組合が組合の組織統合において単組の伝統と多様性を尊重したのは両事例とも共通している。JFEスチールの場合、労働協約・協定の内容も組合費も単組の自主性を尊重しているが、JMUの場合、組合費のみそれを認めている。

3 企業組織再編に伴う不当労働行為の超克と課題
運輸労連加盟組合の事例*34

P運送労働組合の事例*35

(1) 企業組織再編の実態

P運送は主に関東地域を中心に運送業を営んでいる企業である。1944年設立された歴史のある企業である。同社の従業員数は1991年3,023人をピークに

ほぼ一貫して減り続け、2014年3月現在1,301人となった。従業員数の減少で見られるように、1990年代以降、同社は縮小に追い詰められたが、その要因・背景として次のことが挙げられる。第1に、規制緩和により業者が増えてきて競争が激しくなり*36、全体的に収益が上がらなかったこと。第2に、関東から東日本を対象に特積みを中心に運送業務を行っていたが、エリアが若干狭く営業領域が相対的に狭いことによる競争力の弱体化。第3に、狭いエリアの顧客に対する密度の濃いサービスを行っていたが、それを運賃に転嫁することができなかった。第4に、観光バス事業も行っていたが、請負的な形であったので、収益が上がらなかった。全体的に下請的な仕事を行ってきたので、収益を上げることができず、事業縮小が進んだとみられる。

そういう中で、同社は、2009年、3月G社*37との包括的業務提携を行い、10月G社からの資本参加を受けた。G社の資本参加額は子会社を含めて同社グループ全体で51億、そのうち同社だけのものは22億であった。こうした資本参加を受けて、2009年10月1日同社はG社の子会社となった*38。G社のP運送への資本参加は、自社業務の手薄なところを補強するためだったとみられる。

G社の子会社となったP運送は、親会社のG社の戦略に応じて、支店の分社化を進めており、それに伴う出向・転籍により、従業員をいっそう減らしている。その結果、P運送労組の組合員数も1998年2,522人から2014年4月462人へと大幅に減少した。同労組は、会社の不当労働行為に対抗するために、

---

*34 運輸労連では、2014年1月「企業組織再編に関する研究会」を設置し、同労連加盟組合を中心に事例調査を踏まえて検討を進めて、2015年7月に報告書をとりまとめる予定である。この事例の内容は、上記の報告書に掲載される予定の呉学殊の原稿を修正・転載するものである。貴重な研究の機会を与えて頂いた同労連と研究会のメンバーにこの場を借りて感謝申し上げる。

*35 P運送労組へのヒアリングは、2014年8月20日、書記長、また、2014年10月29日、委員長と書記長に対し行った。大変厳しい状況の中で、ヒアリング調査に快く応じて頂いた同委員長と書記長に対し感謝申し上げる。

*36 事業者数は、1990年40,072社であったが、2007年には63,122社に増加した。しかし、国内貨物輸送量は1990年約68億トンだったものが2010年約48億トンに減った。

*37 2015年現在、同社は全国に約400か所の店舗をもっている。2014年度の売上高は約2,600億円、営業利益約120億円、そして純利益約75億円である。

*38 同社社長は、親会社の執行役員としてグループ事業部長を兼務している。逆に親会社の社長は、同社の取締役となっている。

2014年9月に立ち上げたP運送労組連合会の中核組合であり、同連合会の他の組合としてPU労組がある。

(2) 親会社・会社の不当労働行為の実態と組合の対応
①P運送労組本体に対する不当労働行為

　P運送労組は、同社の親会社となったG社から露骨な不当労働行為を受けてきている。不当労働行為の主要内容は、上部団体の脱退、組合費の引き下げ、専従者と組合事務所の廃止要求であった。具体的に不当労働行為の内容を追ってみることにする。

　2009年11月20日：G社の社長、「G（G社労組を指す：筆者）は、上部団体の上納費払うなら組合員のため、払わないで安くしている」といい、親会社の労働組合が上部団体に入っておらず、そのために上部団体への会費を払う必要がないので、組合費が安い（毎月1,300円）。子会社の組合となったP運送労組も親会社の労働組合に見倣ってほしいとの趣旨であり、上部団体の脱退を促すものであった。

　2010年2月16日：G社の社長、「上部団体、Gは加盟していない。いずれ、P（運送労組：筆者）も抜けたほうがいい」といい、2009年に上部団体の脱退を働きかけたにもかかわらず、そうしていないP運送労組に対して、上部団体を脱退するように露骨な働きかけを行った。

　2011年12月2日：G社の社長、「労使関係ねじれた時は潰す。株主あること、いざとなればP運送もファンドに売る」との発言があった。親会社が求める労使関係ができない、その大きな要因である上部団体の脱退が実現されなければ、P運送に対する持株をファンドに売却するとの脅しをかけているような発言であった。

　2012年6月30日：G社の社長、「Gは組合費が1,300円であるが、P（P運送労組：筆者）は組合費を上げたということ。これには私は絶対に反対である。組合についてこれでいいのか、議論してほしい。うちが買わなければ潰れている。何も魅力ない。4,200円の組合費。比率下げてファンドにでも売ればいい」との発言があった。今までの上部団体の脱退に関わる不当労働行為にもかかわらず、P運送労組がそれに応じず、組合費を上げていることに対し、不満を吐くとともに、再度、ファンドへの売却も示唆するものであった。

2014年3月6日：G社の専務（社長の意見番）、「組合活動を言うべきではないが組合費・組合のあり方、従業員の金、上部に納めて何の価値がありますか？」と、上部団体の脱退を強く求めている。P運送の社長も「あのようにG社の重鎮は組合に対して不信感を持っている。時代に合った組合にしてもらいたい」といい、親会社の要求に従って、上部団体を脱退するように強く求めているのである。

　2014年3月22日：P運送の社長がG社専務の発言内容を引用して、「そろそろ腹くくってGの方を向いてほしい。組合費もあまりにも高すぎる、上部団体に納めて何の価値があるのか」と、前回と同様の発言を繰り返し、脱退に向けて腹をくくるように、求めているのである。

　以上、会社側の不当労働行為の内容を見てみると、組合費の高さ、その要因となっている上部団体の会費を払わなくて済むように上部団体の脱退を求めることで、労働組合の活動への支配・介入という不当労働行為を行っている。

②PU労組に対する不当労働行為

　直近の不当労働行為（U支店）についてより具体的に見てみることにする。P運送は、2014年10月1日付でU支店を分社化し、同社の子会社である東北P運送（P運送社長が東北P運送社長も兼務）へ移管した。2014年8月7日、移管をめぐる労使委員会において、移管が「P運送労働組合に対する組合つぶしでないことを確認した」との労使協定が結ばれた。

　P運送労組では、U支店の移管に伴い、同支店の組合組織を、従来のように支部のままにするか、あるいは単組を立ち上げるかを検討した結果、単組を立ち上げることにした。その決定に基づき、9月29日、同支店の組合員がP運送労組を脱退するとともに、同日、PU労組の結成、P運送グループ労働組合連合会（以下、「P運送労組連合会」という）の一組合になるようにした。組合は、翌日、組合結成通知を東北P運送に提出した。なお、P運送労組連合会は、同年9月14日、P運送労組の定期大会にて、結成された。同連合会に入っているのは、P運送労組とPU労組のみである。

　ところが、会社は、10月1日付の転籍とともに、東北P運送と東北P運送労働組合とのユニオン・ショップ協定に基づき、U支店の組合員は東北P運送労働組合の組合員となったと主張した。PU組合の組合員から次のような相談がP運送労組に寄せられた。会社から「東北P運送組合（「会社寄り」の別組合）

に入らないと解雇になる」、「両方の組合費を払うことになる」等である。また、PU労組の委員長は、「この混乱、どう責任とるの」、「何か言ってみろよ」等々の強い口調で会社側からつるし上げられた。会社側は、「10月分の給与から東北P労組の組合費1,000円を差し引く」とする文書を掲示板に張り出した。組合は、それに対し、「万が一天引きしたら労基法24条違反で訴える。即時、掲示文書の撤去等を求める」警告を10月11日配達証明で配信した。こうした警告を発したにも関わらず、11月14日給与支給日に組合費として1,000円が天引きされた[*39]。

　同連合会は、PU労組の組合員は東北P運送の組合員ではないので、東北P運送のユニオン・ショップ協定に基づいて組合費1,000円を天引きすることは不当であると、会社に中止の申し入れをした。しかし、会社はそれに応じなかったのである。その理由として、組合員名簿の提出を組合に求めた[*40]のに応じてもらわなかったことを挙げている。組合は、会社がまず、団交に応じれば名簿を提出する用意があるが[*41]、そうしないうちで、提出するとさらなる不当労働行為につながると警戒していた。当時、組合は、組合員名簿を出した瞬間に、会社側が「お前そんな組合に入って本当に大丈夫か」等の形で、踏み絵を迫ることが明白な動きを見せている中、組合員を守るために名簿を絶対出さないことにした。

　同連合会は、組合費の天引きは労働基準法24条に違反するものであると主張し、管轄の労働基準監督署を訪問し、天引きの禁止と既天引き組合費の返還を会社側に行うように依頼した。同監督署の指導により、2014年12月8日、組合費は返還された。しかし、正常な労使交渉は未だに図られていない。

[*39] 本格的な団体交渉は開かれていなかったが、チェック・オフをめぐる労使の話し合いがあったといえよう。そうなのに、チェック・オフに関する労使の合意がなされないのは極めて異例といえよう。厚生労働省の調査によると、企業組織再編の際に、チェック・オフについて労使が話し合いをもたれたら、その98.0％は合意したという。厚生労働省 (2014)『平成25年労働組合活動等に関する実態調査の概況』。

[*40] 会社側は、2014年10月17日PU労組の委員長宛に「誰が貴労働組合に入っているのかいないのか、開示を頂きたい」との「説明書」を送った。

[*41] 組合は、2014年10月21日付社長宛文書の中で、組合との交渉に応じず、組合員個人に対する働きかけをすると支配介入に当たるとした上、「団体交渉が先」であると、団交に応じるように求めた。

東北P運送U支店では、支店長より2015年度の36協定を結びたいとの申し入れがあった。しかし、PU労組は、組合員数は35名で全従業員の72名の過半数に満たず、そのまま、過半数組合としての役割を果たすことができない。そのために、従業員過半数代表を選ぶことになった。3月13日、代表の選挙の結果、組合委員長が42票を得て代表に選ばれた。対抗馬であった元副委員長は30票に留まった。これをみると、同支店では、労働組合が全従業員の半数以上の支持を得ているといえよう。

③第2組合の結成

　一方、P運送の本体に第2組合の結成が進められていることが明らかになった。2015年3月20日、本社の組合員から13通の配達証明郵便がP運送労組に届いた。同じ内容、同じ封筒で中身は組合脱退届であり、次の内容が書かれていた。「私は2015年3月31日付をもって、組合を脱退しますので、ここに届けます。脱退の理由は、他の労働組合に加入するものです。従って4月以降より、貴組合費の支払い義務はなく、会社に対しては貴組合費の給与差引はしないように申し入れていることを申し添えておきます。」というものである。本社に勤めている組合員21人のうち、13人が組合を脱退することになった。第2組合の結成動機や組合員及び活動の全容については分かりかねることが多いが、第2組合の委員長は、以前、組合の会計について異議申し立てをした者である。会社が第2組合の結成に関わったのかどうかについても不明である。しかし、組合は、「状況から見ると、会社が係わらなければ書けない文書や取り扱いが満載されている」とみている。

　本社には組合員7人が残っているが、そのうち3名はG社へ出向中であり、3人は本社に勤めているが、残りの1名は組合委員長である。その後、本社勤務の2人が組合を脱退し、最終的には1人のみが残っている。

　第2組合結成の動きは、2015年5月現在、本社に留まっており、他の事業所に飛び火していない。しかし、動きそのものがないわけではない。第2組合は、会社の社内便を使って、いまの組合からの脱退届と第2組合への加入届の文書を組合員に配布している。しかし、5月現在のところ、それに同調する組合員はいない。そういう意味で第2組合の動きは極めて限定的であるが、今後、どうなるかは見通しがつかない。

④不当労働行為の背景

　以上、見てきたとおり、G社に資本参加されてから、会社側は不当労働行為を繰り返している。なぜ、これほどまで不当労働行為を行っているのか。その背景の1つは、2006年、10時間のストライキを行った組合の弱体化を狙っていることが挙げられる。労働組合がストを行うことになったのは、賃下げと労使コミュニケーションの問題があったからである。

　会社は、業績悪化を理由に、2000年、組合に対して賃下げ（最大15%）を申し入れた。組合は、会社の状況を踏まえてそれを受け入れることにした。しかし、賃下げは、2000年だけではなく、翌年から2006年まで続いた。労働組合は、当該年限りのつもりで、協定を締結して賃下げを受け入れたが、7年間に及び、忍耐の限度を超えた。賃下げに対して、社長よりきちっとした説明と謝罪を組合・組合員は期待したが、現場の労働者に伝わる、納得できる社長の言動がなかったのである。その中、賃下げに対する社長の説明と謝罪を求めて10時間ストを敢行したのである。

　G社に資本参加されてからは、労使コミュニケーションが膠着状態にあるといえる。従来、現場上がりの専務がいて、現場の動向を社長に伝えたが、解任されて会社を退社した。その結果、現場労働者の声を社長に伝えるパイプがなくなった。パイプ喪失の中、労使とも相手の心や方針等を理解し合うことが難しくなり、相互不信感が解消されないのである。

　労使コミュニケーションがとれないまま、労働条件の大幅引き下げに対し社長のお詫びと説明がない、また、労使のパイプ役の喪失が長引いていることが不当労働行為の背景といえよう。

　P運送労組の組合員数は、2015年2月26日時点で410人であったが、本社勤務の組合員が脱退して2015年5月18日現在、400人を下回っている。会社と労働組合の間にユニオン・ショップ協定が締結されているが、会社は最近ほとんど採用を行っていない。ただ、支店の採用は少人数あるが、それだけが組合員増加につながっている。定年退職者や自己都合退職者等が出ればそのまま組合員の減少につながる。最近、採用される人は、全員、P運送労組に加入し、第2組合には加入していない。P運動労組の活動が彼らに評価されている現れである。

(3) 組合の課題

　会社側は、P運送労組連合会の弱体化を狙った不当労働行為を戦略的に行っているように見受けられる。P運送労組に対し上部団体の脱退、組合費の引き下げ、専従者や組合事務所の廃止を強く求めて、親会社の社長や人事部長及び当該企業の社長等がその目標達成に向けて歩調を合わせているとみられる。U支店を分離し東北P運送に移管したのも組合員数の減少を狙うものであったと感じられるし、また、本社での第2組合の結成が、会社との関連性は明確ではないものの、組合の弱体化につながるおそれもある。

　P運送労組連合会は、こうした不当労働行為に屈せず、今までの運動路線を堅持している。特に、会社側が強く求めている上部団体（産別組合）の脱退を考えていない。その理由は、第1に、産別は、組合運動の悩みの相談先となり、仲間として心の支えとなっているからであり、第2に、産別から組合の歩むべき正道を学べるからである。具体的に労働者の一般的な生活の実態とあるべき姿、さらには生活改善の基準が明確になる。第3に、産別からの情報収集等を通じて世界観を広げることができるからである[*42]。

　今後、労働組合が会社側の不当労働行為に立ち向かって維持し続けて現在の組合員を守っていく上でどのような課題があるかを見てみたい。まず、第1に、会社側の不当労働行為に立ち向かう目的を明確にすることが必要であろう。その目的が現在の組合・組合員の維持であるのか、正常な労使関係の回復なのか、それとも親会社の労務政策の変更または親会社組合の変革である

[*42] 産別の役割は、上記の理由とも係わる側面もあるが、全体的に次のものが挙げられる。第1に、賃上げや労働条件の改善である。運輸業界は不況の影響をもろに受け、トラックドライバーは仕事内容にふさわしい賃金・労働条件を得ているとはいえない。運輸労連は、結成以来、賃金引き上げや労働条件改善に取り組んでいる。第2に、雇用の確保やリストラ対策である。現在の最大課題はなんといっても雇用問題であり、職場を守るための方策やリストラ対策など、企業分析もしながら対策にあたっている。第3に、職場の環境改善である。誰もが安心して働けるよう、事故防止や健康管理など総合的な職場環境の改善や、労災補償の充実に取り組んでいる。第4に、社会的地位の向上、産業政策の提案である。国や地方に対して、道路環境整備や、事故防止、環境対策などを交渉しており、業界（荷主も含め）に対して、適正運賃収受の働きかけなどを行っている。また、労働者の立場から、あるべき産業政策などを内外に発信し、行動を起こしている。以上を通じて、運輸産業の全体の底上げを図って、産業の発展と労働者の雇用確保・労働条件の維持・向上に取り組んでいるのである（運輸労連ホームページ）。

のか等最終的な戦略目標を明確に持つことが必要であるだろう。第2に、組合員の組合への求心力をどう確保し続けていくことができるかである。そのためにも組合の戦略目標の共有化を図ると共に、それが組合員個々人の生き方とどのように有機的な関連性があり意味のあるものかを示すことが必要ではないだろうか。

　現在、上部団体である運輸労連はP運送労組連合会と緊密な連携をとり、必要な支援を精力的に行っているが、課題もある。まず、第1に、P運送労組連合会に対する会社側の不当労働行為が何を狙っているのか、産別のレベルで検証する必要があるのではないか。不当労働行為がP運送労組連合会の孤立化・弱体化を目指しているのか、それとも産別無力化や無用論までその射程に入れているのか。第2に、P運送労組連合会との戦略目標の共有化である。不当労働行為の狙いに対する見極めとも関連するが、仮にそれが産別無力化を目論んでいるのであれば、闘争の主体もP運送労組連合会から産別に転換することも考えられる。第3に、会社側の最終的狙いや組合の戦略目標がどうであれ、上部団体の脱退を強く求める不当労働行為であることから、上部団体がいっそう当事者性をもち、今回の問題を主導的に解決していくことが必要であるのかも熟慮すべき課題であろう。運輸労連が、今回、当事者性に基づいて対応をするのであれば、その内容は次のものが考えられる。①不当労働行為を繰り返す企業側に対し、コンプライアンスの徹底化を求めると共に、あらゆるチャンネルを通じて産別役割の重要性をアピールしていくこと。それにもかかわらず会社側の改善がみられなければ、P運送労組連合会とともに労働委員会に不当労働行為の救済申し立てをする等の法的対処を厳に行っていく。と同時に、会社側が不当労働行為を改めるのであれば、話し合いによる問題解決につなげられるように、あらゆるチャンネルを開いておくこと。②P運送労組連合会の組合員に対して、励ます会の開催、支援レターの送付等、産別が全面的に支援していくことを示すことによって、彼らに安心感を与える等である。

L運送労働組合の事例*43

(1) L運送の企業組織再編現況

　2005年、L運送は、Q運輸株式会社と共同持株会社である「株式会社Z」を

設立し、同持株会社の100％子会社となった。それは全国物流網の構築の一環であるとみられる。Q運輸は東京から西へのコンテナの輸送を主な事業としており、今までL運送の足りない事業を行っている。共同持株会社による両社の統合は全国物流網の構築に寄与するようにみえる。

2012年、Zは、X運輸を子会社化して事業拡大を図った。その結果、持株会社Zの事業会社としてL運送（従業員約900人）、Q運輸（200～300人）、X運輸（約600人）があり、L運送には7社の子会社がある。Zグループの従業員数は、2014年3月末現在、2,224名を数える。

(2) 不当労働行為：L運送労組の組合員減少とその要因

L運送に組織されているL運送労組の組合員数は1994年1,206人をピークにほぼ毎年減少し、2014年10月現在462人となった。減少要因としては次のことが挙げられる。L運送は、ドライバーの「割高賃金」を抑制し、価格競争力を高める狙いから採用を抑制した。現在、L運送会長兼Z社長は、L運送の支店長時代から「ドライバーの給料が高い」と言い続けていたが、有言実行の形で給料の高いドライバーの採用を抑制してきたのである。削減方法をみると、持株会社設立以降、持株会社が従業員（事務職）を採用し、即刻、L運送に出向させる。L運送には採用をさせない。ドライバーの採用は、子会社が行う。その結果、L運送の従業員が減り、ユニオン・ショップ協定に基づいて新たな組合員になる人は原則おらず、定年退職とともに組合員は減る一方である。

組合員の減少要因は、前記の通り、ドライバーの採用抑制であるが、その他にもある。それは、現会長と組合の前委員長との個人的な確執、労使紛争もあったことである。現会長は、社長時代から「組合は潰さないが、言うことを聞かない者はいらない」といい、前委員長に対し敵対的な感情を言い表し、同委員長が率いる労働組合の弱体化を図ったとみられる。すなわち、組合員の減少を通じて前委員長の組合への影響力を弱める狙いがあったのではないかと考えられる。現会長は、社長の時代、前委員長に近い副委員長（運

---

*43 2014年10月27日、同組合委員長に対しヒアリング調査を行った。多忙の中、ご協力頂いた同委員長にこの場を借りて感謝申し上げる。

輪労連S地連出向中）を解雇し、同委員長の影響力の低下を図った[*44]が、それが裁判闘争に発展し、労使紛争が続いている。

会社側は、2011年6月、労働協約更新を拒否したので、2012年7月から労働協約が失効した。しかし、後述の通り、2014年10月、労働協約が結ばれて2015年5月現在に至っている。

以上、L運送の従業員不採用は、前委員長の影響力の低下や組合の弱体化を狙ったものと見られ、不当労働行為に当たると考えられる。また、直接的には前委員長に近い副委員長の懲戒解雇が不当労働行為に当たると、労働委員会から是正命令を勧告されたのである。

(3) グループ内人事と労働条件の実態と課題
①持株会社からL運送への移動

持株会社の発足に伴い、人事の面でL運送に少なくない問題が発生している。Zが採用を行い、そのほとんどを採用と共にL運送に出向させている。出

[*44] S労働委員会は、同事件に対し会社が不当労働行為を行ったと判断し、是正命令を下した。中労委の労働委員会命令データベースには、同事件の概要が次のように掲載されている。すなわち、「平成16年1月、被申立人会社の当時の社長宛てに、会社の事業上の失敗について同人の責任を追及する内容の差出人不明の文書が郵送された。また、17年10月には同業他社宛てに、会社の内情について述べた上、気をつけてくださいと注意を促す内容の文書が株主を名乗る者から郵送された。本件は、会社が①上記文書は申立人組合の当時の役員の指示により送付されたものであるとの前提の下に、平成23年2月から6月にかけて、組合の副委員長X2に対し、4回にわたり事情聴取を行うなどしたこと、②当該事情聴取に対して組合が抗議して行われた団交において不誠実な対応をしたこと、③労働協約に定める組合との協議が尽くされていないにもかかわらず、組合に対し、X2の懲戒処分について通知し、その後、同人を懲戒解雇に処したこと、④社内報で当該懲戒解雇を公表するとともに、上記文書の内容と組合の委員長X1の言動が類似するとして同人を批判したことは不当労働行為であるとして、救済申立てがあった事件である。
S労委は会社に対し、1 X2に対し、上記①の事情聴取を行うことにより不利益な取扱いをすることの禁止、2 前項の不利益取扱いによる組合運営への支配介入の禁止、3 上記②の団交に係る不誠実な対応及びこれによる支配介入の禁止、4 X2の懲戒解雇をなかったものとして扱うこと、5 前項の懲戒解雇による支配介入及び懲戒解雇を公表することによる不利益取扱いの禁止、6 前項の不利益取扱い及びX1の言動に対する批判による支配介入の禁止、7 文書掲示を命じた。

向者は約30人である。採用者のほぼ全員が大学新卒である。L運送に新規採用を行わせない理由として「L運送の名前では本州方面の採用ができない」を挙げているものの、それは口実だけであると組合はみている。なぜなら、持株会社よりもL運送のほうが知名度が高いからである。

持株会社の従業員は、出向という形でL運送に勤めており、L運送の従業員と混在して同様の仕事をしているにもかかわらず、労働条件が若干低い。また、ユニオン・ショップ協定の対象となっていないので、組合員ではない。

②L運送から子会社・持株会社への移動

L運送から子会社と持株会社への人の移動をみると、子会社の社長はそのほとんどがL運送の従業員である。その子会社がドライバーの採用を担っている。

他方、L運送からZに管理職として出向している者もいる。L運送の出向者を含めてZには7人が勤めているが、全員が総務部門の仕事をしている。持株会社の人事・財務等の事務の仕事は、L運送が代行している。そのため、同部門従事者の賃金は、7割を持株会社、3割をL運送がそれぞれ負担している。

以上のように、持株会社、事業会社のL運送、そしてL運送の子会社との間には出向によって人事移動がなされているが、次のような課題が指摘されている。第1に、持株会社に採用されて、L運送に出向で働いている者はL運送の従業員と仕事が同じであるが、彼らに比べて労働条件が低い。第2に、L運送にはドライバーが採用されないので、技能継承が行われておらず、中長期的にドライバーの技能低下が心配されている。第3に、非効率的な業務運営である。持株会社と事業会社との間に重複する仕事もあり、グループ全体でみると、業務が非効率的である。それに、組合にとっては、組合員の新たな増加につながらないので、定年退職者が出ればその分組合員数の減少という問題がある。

（4）労働組合の対応

以上、L運送をめぐる企業組織再編とそれに伴う人事、また、L運送労組と労使関係等についてみてみたが、最近、労使関係の好転の兆候が見られる。2013年3月、L運送の社長が交代した。組合の前委員長と確執した社長が退き、新たな社長が就任したのである。それに伴い、同社では次のようなことが起

きている。まず、第1に、2014年10月、労働協約が締結されて正常な労使関係に戻った。第2に、中途採用ではあるが、L運送に6人が正社員として採用された。ユニオン・ショップ協定により、彼らは組合員となった。こうした労使関係の好転の兆候は、前社長との個人的確執があった組合の前委員長が組合だけではなく会社を退社したことと無縁ではないとみられる。

とはいうものの、L運送労組の対応課題も少なくない。新卒採用で持株会社に入社し、入社と共にL運送に出向する者が自ら組合を立ち上げてほしいと組合は期待している。もしそれが実現されたら、企業連をつくり持株会社グループ内の労働組合の連携を高めていくこともできる。しかし、全面的な企業連づくりには限界もある。他の事業会社には組合員数は約80人と少ないものの、別の労働組合があり、また、別の事業会社には労働組合が存在しないからである。そういう意味で、企業連ができても非常に限定的な規模の組織になる可能性がある。

L運送では、契約社員の定着と技能伝承に向けて準社員制度の導入を検討している。労働組合は、ドライバー職種を念頭に置いているが、会社側は事務職を考えているように見えて、労使の認識の食い違いがみられる。労使の認識の一致をみて、準社員制度がスタートし所期の目的を達成することができるかが注目される。組合は、準社員を組合員とする方針である。

2013年より全面施行された改正労働契約法では、契約社員が引き続き特定の企業で5年以上勤めると、無期契約転換の権利が生じ、その旨を申請すると、無期契約転換となる。L運送でも、同法の施行5年後になると、対象の労働者が現れると期待している。無期契約転換となれば、ユニオン・ショップ協定に基づき、組合員となるものと期待している。現時点で、契約社員の組織化をすすめていくのは、組合員の範囲、組合費徴収等で困難であると考える。

以上、労使関係の好転や労働組合の対応課題についてみてみたが、L運送労組が本格的な組合活動と良好な労使関係の再構築に取り組むことは、現会長の在任中は、難しいと考えている。

小括

以上、運輸労連加盟の2つの組合の事例を通じて、企業組織再編とそれに伴う不当労働行為、それに対する労働組合の対応について見てみた。2つの事

例の比較をしてみると次のとおりである。第1に、企業組織再編の内容であるが、P運送の場合、企業業績の低下傾向の中、2009年、G社の資本参加を受けてG社の子会社となった。P運送の支店がP運送グループの別会社に移管されているが、それもG社の意図によるものと考えられる。P運送は、G社の全国展開戦略の下、G社の子会社となったのである。L運送の場合、同社が主導的に他社との共同持株会社を作り、同持株会社の子会社となった。両事例とも、当該企業が子会社となったことは共通しているが、P運送の場合、大手企業の子会社、L運送の場合、共同持株会社の子会社となった。前者は、大手G社の全国展開戦略の一環として子会社となり、後者は自ら全国物流網の構築の一環として持株会社の子会社となった。第2に、企業組織再編に伴って企業グループ内の人の移動・配置について見てみると、P運送の場合、支店の移管に伴いグループの別会社に転籍される形及び新規採用の抑制と定年退職者により従業員数が減り、それに伴って組合員数も減っている。L運送の場合、持株会社が従業員（ほとんど事務職）を採用し、同社に出向させており、また、同社の子会社がドライバーを採用しているので、毎年、従業員数と組合員数が減る傾向にある。両組合とも過去約10年間、企業組織再編の影響を受けて組合員数を減らしている。

次に、不当労働行為の内容を見てみると、P運送の場合、上部団体の脱退、組合費の引き下げ、専従者と組合事務所の廃止要求に加えて、最近は、支店の移管の際に組合の同意のない中、移管先でのチェック・オフの実施、会社の関与とみられる第2組合の結成と既存組合脱退と第2組合加入への働きかけ等多くの不当労働行為がなされている。また、親会社の社長等経営陣も不当労働行為を積極的に行っている。L運送の場合、従業員不採用による組合員数の減少及びそれに伴う組合の弱体化、副委員長の懲戒解雇という不利益取扱い・組合への支配介入という不当労働行為、労働協約の破棄等を行った。

こうした不当労働行為が組合員の減少、さらに組合の弱体化を狙ったと見られるが、P運送の場合、親会社社長が当該会社に影響力を行使している限り、不当労働行為がおさまることは期待しがたい。L運送の場合、社長交代に伴い好転の兆しが見えている。しかし、交代された社長が会長であり、また、持株会社の社長であるので、当分の間、不当労働行為が完全に解消するとは考えにくいのではないかと見られる。

労働組合は、こうした不当労働行為に対し、どのような対応をしているのか。P運送労組連合会は、会社側の上部団体の脱退要求に屈せず、上部団体加入の重要性を組織の中で確認するとともに、不当労働行為に立ち向かっている。最近、少数ではあるものの入社する人のほとんどは、組合加入の際に、当該の組合か第2組合かという選択肢に対し、前者を選んでいるという。そういう意味で、組合の活動が新人の社員にも評価されているといえよう。L運送労組の場合、社長交代に伴い、限定的であるものの社員採用の再開、労働協約の締結というよい兆し等を見る限り、不当労働行為が解消されたのではないかと見られるが、契約社員の組織化、持株会社の社員の組織化等、いっそうの組織拡大に向けた積極的な運動は、現在の会長が強い影響力を行使している限り、難しいとみられる。

　両事例とも会社の企業組織再編や不当労働行為の根源は、労使コミュニケーションの問題にあったと見られる。労使は、日々、誤解や相互不信につながらないように、経営の諸問題について意見交換を行って、相互信頼感を高め、企業内外の問題対応力を強めてきたら今回の不当労働行為は生じなかった可能性が高い。不当労働行為を回避するためには日々労使コミュニケーションの円滑化が必要であろう[45]。不当労働行為は労働組合法7条によって厳しく禁じられている。不当労働行為という法令違反をしないように企業に対しコンプライアンスの徹底化を図る必要があろう。さらには、上部団体の脱退という不当労働行為を未然に防止するためには、上部団体の運輸労連が当該産業の企業に対して上部団体の役割・存在意義をもっとアピールしていくとともに、労使コミュニケーションの円滑化につながる方針などを策定し、構成組織に提供して実践を促していくことも重要であろう。

　2つの組合の上部団体である運輸労連は、当該組合と密接な連携をとりながら、不当労働行為に対する短期のみならず中長期的な対応策を検討している。

---

[45] 労使コミュニケーションの重要性については、呉学殊（2012）「労使関係論からみた従業員代表制のあり方―労使コミュニケーションの経営資源性を生かす」『日本労働研究雑誌』No.630（2013年1月号）、呉学殊（2014）「中小企業における労使関係の実態と方向性―労使コミュニケーションの経営資源性の発揮と従業員代表制の法制化」『日本労働研究雑誌』No.649（2014年8月号）を参照されたい。

特に、上部団体の脱退を強く求めているP運送の場合、運輸労連がいっそうの当事者性を持って対応策を講じていくものと見られる。運輸労連が、構成組織に対する会社側の不当労働行為を止めさせて、健全で対等な労使関係の形成につながる支援を行い、運輸産業の発展と組合員の雇用と労働条件の維持・向上を図る砦としての役割を担い続けるための運動をどう展開していけるかが問われている。

運輸労連と構成組織が、日頃、労使コミュニケーションの円滑化を図って企業組織再編においても不当労働行為の未然防止に努めるとともに、仮に不当労働行為が発生した際には、上記の課題解決を通じて、迅速、かつ、不可逆性のある形で解決を図ることによって、不当労働行為を超克し、運輸産業の発展及び魅力のある職場づくりにどう繋げていくのかが注目される。

4 企業組織再編期の組織化
UAゼンセン加盟どんユニオンの事例[*46]

会社及び労働組合の概要

どんユニオンが組織されている株式会社どんは、2014年2月28日現在、資本金約25億円、2013年度年間売上高約221億円、そして正社員348名、パート・アルバイト2,251名（8時間換算）、そして全国に173店舗を有してステーキを中心とする料理及び飲料の加工・調理・提供という事業を行っている。

同社は、旧どん社が2005年フォルクスの筆頭株主となり、同社を子会社化し、さらに2006年3月1日合併して現在の会社となった。2007年、Yホールディングとの業務提携を締結し、翌年の2008年には同ホールディングの連結子会社となり、同ホールディングが同社の株51.11％を保有していたが、2014年2月28日現在、79.5％となっている。

同社の売上高（経常利益）は、2010年249億円（−11億円）、11年221億円（4

[*46] どんユニオンに対するヒアリングは、2014年5月27日、藤井靖雄委員長と西村徹書記長、また、2015年3月9日、当時、筒井克巳UAゼンセン埼玉県支部長（次長）（現、愛媛県支部長）に行った。ご協力に対し、この場を借りて感謝申し上げる。

億円)、12年206億円 (3億円)、13年209億円 (3億円)、そして221億円 (3億円) と200億円代の前半を推移している。その間、従業員数は2010年526名から348名に減少している。

統合前のフォルクスは、2005年11月、公正取引委員会よりいわゆる「成型肉」を使いながらそれをメニューに表示せず[*47]、「ステーキ」として販売していたとの指摘を受けて売上高が80%も落ちて、30億円くらいを借金せざるを得なかった。

また、2009年、どん社は、O-157の影響により売上が80%まで下がって、その時、累損も含めて28億円の赤字を出し、その年、上場廃止を余儀なくされた。

同社は以上のように意図せぬ問題により大きな悪影響を受けてきたが、直近は安定した売上高と経常利益を維持している。どんユニオンは、どのように結成されたのかについて見てみることにする。

どんユニオン結成の経緯

(1) どんユニオンの前身である２つの労働組合の結成
①フォルクスユニオンの結成

フォルクスユニオンは、1992年6月16日、753人の組合員で結成された。フォルクスは、ダイエーグループに属していて、同グループで組合を作る機運が九州地域を中心にあり[*48]。同グループ内の組合を束ねるダイエーグループ総連は組織強化を進めていた。

具体的な結成のプロセスは次の通りである。現委員長[*49]は、江坂店[*50]の店長で同店の近くにある本社を訪ねて、クリスマスシーズンの売上を上げるた

[*47] ステーキ肉は塊の肉でなければならないが、成型したものを出したことが問題となった。ステーキの表示をしなければ問題ではなかったが、当時、ステーキの表示を行ったという。社内では、成型したものをステーキ肉と表示することが問題であるという認識はなかった。実際、顧客の評判はよかったという。当時、成型肉のように何らかの加工を施した肉は外食業界で広く使われてきたが、メニューに表示している外食チェーンはほとんどなかった。そもそも飲食店のメニューで加工肉をどう表示すべきかについての基準も存在せず、「明確なルールがない以上、厳しく罰せられると思わなかった（当時の常務）」という。

[*48] 外食産業のR社に組合が作られた。

めにチキン購入の働きかけを行っていた。当時フォルクス社内には組合結成の動きがあり、本社訪問の際に、偶然親しくしている本社勤務の従業員から、組合結成の際には委員長を務めてほしいとの要請を受けた。当時は断ったが、結局、「人のため」との思いで組合結成の役割を引き受けることにした。その時、委員長は勤続10年の中核社員であったが、なぜ、声をかけられたのかはよくわからないというが、会社の中で、「間違っていることは間違っていると、はっきり言うタイプ」*51であった。その他、実績をちゃんと上げており、大型店舗のオープンにも携わったこともあり、社内で認められる存在であったとみられる。当時、現委員長は、右も左も、組合自体の「く」もわからなかった。組合活動のために「外に出て、えらいところに足を踏み込んだな」という重責を感じたという。

会社からは、「風通しの良い企業をつくるために、労使で協力関係を築いていきましょう」とのお話があった。企業が組合の活動に理解を示したのは、第1に、従業員の声を今まで以上に組織的に経営に取り入れることができる、第2に、組合を通じて、既存社員のモラールアップや採用に有利な環境を作ること、第3に、株式上場企業に相応しい企業のあり方として労働組合があったほうがよく、それにより「企業としての市民権獲得」を実現することができる、という期待があったと見られる。

組合結成に向けての従業員の説得は、現委員長が各地区（関東、関西、九州）を回って、説明会を開き、組合結成の理由やメリット等についてお話をして了解を得る形で進められた。従業員の理解を得た後、会社とのユニオン・ショップ協定を締結した。

1996年6月からフォルクスユニオンは、専従者1名、半専従者1名で組合活動をしていったが、2003年11月から、組合員数が減り専従者1名は会社に戻り、半専従者1名で組合活動を行うことになった。

同組合は、「会社の発展なくして、そこで働く従業員の労働条件維持、雇

---

*49 1982年、フォルクスに入社した。
*50 当時、フォルクスの中で売上ナンバーワンの店であった。
*51 いわゆる、「やることをやって言おう」というタイプであった。

用を守ることはできない」という考え方の下、組合運動を展開していったが、当時、組合委員長も労働組合について「全くのど素人で、何もわからないところで結成して、本当に見よう見まねで。ただ、そういう意味で、上部団体のダイエー労連とかゼンセン同盟、やっぱりそういう上部団体の会議に行くことによって、いろんなことを学びながらやっていった」という。

　組合活動によってよかったことの1つは、従業員・組合員の交流が進められたことである。組合結成前の場合、交流がほとんど行われなかったが、あったとしても各地区に限られた。たとえば、会社の店長総会が開かれてもそれぞれの地区に属している店長のみが出席したにとどまった。しかし、組合結成により、3つの地区の執行部メンバーが集まり、「顔合わせ、心合わせ、力合わせが」できて、仲間意識が芽生えて組合活動がスムーズに広がった。

　労働組合の結成後、何年間は、「何とか勝ちとらなあかん」という部分もあって、「夜明けの妥結とか朝方まで交渉した」こともあった。

②旧どんユニオンの結成

　旧どんユニオンは2005年5月結成された。会社のどんが主導でフォルクスと経営統合することが決まっていたが、どんには労働組合がなかった。当時、UAゼンセン（当時、UIゼンセン同盟。以下、UAゼンセンと標記。）埼玉県支部は、組合のない企業を回り、機関紙を届けたり、業界関連情報を提供したりしていた。それは、「組合をつくってほしいという気持ちを持ちながら、当該会社の従業員の人と一緒に人間関係をつくる」ためであった。県支部書記局は、労働組合のないどんに何回か行き、人間関係をつくっていたが、組合結成には至らなかった。しかし、県支部はその後も外食産業の労働組合が結集するUAゼンセンフードサービス部会とも連携を取りながら、労働条件、労務問題等、外食産業の情報を提供し、組合結成の必要性をどんの従業員に呼びかけた。

　公正労働基準確立のために、外食産業を全部組織化しようというUAゼンセンの方針の中で、どんも1つのターゲットとなっていたこともあって、組合をつくらせてほしいと求めるものの、どんの従業員からは「組合は必要ない」というやりとりを1年半ぐらいしていた。その時、ある人から「今度フォルクスと統合します」との情報を得た。県支部は、UAゼンセン本部のフードサービス部会で役員を務めるフォルクスユニオンの委員長と連携を取りながら、

同委員長に、会社の統合に向けて「こちらとしては組合をつくっていこうということを明確にその時気持ちを固めた」という。どんに対するオルグの態度も変えて、「フォルクスのほうは組合がある、どんは組合がない。フォルクスを統合したとしても、向こうの組合は歴史もあるし結構活発に活動している。こっち（どん：筆者）も組合をつくって組合同士で1つの方向先を決定させたほうが話は早いぞ」、また、「1つの店舗の中にいて、Aさんは組合員、Bさんは非組合員というと、結局一体感は生まれません」という形で説得したら、組合結成に乗ってきたという。会社は、「企業戦略上、フォルクスの従業員と一体化を図るためには、こちら（どん：筆者）に労働組合をつくって、労働組合間で両従業員の統合の不安を解消し、融和を図ることがより経営がやりやすい」ということで、組合結成という話が腹に落ちたとみられる。

県支部は、接触してきた従業員を中心として組織化をすすめていった。組合結成準備委員会をつくり、何回かの委員会をへながら組合の規約、組合員の範囲、組合費等を取り決めるとともに、組合加入活動をすすめた。その主体はほとんど店長であった。ほぼ全員の組合加入を果たして結成大会を開き、組合を結成したのである。企業統合を機に、組合のない企業の労働者を組織化したのである。それも統合される側ではなく、統合する側の労働者の組織化であった。

(2) どんユニオンの結成

2006年11月21日、旧どん労働組合（組合員数256名）と旧フォルクスユニオン（組合員数255名）は、同年3月の会社合併を受けて統合し、どんユニオンとなった。組合員数は511名であった。両組合は、統合の6か月前にそれぞれの3役で構成する統合委員会を作り、統合に向けて協議を進めた。統合後、専従者は1名となった。

2010年11月から専従者2名となっている。それは、委員長の交代と組織拡大を図るためである。現委員長はフォルクスユニオンの結成の時から組合の幹部として組合活動を行ってきているが、後進にその役割を引き継いでもらいたいと考えていること、また、クルー・パート労働者の組織拡大を図るためには2人の専従者が必要だと判断したからである。2014年9月からクルー・パート労働者の組織拡大を実行し、組合員数を増やしている。

組織化の成功要因

　UAゼンセン埼玉県支部は、会社の統合をきっかけに組合のない企業を組織化した。組合のない旧どんに組合が結成され、旧フォルクスユニオンとの組合統合も果たされたのである。こうした組織化（旧どんの組合結成）が実現したのは次の要因が考えられる。第1に、UAゼンセン埼玉県支部が組合のない企業を回り、そこで働く従業員を中心に、一部では企業の人事・労務担当の人と人間関係を形成していたことである。統合の話もその活動の中から入手することができたのである。日々の組織化活動が極めて重要な決め手の1つであった。

　第2に、企業側のほしい情報を収集しそれを活用することである。UAゼンセンは多種多様な産業の労働組合が加盟しており、今回のケースでは、本部のフードサービス部会で外食産業の動向等についての情報を提供することによって、人間関係に有用性を与えたのである。

　第3に、多くの情報収集やUAゼンセンの組織化・組織拡大方針から統合側の企業の組織化は、ターゲットの1つとなっていたので、より目的意識的に組織化に取り組むことができた。

　第4に、会社側が組合結成の必要性を感じるように説得したことである。職場での一体感を保つために統合の両方とも組合があったほうがよい、また、統合による従業員の不満、不安を解消するためには組合にその役割を担わせることが好ましいことを伝えて、組合結成の必要性を確認させたことである。

　このように、被統合会社の組合存在にあわせて組合のない統合会社を組織化できたのは、日々の組織化活動、統合会社の組織化という産別の明確で具体的な組織化方針、会社側の労働組合存在意義の是認によるものであった。珍しい事例であると考えられるが、企業組織統合の際に組織化・組織拡大の可能性を示唆する貴重な事例である。

5 まとめ

　以上、3つの産別5組合が企業の組織再編に対してどのような対応を行ってきたかについて考察してみた。ここではいくつかの文脈でインプリケーションを導き出してみたい。まず、第1に、企業組織再編時の経営状態である。経

営の対等統合であったJFE、JMUの場合、経営状況が悪くなかったが、P運送とL運送は悪かった。統合から2015年現在まで、前者の2社の経営は比較的良好であるが、後者の2社はそうではない。組織再編は経営状況が悪くないときに、将来に向けた経営基盤の強化等前向きな形ですすめられるのが統合のプラス効果をみることができるのではないかとみられる。どんの場合も後者の2社に類似している。統合前の経営状況は、様々な要因で決まるが、労使コミュニケーションも重要要因の1つである。労使コミュニケーションの経営資源性[52]を発揮し、いつも良好な経営状況を維持することが重要である。労使が労使コミュニケーションの経営資源性を生かし、良好な経営状況の下、経営統合の組織再編をしたほうが経営統合のプラス効果を多く上げることができるだろう。

　第2に、組織再編に伴う不当労働行為の発生とそれへの対応である。大手G社の資本参加により吸収合併される形でG社の子会社となったP運送で最も深刻な不当労働行為が発生した。親会社・子会社の経営陣が執拗に不当労働行為を行っている。不当労働行為は、労働組合法7条により禁止されておりあってはならない行為である。不当労働行為の主要内容は、上部団体の脱退、組合費の引き下げ、専従者と組合事務所の廃止要求である。不当労働行為の背景としては、G社からはP運送の経営悪化の要因として労使関係もその1つであると判断したこと、P運送労組とG社労組との組織・運動のあり方のギャップを埋めたいこと、P運送からは親会社の不当労働行為プレッシャーに押されたことが考えられる。P運送労組は、こうした不当労働行為に屈せず、産別と緊密な連携の下、解決策を模索し続けているが、まだ、好転の兆しが見えない。上部団体の脱退を強く求められていることから、上部団体に当たる運輸労連がいっそう当事者意識をもち、会社側に対するコンプライアンスの徹底化を求めるとともに産別役割の重要性をアピールしていく等の運動の強化が求められる。それにより、不当労働行為の解消に加えてG社の労働組合感を変えるとともにG社組合の運動の転換を促し、上部団体への加盟を実現していく積極的な機会ととらえることも重要ではないかと思う。

---

[52] 詳しくは呉学殊（2012、2013、2014）を参照されたい。

第3に、企業組織再編における労働組合の対応である。基幹労連加盟のJFE労連とJマリン労連の前身組合は、経営統合が将来にわたる経営基盤の強化とみて、積極的に統合を認めたが、運輸労連加盟のP運送労組、L運送労組とUAゼンセンの旧フォルクス労組は、消極的に統合を認めざるを得なかったとみられる。基幹労連加盟の組合は、労使経営審議会、労使協議会等の話し合いの場で経営統合、それに伴う賃金・人事制度や労働協約・協定の統合において、積極的な役割を果たした。また、組合の組織統合も円満に終了した。その結果、労使とも経営統合や組合組織統合に積極的な意味を認めている。UAゼンセンの組合は、経営統合に対してどのような役割を果たしたのかは不明であるが、組合のない統合側の企業に組合を立ち上げた後、統合される側の企業の組合との組織統合を果たした。しかし、運輸労連加盟の組合は、会社側の労働組合に対する不当労働行為や否定的な姿勢のために、経営統合における積極的な対応を行うことができず、また、組合組織統合にも至っていない。

　基幹労連加盟の組合は、経営統合に積極的な役割を果たし、また、円満に組合組織統合を果たしたのは、統合前の組合が基幹労連という同じ産別に加盟しており、長い間、産別の統一闘争に参加して、人事・賃金制度や処遇水準の平準化、さらには組合運動の統一化を成し遂げてきたからだといえる。経営統合や組合組織統合の効果を上げるためには、統合前と後の組合が同一産別であるほうが有効的であるとみられる。組合が同じ産別に属し、また、企業が激しい国際競争にさらされてスケールメリットを上げる必要がある企業の場合、労働組合が経営統合を積極的に求めることも1つの選択肢であろう。その際、できれば統合対象企業がほぼ対等であり、業績もよいほうがいっそうの統合効果を上げると予想される。

　第4に、組織化と組織統合のあり方である。企業組織再編期における組織化を果たしているのは、UAゼンセンのどんユニオンである。UAゼンセン埼玉県支部は、管轄地域の無組合企業を訪問し、業界関連情報等を提供しながら、組合組織化の可能性を探る活動を行ってきたが、それが実る形として経営の主導的統合側の企業に労働組合をつくることができた。統合される側に組合があり、統合する側に組合がない中、統合を機に、統合する側の企業を組織化したことは、組織拡大だけではなく、統合後の労使関係においても極めて示唆に富む事例である。もし、その組織化ができなかった場合、統合される

側の労働組合が会社側から不当労働行為を受ける可能性さえあったのではないかと思うと、その組織化はいくら強調してもしすぎることはない。JFE労連も、JFE労働組合協議会の中核組合として、協議会の発足時にグループ子会社の組織化方針を掲げて、一部ではあるもののそれを実現している。特に、有組合子会社と無組合子会社の統合の際に組織化・組織拡大が実現されている。組織化の実現には、親会社と子会社の経営陣との良好な人間関係とともに組合の存在意義の認識が重要であり、日常的に組合の存在意義を高める活動が求められる。

　加盟組合が不当労働行為を受けている運輸労連の場合、その不当労働行為を解消し、また、当該組合企業の親会社に組織されている組合を産別加盟に誘導したり（P運送労組の事例のG社労組）、新たに組合をつくったり（L運送労組の事例の持株会社Z）していくことを当該組合との連携の下、模索していくことは、ピンチをチャンスに変える運動となるだろう。

　また、経営統合に伴う組合組織統合は、単組の伝統と多様性を尊重する形ですすめることが重要である。組織統合は経営統合に伴うもので、組合員からの必要性からではないからである。特に、単組の伝統や慣行が強いところほどそうである。同一企業の企業別組合員としての一体感を持つのに必要な最小限の統一性を整えながらも、各単組の多様性が失われないようにし、単組間の交流を深めていけば、中長期的には単組の長所の共有化が進み、企業別組合の統一性や求心力が高まっていくとみられる。

　最後に、第5に、企業組織再編における経営者の労使関係重要性の認識である。企業は基本的に企業の発展を図るために企業組織再編、経営統合を進めている。その際、労働者・労働組合の協力を得ることが重要であり、それが統合後の労働者のモチベーションの維持にもつながる。企業は、企業組織再編に関する情報をできるだけ早めに（公開前に）労働組合に提供し、理解と承認を求めることが重要であり、不当労働行為をしてはならないことは言うまでもない。労使関係の悪化は統合の効果を得ることが難しいだろう。さらには労使関係の変更や労働組合の弱体化等という意図をもった企業組織再編は、所期の成果を達成することが困難とみられる。特にグローバル化の下、企業間競争が激しい今日はそうであろう。

　厚生労働省の労働組合調査からみると限り、企業組織再編の件数は、最近

減っているが、再編の際に労働組合が「関与した」と答えた割合は、6割台であるが、急減している。グローバル化と国際競争、企業間競争が激しくなるとみられる今後も企業組織再編は続くとみられる。本稿が、企業組織再編の際に、企業や労働組合の対応に少しでも参考になれば望外の喜びである。

参考文献

- 基幹労連（2002）『企業組織再編に対応する産別方針』
- 基幹労連（2008）『雇用・合理化対策と企業再編における組織防衛マニュアル』
- 厚生労働省「労働組合活動等に関する実態調査」（2000年、2005年、2010年、2013年調査）
- 呉学殊（2012）「労使関係論からみた従業員代表制のあり方—労使コミュニケーションの経営資源性を生かす」『日本労働研究雑誌』No.630（2013年1月号）
- 呉学殊（2013）『労使関係のフロンティア—労働組合の羅針盤』【増補版】労働政策研究・研修機構
- 呉学殊（2014）「中小企業における労使関係の実態と方向性—労使コミュニケーションの経営資源性の発揮と従業員代表制の法制化」『日本労働研究雑誌』No.649（2014年8月号）

調査協力組合の提供資料

L運送労組提供資料
- 『ヒアリング報告：会社及び組合の概要』
- 『労働協約書』

JFE労連提供資料
- 『労働協約・付属協定2014年』
- 『JFEスチール新労働協約案』
- 『JFE労連規約』
- 『川崎製鉄労働組合情宣ニュース2002年7～8月No.16、17、19、21、22、23』
- 『川崎製鉄労働組合情宣ニュース2002年10～11月No.4、5、8、9、10、11』
- 『JFE10周年記念誌—10年の歴史を糧にさらなる飛躍—』
- 『JFEU10thAnniversary：JFE労働組合協議会10周年記念誌』
- 『JFE組合組織結成に関する最終答申案』
- 『新組織統合準備委員会の構成と経過』
- 『JFEグループ創設に伴なう組合組織体制に関する答申』

Jマリン労連提供資料
- 『たらっぷ：新入組合員テキスト』
- 『活力ある新組織の結成に向けて：新組織結成準備委員会報告書』
- 『労働協約・就業規則・付属協定（規程）集』
- 『らしんばん2015年1月5日〈第60号〉、21日〈第61号〉、2月2日〈第62号〉』
- 『第3回定期大会議案書』

どんユニオン
- 『組合綱領（2006）』
- 『労働協約（2006）』
- 『第8回定期大会議案書（2013）』

P運送労組及び連合会提供資料
- 『給与規定』
- 『手当支給基準』
- 『労働協約』
- 『PU労組宛の説明書（2014年10月17日）』

- 『P運送社長宛の意見書（2014年10月21日）』
- 『東北P運送社長宛の10月17日付説明書、要請書および10月20日付回答書に対する見解（2014年10月21日）』
- 『東北P運送労組宛の警告（2014年11月28日）』
- 『東北P運送社長宛の回答書（2014年12月5日）』

その他、会社との電話記録、運輸労連との打ち合わせ記録等多数

あとがき

　本書は連合が設置した「集団的労使関係研究会」での成果をまとめたものである。研究会の設置は2012年春に遡る。30年来のつきあいがあるエイデル研究所の清水皓毅氏が私を訪ねて来られ、そこで「労使関係をめぐる問題が数多く指摘される中で、その解決策やあるべき方向を示す責任が労働運動の側にあるのではないか、何をもたもたしているか」というお叱りを頂いた。私自身も、そのような問題意識は持っていたので、まずは、問題意識の共有化をはかろうと、長谷川裕子氏（中央労働委員会委員、元連合総合労働局長）、新谷信幸氏（連合総合労働局長）に相談を持ちかけたところ、問題意識は全く共通したもので、「早速、研究会を立ち上げよう」ということになった。研究会の名称は「集団的労使関係研究会」ということにして、連合がエイデル研究所に研究委託する形式で連合との関係を構築した。
　研究会設立の趣旨を以下に紹介する。

　終身雇用、年功賃金、企業別組合をベースにしてきた日本的労使関係は、企業経営の健全な発展と運営を支える礎石とも言えるものでした。しかし経済・社会環境の変化によって、その基盤は大きく揺らいでいます。
　就労形態の多様化、非正規雇用の拡大が進む一方で、就労形態の違いによる合理的理由のない労働条件格差の存在が問題になっています。また、個人請負など労働法制の適用逃れを目的にしたような新たな就労形態も拡大しつつあります。雇用形態の個別化が進む一方で、個別労使紛争は増加しています。一方、労働組合組織率は長期的低下傾向が続いており、20％を割り込む状況にあります。

このような状態を放置すると、集団的労使関係の枠組みが崩れ、一方の当事者である労働組合の存立そのものが問われかねない事態になることも予想されます。
　私たちは、労使関係の当事者として、こうした問題を直視し、集団的労使関係を再構築するために、どのような手立てを講じるべきかを考える必要があると考えます。労使関係をめぐる現下の問題点を提起し、議論を重ね、あるべき方向を示す場として、この研究会を立ち上げたいと思います。

　研究会座長は仁田道夫先生にお願いした。仁田先生は戦後の労働組合運動、労使関係の変化をつぶさに観察、研究された泰斗であり、この研究会の座長として最適であった。快く引き受けていただいたことに感謝申し上げたい。研究会は、2012年12月にスタートし、2015年9月まで12回にわたって開催された。研究会では、JILPT（労働政策研究・研修機構）でまとめられた「様々な雇用形態にある者を含む労働者全体の意見集約のための集団的労使関係法制に関する研究会報告書」(2013年7月) を読み込みながら、一方で、私たちの問題意識を絞り込むべく、労働組合側と研究者のそれぞれが報告する形で進められた。集団的労使関係を共通のキーワードとしながらも、あえてテーマを限定せず自由な議論を進めることにした。労働組合側からは、それぞれの組織が抱えている課題を率直に報告した。研究者からは、集団的労使関係についての問題意識をご報告いただいた。
　本書はサブタイトルにあるように、労働組合が「現場」で抱える問題について、研究者がそれを受け止め、答えるという形式になっている。もちろん、

すべてに答えているわけではないが、管見の限りでは、労働分野での、「現場」と研究者の対話による刊行物を知らない。「現場」を抱える者の一人として、労働組合役員には是非、熟読してほしいものができたと自負している。いや、熟読するだけではなく、それを実践に生かしてほしいと思う。この研究会のメンバーとして参加された研究者、労働組合関係者に改めて感謝申し上げたい。

　私自身の集団的労使関係についての問題意識は、津田眞澂（故人）、髙梨昌（故人）、小池和男、菅野和夫、稲上毅の諸先生の著作、講演、レクチャーと、自分自身が直面した労使関係上の課題との心の中の「対話」によって醸成された。とりわけ髙梨昌先生におかれては、生前に幾度かエイデル研究所の会議室で、経済・社会の問題点、それに対する労働運動のあり方などについて熱く教えられたことを今でも鮮明に思い出す。「学びて思わざれば則ち罔（くら）し、思いて学ばざれば則ち殆（あやう）し」を彷彿とさせる貴重な対話の時間であった。

　最後に、この研究会の事務局であり、推進の原動力となったエイデル研究所の清水皓毅、山添路子の両氏に感謝申し上げたい。本書はお二人の熱意と忍耐がなければ刊行まで漕ぎつけることができなかった。

2015年9月
連合側の委員を代表して
逢見直人

● 編著者紹介

仁田道夫（にった・みちお）

　1978年東京大学大学院経済学研究科博士課程単位取得退学後、同大学社会科学研究所助手、武蔵大学経済学部助教授、同教授をへて、1990年東京大学社会科学研究所助教授、1993年同教授。2011年国士舘大学経営学部教授（現職）。

　主な著書として、『日本的雇用システム』（共著、ナカニシヤ出版、2008年）、『変化のなかの雇用システム』（東京大学出版会、2003年）、"Knowledge-Driven Work"（共著、Oxford University Press、1988年）、『日本の労働者参加』（東京大学出版会、1988年）ほか多数。

日本労働組合総連合会（連合）

　「日本労働組合総連合会」（連合）は、1989年に結成された日本の労働組合におけるナショナル・センター（全国中央組織）である。加盟組合員は約682万人。すべての働く人たちのために、雇用と暮らしを守る取り組みを進めている。

● 執筆者一覧　※現職は2015年9月末現在

学識者	仁田道夫	国士舘大学経営学部教授
	水町勇一郎	東京大学社会科学研究所教授
	神林　龍	一橋大学経済研究所教授
	竹内（奥野）寿	早稲田大学法学学術院教授
	首藤若菜	立教大学経済学部准教授
	濱口桂一郎	労働政策研究・研修機構 主席統括研究員
	呉　学殊	労働政策研究・研修機構 主任研究員
	後藤嘉代	労働調査協議会 主任調査研究員
構成組織役員	逢見直人	UAゼンセン 会長
	松井　健	UAゼンセン 常任中央執行委員
	郡司典好	自動車総連 事務局長
	宮本礼一	ものづくり産業労働組合JAM 会長
	工藤智司	日本基幹産業労働組合連合会 中央執行委員長
	春木幸裕	情報産業労働組合連合会 前書記長
	小畑　明	運輸労連 中央書記長
連合本部	新谷信幸	連合 総合労働局長
	村上陽子	連合 非正規労働センター総合局長

これからの集団的労使関係を問う
現場と研究者の対話

2015年10月30日　初版第1刷発行

編著者　　仁田道夫・日本労働組合総連合会（連合）
発行者　　大塚智孝
発行所　　株式会社エイデル研究所
　　　　　〒102-0073
　　　　　千代田区九段北4-1-9
　　　　　TEL. 03-3234-4641
　　　　　FAX. 03-3234-4644

ブックデザイン
　　　　　大友淳史（株式会社デザインコンビビア）

印刷・製本　中央精版印刷株式会社

©2015, Michio Nitta, Japanese Trade Union Confederation
Printed in Japan　ISBN978-4-87168-571-9　C3036
（定価はカバーに表示してあります）